BAEDEKER SMART

W0271141

RÜGEN

Perfekte Tage auf der Insel mit den Kreidefelsen

Verlag Karl Baedeker – www.baedeker.com

Inhalt

Kapiteleinteilung: siehe vordere Umschlaginnenseite

TOP 10

Was muss ich gesehen haben? Unsere TOP 10 helfen Ihnen, von der absoluten Nummer eins bis zur Nummer zehn, die wichtigsten Reiseziele einzuplanen.

1 NATIONALPARK JASMUND ➤ 44

Mächtige Buchen ragen über die weiß leuchtenden Kreidefelsen. Die faszinierende Küstenlandschaft kann man auf dem Hochuferweg oder am Strand erleben.

2 BINZ ➤ 68

Die prächtige Bäderarchitektur (Abb. links) des mondänen Seebads ist komplett saniert, Seebrücke und Promenade dienen als Treffpunkte zum Flanieren.

3 KAP ARKONA ➤ 47

Gleich drei Leuchttürme stehen an der Nordspitze Rügens. Ein historischer Slawenwall und ein Fischerdorf sind mit der Kap-Arkona-Bahn ab Putgarten zu erreichen.

4 PRORA & NATURERBE-ZENTRUM ➤ 71

Der Baumwipfelpfad ist der Höhepunkt im neuen Naturerbe-Zentrum. Über Holzbohlen steigen die Besucher durch die Baumkronen mit Blick auf Bodden und Küste.

5 ALTER MARKT (STRALSUND) ➤ 142

Einer der schönsten Plätze des Nordens versammelt architektonische Schmuckstücke wie das Rathaus und die Nikolaikirche.

6 DORNBUSCH ➤ 126

Idyllisches Hochland mit Wald, Wiesen und Steilküste umgibt das Wahrzeichen der Insel Hiddensee: den Leuchtturm von 1888. Lassen Sie sich den Blick von der Aussichtsplattform nicht entgehen!

7 SELLIN ➤ 75

Wer die Wilhelmstraße mit ihren Villen bis zum Ende entlangschlendert, blickt vom Steilufer auf die schönste Seebrücke Rügens.

8 MEERESMUSEUM · OZEANEUM · NAUTINEUM (STRALSUND) ➤ 145

Die moderne Erweiterung des Stralsunder Meeresmuseums versetzt den Besucher mit Superlativen in die Welt der Meere. Zwei der Highlights sind ein Schwarmfischbecken und ein Tunnelaquarium.

9 PUTBUS ➤ 98

Seinen prachtvollen Häusern, gruppiert um den Hauptplatz, verdankt Putbus den Namen »weiße Stadt am Meer«. Hier befindet sich auch das einzige Theater der Insel.

10 JAGDSCHLOSS GRANITZ ➤ 78

Von den vielen Schlössern der Insel liegt das Jagdschloss am schönsten: umgeben von Buchenwäldern und mit toller Aussicht über Rügen.

DAS RÜGEN

Erleben, was die Insel Rügen ausmacht, ihr einzigartiges Flair spüren. So, wie die Rügener selbst.

Hochuferweg an der Kreideküste

Eine der schönsten Wanderungen Rügens führt über den Hochuferweg von Sassnitz (Parkplatz am Ende der Weddingstraße) bis zum Königsstuhl (➤ 45). Knorrige Buchen säumen die Strecke, dazwischen öffnen sich immer wieder Fenster zu den schneeweiß leuchtenden Kreideklippen. In der Tiefe schillert das Meer von türkis über smaragdgrün bis dunkelblau, weiße Segel schweben am Horizont. Und über Treppen geht es zwischendurch zum Kieselstrand, wo entwurzelte Bäume liegen.

Per Smartphone durch Binz

Hölzerne Veranden, Wintergärten mit üppiger Blumenpracht, Erker, Loggien und Türmchen: Die Bäderarchitektur mit ihrem bunten Stilmix erreicht im Seebad Binz (➤ 68) ihren Höhepunkt. Wem die Villen und Paläste gehörten, verraten QR-Codes an den Häusern, die von jedem Smartphone gelesen werden können. Einfach Code erfassen und in die Geschichte eintauchen. Startpunkt des »Binzer Villen-Rundgangs« ist das Haus des Gastes (Infos: http://villen.ichbinzwieder.de).

Urlaub ohne Autos

Der Wind tost und pfeift, er zerrt an den Kleidern und drückt gegen das Fahrrad. Stürmische Tage auf Hiddensee (➤ 121) lassen Sie die Natur der Insel noch intensiver erleben. Nicht mehr als ein Dutzend Autos sind hier zugelassen – und so zieht man sein Gepäck gemächlich im Handkarren zum Hotel, lässt sich in der Kutsche chauffieren, mietet ein Fahrrad zur Inselerkundung oder vertraut sich einem Ranger des Nationalparks Vorpommersche Boddenlandschaft für eine Wanderung an.

Eisenbahnromantik

Ein echter »Raser« ist dieser Roland nicht: Mit 30 km/h rattert Rügens historische Dampfeisenbahn (➤ 70) von Putbus über Binz nach Göhren. Schon von Weitem kündigt sich die Lok des Rasenden Rolands mit schrillem Pfeifen und einer schwarzen Dampfwolke an. Und in den Waggons hinter der Lokomotive

GEFÜHL

Zu jeder Jahreszeit ein Erlebnis: der Hochuferweg an der Kreideküste

seufzen Bahnfans verzückt, wenn ihnen der Geruch der brennenden Kohle in die Nase steigt.

Insel mit Alpen

Nur eine kleine, unscheinbare Sitzbank steht auf Rügens schönstem Aussichtspunkt auf halbem Wege zwischen Gager und Groß Zicker. Immer wieder stutzt man angesichts der zerklüfteten Küste des Mönchguts mit ihren Bodden und Landzungen, Haken und Halbinseln. Gleich hinter dem Pfarrwitwenhaus (► 83) in Groß Zicker beginnt ein Wanderweg durch die »Zickerschen Alpen«, wie die sanften Hügel im Volksmund genannt werden.

Kranichrastplatz

Zuerst hört man nur ein vereinzeltes Krächzen, dann zehn, dann hundert. Schließlich schwellen die Rufe der Kraniche zu einem gewaltigen, Gänsehaut erzeugenden Konzert an. Jedes Jahr im Frühjahr und Herbst fallen die Zugvögel zu Zehntausenden im Dreieck zwischen Rügen, Hiddensee und Festland ein. Der Nationalpark Vorpommersche Boddenlandschaft (www.nationalpark-vorpommersche-boddenlandschaft.de) und der NABU (www.nabu.de) bieten Touren zur Kranichbeobachtung an.

Besuch beim Fischer

Die Fischer sterben nicht aus: Selbst im vornehmen Ostseebad Binz gibt es noch einen jener Männer, die keinen freien Tag kennen und trotzdem keine Reichtümer erwirtschaften. Ihre bulligen Boote sind im Hafen von Sassnitz (► 52) vertäut oder liegen in einem der Ostseebäder am Ufer. Frisch vom Kutter bekommt man den Fisch nicht nur in Sassnitz, sondern auch in Gager (► 83) im Mönchgut, wo jeder Fischer eine kleine Hütte im Hafen hat.

In den Baumwipfeln

Wie ein Adlerhorst thront Rügens neuer Aussichtsturm rund 80 m über dem Meeresspiegel. Die Insulaner waren erst einmal skeptisch – das ist so ihre Art –, um den Baumwipfelpfad (► 71) dann umso begeisterter in Besitz zu nehmen. Auf dem Weg nach oben warten Erlebnisstationen auf junge Forscher.

Fisch-Direktverkauf am Meer: Frischer geht es nicht

Das Magazin

EINZIGARTIGE LANDSCHAFT

Deutschlands größte Insel ist ein Naturphänomen: Fast 90 km Strand, herrliche Wälder und eine faszinierende Kreideküste mit mehr als 100 m hohen Felsen machen Rügen zum Ort grandioser Landschaften.

So viele Strände und gleichzeitig eine so hügelige Landschaft mit dichten Buchenwäldern – da scheint sich an einigen Stellen der Insel der Thüringer Wald mit der Ostseeküste vereint zu haben. So sehr die Insel mitunter an ein Binnenland erinnert, wenn Sie die Ohren spitzen, können Sie oft das Meeresrauschen hören – kein Ort ist mehr als 7 km vom Wasser entfernt! So haben Sie immer beides dicht beisammen: den Strandurlaub mit Dünenwäldchen, Promenade und Hotel am Meer und gleichzeitig wunderschöne Rad- und Wanderwege durch hügelige Wälder und weite Felder.

Steilküsten aus Kreide und Sand

Majestätisch ragt der Königsstuhl 118 m über das Meer. Wer von der Plattform auf dem Felsen in die Ferne schaut, fühlt sich tatsächlich wie ein König, erhaben über das Wasser, das weit unten rauscht und so flach und klar ist, dass man bis auf den Meeresgrund schauen kann. Millionen von Jahren haben diese Felsen schon auf dem Buckel. Steinalt sind sie und dennoch nicht für die Ewigkeit geschaffen: 2005 brachen die berühmten Wissower Klinken – zwei markante Kreidekliffs – einfach ab. 50 000 m³ Kreide stürzten ins Meer. Die Natur auf Rügen ist immer in Bewegung – besonders im Winter, wenn raue Stürme über die Insel ziehen und manchmal Eisschollen das Meer bedecken.

Schon von Weitem beeindruckt die Selliner Seebrücke

Von links nach rechts: Auf Rügen gibt es noch herrliche Alleen; leuchtender Kreidefelsen

Faszinierende Boddenlandschaft

Rügen ist wie eine Medaille mit zwei Seiten: Auf der einen Seite gibt es die Ostseeküste mit ihren kilometerlangen Sandstränden, der mächtigen Steilküste und den stolzen Seebädern im Norden und Osten. Auf der anderen Seite findet man die stille Boddenlandschaft mit schilfumsäumten Ufern, weiten Wiesen und einsam gelegenen Dörfern im Süden und Westen. Dort wohnen überwiegend die Einheimischen. Viele haben ein Landhaus mit unverbautem Blick über Felder und Wiesen gekauft und renoviert. Allerorten gibt es prachtvolle Gutshäuser, die aus Ruinen wieder auferstanden sind. Wunderschöne Alleen mit windgebeugten Bäumen überziehen die Insel wie natürliche Tunnel. Auf der Halbinsel Mönchgut im Nordosten beginnt denn auch die 2900 km lange Deutsche Alleenstraße, die sich quer durch Deutschland zieht.

Naturschutz wird groß geschrieben

Insgesamt vier Naturschutzzonen sorgen dafür, dass die einmalige Landschaft erhalten bleibt. Als Teil des Nationalparks Vorpommersche Boddenlandschaft ist die Westküste Rügens samt Hiddensee geschützt. Am bekanntesten ist der Nationalpark Jasmund mit der Kreideküste. Das Biosphärenreservat Südost-Rügen wiederum schließt die Regionen Mönchgut, Granitz und den Rügischen Bodden ein. Fast die gesamte Insel Rügen steht als Naturpark Rügen unter Schutz.

DAS WEISSE GOLD RÜGENS

15 km lang ist der Küstenabschnitt Rügens, der von Kreidefelsen gesäumt wird. Nicht viel, angesichts von insgesamt 574 km Uferlänge auf der gesamten Insel. Die einzigen Kreidefelsen Deutschlands entstanden vor rund 50 bis 100 Mio. Jahren. Auch heute noch wird die Kreide in der Nähe von Sassnitz industriell abgebaut. Sie wird zur Herstellung von Farben, Kitt, Zahnpasta und in der Porzellan- und Glasproduktion genutzt. Auch als Heilkreide (➤ 15) findet sie in etlichen Wellnesshotels der Insel Verwendung.

Feste **FEIERN**

Piraten belagern die Bucht am Großen Jasmunder Bodden, Wallenstein zieht mit seinen Truppen in Stralsund auf und Tausende von Zuschauern sind begeistert. Historische Theaterfestivals boomen, aber auch Dorffeste und der Binzer Strandkarneval bringen auf Rügen die Menschen auf Trab. Über 200 Feste sorgen jährlich für ausgelassene Stimmung in den Dörfern und Städtchen der Insel.

Einmal im Jahr verwandelt sich der Alte Markt in Stralsund in eine mittelalterliche Kulisse. Marktfrauen in weiten Röcken, das Haar unter einem Häubchen versteckt, preisen ihre Waren an, Junker, mit Schwert und Trinkhorn versehen, stolzieren wie die Gockel die Stände der Kunsthandwerker entlang und Gaukler führen ihre Kunststücke vor. Die Stadt erinnert auf diese Weise an ihren erfolgreichen Widerstand gegen die von Albrecht von Wallenstein geführten kaiserlichen Truppen 1628. Das wird jedes Jahr im Juli mit einem großen Fest, den **Wallensteintagen**, gefeiert. Mittlerweile ist es das größte historische Volksfest der Region.

»Ein Riesenspaß ist auch der Binzer Strandkarneval«

Auch auf Rügen reisen Einheimische und Urlauber gerne in die Geschichte. Hunderttausende verfolgen jedes Jahr während der Sommermonate in Ralswiek (➤ 110) auf einer der schönsten Freilichtbühnen Europas die **Störtebeker-Festspiele** mit Theaterstücken wie *Aller Welt Feind (2015)* oder *Auf Leben und Tod (2016)*. Die Geschichte des Seeräubers Klaus Störtebeker (➤ 19), der

Die Störtebeker-Festspiele haben eine fantastische Kulisse

Links: Zum Abschluss des Strandkorbfests gibt es in Binz jedes Jahr ein Feuerwerk

vermutlich auf Rügen geboren wurde, wird mit 150 Mitwirkenden, 20 Schauspielern, zahlreichen Stuntmen, 30 Pferden und 4 Schiffen nachgespielt – eine sehr beeindruckende Show am Ufer und auf dem Wasser des Großen Jasmunder Bodden!

Karneval nicht nur zur Faschingszeit

Auch die ganz normalen kleineren Dorf- und Hafenfeste haben ihren besonderen Charme. Sie kosten keinen Eintritt, erinnern an volkstümliche Bräuche und dienen dazu, zusammenzusitzen und einfach Spaß zu haben bei Tanz und Musik. Das schätzen nicht nur die Einheimischen. Zum Beispiel das traditionelle Ummanzer Tonnenabschlagen im August: Reiter und ihre Pferde der Haflingerzucht ziehen dann durch das Dorf Waase. Ein Riesenspaß ist auch die **Binzer Sommerfrische** Ende April/Anfang Mai. Dann kleiden sich nicht nur Bewohner und Besucher des Seebads in historische Kostüme, auch die Strandkörbe werden entsprechend aufgehübscht. Ein kunterbunter Umzug durch den Ort gehört natürlich ebenfalls dazu. Wenn Sie das einmal erlebt haben, werden Sie wissen, wie ausgelassen auf Rügen gefeiert wird. Und einen Anlass gibt es eigentlich immer.

HEIRATEN IM LEUCHTTURM

Den Bund fürs Leben können Paare auf Rügen an vielen ungewöhnlichen Orten schließen. Standesämter gibt es u. a. im historischen Leuchtturm auf Kap Arkona, auf der Selliner Seebrücke, im Kurhaus Binz sowie im Jagdschloss Granitz und Schloss Ralswiek. Auch auf den Fahrgastschiffen sind schon manche Paare in den Hafen der Ehe eingelaufen. Sogar auf dem Königsstuhl darf geheiratet werden. Viele Hotels bieten spezielle Hochzeitsarrangements. Für eine kirchliche Trauung stehen die 46 Rügener Dorfkirchen und die Pfarrkirchen Stralsunds offen und zur Feier danach können Sie für Ihre Hochzeitsgesellschaft z. B. die Dampflokbahn *Rasender Roland* (► 99) mieten.

TYPISCH RÜGEN

Steine, Schilf und Kreide sind auf Rügen begehrt. Während die einen am Strand nach Bernstein, Hühnergöttern oder Donnerkeilen suchen, ernten andere Schilf, um damit Dächer zu decken. Und die Kreide ist eine Wohltat für empfindliche Haut.

Steine gibt es auf Rügen wie Sand am Meer und wohl kaum in einer Region sind sie so bedeutend wie hier: Besonders nach stürmischen Tagen sieht man an den Stränden viele Menschen, die ihren Blick konzentriert auf den Boden richten, dort mal ein Treibholz umstülpen und hier ein wenig Seetang zur Seite kicken. Sie sind auf der Suche nach Bernstein, Millionen Jahre altem versteinertem Harz. Mit ein bisschen Glück finden selbst Laien ein centgroßes Stück, das sie sich – durchbohrt – als Schmuckstück um den Hals hängen können. Wer keine Lust zum Suchen hat, wird trotzdem fündig. Zahlreiche Läden verkaufen Bernstein in allen Größen.

Hühnergötter bringen Glück

Diese besonderen Feuersteine müssen Sie allerdings selber suchen. Hühnergötter finden Sie vor allem am Kap Arkona und an der Steilküste des Jasmund. Sie sind schwarz-weiß gemustert, oft bizarr geformt und im Gegensatz zu normalen Feuersteinen durchlöchert. Hühnergötter sollen Glück bringen, so sagen jedenfalls die Rügener.

Versteinerte Tintenfische am Strand

Etwas ganz Besonderes sind Donnerkeile. So heißen versteinerte Skelettreste von prähistorischen Tintenfischen. Sie zu finden ist am

Auf den Feuersteinfeldern nördlich von Binz gibt es Hühnergötter zu entdecken

Von links nach rechts: So sieht aus, wer sich eine Heilkreidekur gönnt; ein Rohrdach ist nicht nur idyllisch, sondern fast schon Luxus

schwierigsten. Wer von allen Steinen eine Auswahl anschauen möchte, ohne den halben Grund Rügens umzugraben, sollte sich im Deutschen Meeresmuseum in Stralsund (➤ 145) die Ostseeabteilung nicht entgehen lassen. Dort sind die Steine in ihrer ganzen Vielfalt ausgestellt. Im Bernsteinmuseum in Sellin (➤ 77) können Sie übrigens Ihren gefundenen »Schatz« auf Echtheit überprüfen lassen.

Erntezeit für Dachdecker

Im Winter von Dezember bis März wird am Boddenufer Schilf geerntet. Dann kommen riesige Traktoren, die im sumpfigen Untergrund nicht so schnell einsacken, und scheren die Schilfrohrwiesen. Getrocknet wird das Rohr zum Dachdecken genutzt. Rohrdachhäuser gibt es auf Rügen eine ganze Menge, obwohl es für viele Hausbesitzer seit der Wende mit erheblichen Mehrkosten verbunden ist, ein Rohrdach zu besitzen. Allein die Brandschutzversicherung kostet ein Vielfaches dessen, was für ein Haus mit Ziegeldach genommen wird. Dennoch besinnen sich viele auf die Tradition des Naturdachs und selbst Neubauten werden häufig rohrgedeckt.

Kreide – eine Wohltat für die Haut

Während früher Kreide von den Rügener Kreidetagebauen ausschließlich industriell verarbeitet wurde, bieten Hotels auf Rügen seit Mitte der 1990er-Jahre auch sogenannte Heilkreideanwendungen an. Auf die Haut aufgetragen, lindert die Kreide Hautkrankheiten, Rheuma, Gelenkentzündungen, Arthrosen und Ischias. In Sassnitz wurden in einigen Hotels zwar schon Anfang des 20. Jhs. Kreidebäder und -packungen angeboten, aber im Laufe der Zeit geriet die Kreidetherapie wieder in Vergessenheit. Heute lebt die Wellnessbranche der Insel zunehmend von der Rügener Spezialität Naturheilkreide.

RÜGENS Vermächtnis

Vor 6000 Jahren wurde Rügen erstmals von Germanen besiedelt. Während diese vor allem stattliche Großsteingräber hinterließen, zeugen Hügelgräber von der nachfolgenden Bronzezeit (1800–1000 v. Chr.). Vom Slawenvolk der Ranen, das die Insel bis vor rund 900 Jahren dominierte, sind vor allem mächtige Burgwälle und Reste von Tempelburgen geblieben.

Im 11. Jh. war es den Dänen ein Dorn im Auge, dass Rügens Bewohner noch immer einem heidnischen Kult huldigten und vom Christentum nichts wissen wollten. Für Gott Svantevit und seine Nebengötter opferten die Ranen auf Rügen regelmäßig Hühner, bauten riesige Tempelburgen und feierten archaische Feste. Mehrmals versuchten die Dänen, dem ein Ende zu bereiten. 1168 gelang es ihnen, die Burg Arkona einzunehmen. Die anderen Tempelburgen auf Rügen wurden daraufhin kampflos übergeben. Noch heute zeugen auf Rügen 28 ringförmige Erdwälle, u. a. in Garz (➤ 104) sowie in Bergen (➤ 101) auf dem Rugard, von den slawischen Tempelanlagen. Kurz nach der Machtübernahme durch die Dänen entstanden auf Rügen die ersten Kirchen, etwa in Altenkirchen (➤ 50).

Zwei knorrige Eichen thronen auf dem Hügelgrab bei Silmenitz, 5 km südöstlich von Garz

Ankunft von Gustav II. Adolf, des Königs von Schweden

Die unterworfenen Slawen wurden im Laufe der Jahrhunderte von zugezogenen Deutschen verdrängt, sodass die slawische Sprache im 15. Jh. auf Rügen nicht mehr gebräuchlich war. Nur die typisch slawischen Endungen von Ortsnamen wie -ow, -itz oder -gast sind geblieben.

Kahlschlag auf der Insel

Am schlimmsten setzte der Dreißigjährige Krieg dem Eiland zu. Deutsche, schwedische und dänische Soldaten verwüsteten um 1628 nacheinander das Land und plünderten es. In dieser Zeit wurde auch fast die gesamte Inselfläche kahl geschlagen, die damals noch überwiegend aus Wald bestand. Heute sieht man nur noch auf der Halbinsel Jasmund und in der Granitz, wie dicht bewachsen Rügen einmal war.

1648 fiel Rügen an Schweden und blieb schwedisch bis zum Beginn des 19. Jahrhunderts. Da besetzte Napoleon mit seinen Truppen die Insel und für kurze Zeit war Rügen französisch. Nach der Niederlage des französischen Feldherrn übernahmen 1815 die Preußen das Regiment auf Rügen. Die Verbundenheit mit Schweden jedoch ist geblieben. Volksfeste, etwa die Wallensteintage in Stralsund (➤ 12), und die 700 km lange Schwedenstraße, die in Sassnitz ihren Anfang nimmt, erinnern an die Verbundenheit mit den skandinavischen Nachbarn.

HAUSMARKEN

Besonders verbreitet sind diese runenartigen Zeichen noch auf Hiddensee, wo die meisten alten Häuser am Eingang durch eine Hausmarke geziert werden. Auch auf Rügen dienten Hausmarken einst dazu, den Besitz zu kennzeichnen. Jede Familie hatte ihr eigenes Zeichen, da ja so gut wie niemand des Schreibens mächtig war, geschweige denn lesen konnte. Hausmarken gab es lange Zeit übrigens auch in anderen Teilen Deutschlands, etwa in Westfalen. Aber nur in relativ abgelegenen Gegenden wie auf Hiddensee oder Rügen blieben diese Kennzeichen bis heute erhalten.

Von **PIRATEN** und **SCHRIFTSTELLERN**

Abenteurer, Romantiker und Schriftsteller fanden auf Rügen und Hiddensee eine Heimat für ihre Sehnsucht nach Natur und unverbildetem Leben. Die bekanntesten unter ihnen waren Klaus Störtebeker, Caspar David Friedrich und Gerhart Hauptmann.

Eine faszinierende Landschaft, majestätische Sonnenuntergänge und die Weite des Meeres haben von jeher Künstler und Schriftsteller magisch nach Rügen gezogen. Bekannt wurde die Insel vor allem durch die Malerei Caspar David Friedrichs, der mit dem Bild *Kreidefelsen auf Rügen* international Aufmerksamkeit erregte. Friedrich, 1774 in Greifswald geboren, hielt sich öfters auf der Insel auf und kletterte zum Entsetzen der Einheimischen halsbrecherisch in den Felsen herum, um die Natur in sich aufzunehmen. Für Romantiker war die Insel eine Inspiration, und einige Literaturexperten sind sogar der Meinung, dass diese Kunst- und Geistesströmung zu Beginn des 19. Jhs. von hier ihren Ausgang nahm.

Caspar David Friedrich hat die Kreidefelsen einst idealisiert dargestellt

Künstler auf der Suche
Die Pianistin Clara Schumann stattete Rügen in den 1870er-Jahren auf einer Konzertreise einen Besuch ab, ebenso ihr enger Vertrauter Johannes Brahms, der in Sassnitz 1875 seine *1. Sinfonie c-moll* vollendete. Friedrich Schleiermacher, bekannter Professor und

Sie liebten die Ruhe auf der Insel: Gerhart Hauptmann, Johannes Brahms, Clara Schumann und Friedrich Schleiermacher (von links nach rechts)

Theologe aus Berlin, weilte Anfang des 19. Jhs. ebenfalls regelmäßig auf der Insel, auch weil er in eine Rügenerin namens Henriette von Willich verliebt war, die er später heiratete.

Anfang der 1920er-Jahre wurde Hiddensee (► 121) förmlich von Künstlern überrannt, die das freie Leben in der Natur genossen. So besaß der Stummfilmstar Asta Nielsen hier ein Haus (► 132). Das Haus des Dramatikers Gerhart Hauptmann (► 128), der in den 1930er-Jahren in Kloster auf Hiddensee wohnte, können Sie besichtigen. Auch die berühmte Tanzpädagogin Gret Palucca weilte ab 1948 viele Sommer auf Hiddensee. Ihr zu Ehren findet jedes Jahr eine Tanzwoche (► 180) auf der Insel statt.

EIN SCHRECKEN DER MEERE

Kaum ein Seefahrer ist so sagenumwoben wie Klaus Störtebeker. Gleich mehrere Orte Norddeutschlands verbuchen für sich, Geburtsort des Piraten gewesen zu sein. Fest steht jedoch, dass der Seeräuber mit seinen Mannen regelmäßig auf Rügen weilte und vielleicht sogar in Ruschvitz bei Glowe aufgewachsen ist. Störtebeker war der Anführer der sogenannten Vitalienbrüder, die Hansekoggen zunächst auf der Ostsee, später auch auf der Nordsee ausplünderten und das Erbeutete auch unter den Armen verteilten. Nach seiner Gefangennahme 1402 wurde Störtebeker samt Crew in Hamburg geköpft. Auf Rügen ist der Pirat vor allem wegen der berühmten Störtebeker-Festspiele (► 12) in Ralswiek ein Begriff.

ÖKO-INSEL RÜGEN

Rügen bietet nicht nur einen gut ausgebauten öffentlichen Nahverkehr, auch im Fahrradtourismus und in Fragen des nachhaltigen Tourismus hat die Insel die Nase vorn: So nutzen immer mehr Hotels regenerative Quellen für die Energieerzeugung.

Umweltschutz und das Schonen der Ressourcen wird auf Rügen großgeschrieben. Allem voran sorgt der gut ausgebaute öffentliche Nahverkehr dafür, dass Zugereiste und Rügener das Auto öfter stehen lassen. Alle Orte – auch touristische Highlights wie Kap Arkona (► 47) oder der Nationalpark Jasmund (► 44) – können bequem mit dem Bus erreicht werden, viele davon viertelstündlich (im Sommer) oder stündlich (im Winter). Und selbst Radler können während des gesamten Sommerfahrplans Fahrrad- und Busfahren miteinander verbinden: RADzfatz heißt ein Fahrradbus, der bis zu 16 Fahrräder inklusive Fahrer Huckepack nimmt. Via Internet bietet der Rügener Nahverkehr einen Tourenplaner, Reisende können eine Fahrradtour auf den Fahrplan der Busse abstimmen (www.rpnv.de/tourenplaner). Ein weiteres Plus: Zukünftig gibt es ein größeres Angebot an Carsharing und Elektromobilität. Außerdem sollen einzelne Busverbindungen auf Biokraftstoffe umgerüstet werden.

Radfahrer erkunden die Landschaft rund um den Bakenberger Leuchtturm

Im Tourismus finden sich viele Einsatzorte für erneuerbare Energien, haben doch Hotels mit Wellnessangeboten einen gesteigerten Energieappetit. Rügen zählte zu den 25 Siegern des bundesweiten Wettbewerbs »Bioenergie-Regionen«. Seit 2009 wurden mit Fördermitteln verschiedene Maßnahmen und Projekte durchgeführt. Ein Ziel war es, ein Drittel des Primärenergiebedarfs bis 2020 aus Biomasse zu gewinnen. Unter dem Motto »Natürlich Rügen – voller Energie« wurden touristische Unternehmen bei einer klimafreundlichen Umrüstung begleitet. Mehrere nachhaltige Tourismuskonzepte für Hotels wurden umgesetzt, z. B. in der Wasserferienwelt im Jaich in Lauterbach, die mehr als die Hälfte ihres Wärme- und Strombedarfs CO2-neutral aus Biomasse deckt. Daneben gibt es immer mehr touristische Angebote, die über Umweltthemen informieren: etwa im Rahmen einer modernen Schnitzeljagd mithilfe von GPS-Technik durch das Naturschutzgebiet Goor-Muglitz (Lauterbach) oder im »Kids-Ranger-Camp«, wo sich Kinder zu Nachwuchs-Rangern ausbilden lassen können.

Hiddensee und Zentralrügen – Natururlaub pur

Als autofreie Insel hat sich Hiddensee (► 121) einen Namen gemacht. Nur ein kleiner Linienbus fährt unter der Woche über die Insel, ansonsten ist das kleine Eiland Radlern, Spaziergängern und Pferdekutschen vorbehalten. Als Adresse für erholsamen Land- und Natururlaub ist auch Zentralrügen bekannt. Landhotels, Bauernhöfe, Ruhe und Ursprünglichkeit ziehen Urlauber an, die die Beschaulichkeit dem quirligen Trubel in den Ostseebädern vorziehen. Der Bauernhof Thom (► 36) etwa bietet nicht nur idyllische Landferien, hier können Sie auch gleich im Öko-Hofladen einkaufen. Eier, Kartoffeln, Gemüse, Kräuter, Käse, Marmelade, Milch und Fleisch stammen aus ökologischer Produktion. Wer hier oder in der Nähe Urlaub macht, kann auf den Einkauf im Supermarkt für eine Weile komplett verzichten. Auch andere Bauernhöfe bieten Bio-Erzeugnisse an. Warum also nicht aus der geplanten Radtour eine Einkaufstour machen? So bekommen Sie ganz nebenbei frische Lebensmittel von bester Qualität. Die Höfe liegen idyllisch und die Betreiber freuen sich auf Besuch.

MOVELO – BEQUEM RADELN MIT STROM

Mancher Rügener reibt sich verdutzt die Augen, wenn plötzlich Fahrradfahrer bei Windstärke sechs und Gegenwind vergnügt in die Pedale treten und Hügel im Handumdrehen bezwingen. Rügen ist nämlich eine sogenannte »movelo Region«. Der Begriff »movelo« verbindet Mobilität und Velo (Fahrrad). Ein flächendeckender Verleih von Elektrorädern sowie zahlreiche Akkuladestationen an vielen Orten auf der Insel sollen dafür sorgen, dass sich auch Urlauber in den Sattel schwingen, die bislang davor zurückschreckten, Wind und Bergen zu trotzen. Je nach Gelände und Wind kann man mit den strombetriebenen Drahteseln 40–70 km weit fahren, etwa 1 kWh (ca. 0,20 €) verbrauchen die Räder auf 100 km. Rund 20 € pro Tag kostet der Spaß (www.movelo.com). In der Hochsaison sollte der Elektrodrahtesel vorher reserviert werden.

WASSERSPORT

Surfen, Segeln, Schwimmen und Paddeln – am Ostseestrand ist im Sommer alles möglich. Aber auch Golfer und vor allem Reiter können in herrlicher Natur ihrem Sport nachgehen. Und für Radler und Wanderer ist die Insel ein Paradies.

Sie möchten nicht nur am Strand in der Sonne brutzeln, sondern auch etwas für Ihre Fitness tun? Wie wäre es z. B. mit einem Surfkurs (► 38) auf der Insel? Oder gehen Sie doch einmal mit einem historischen Segelschiff (► 91) auf Tour und erfahren Sie, wie die Fischer früher zur See fuhren.

Schwimmwettkämpfe zum Vergnügen

Für passionierte Schwimmer könnte das Sundschwimmen jährlich Anfang Juli das Richtige sein. Dann pflügen rund 1000 Teilnehmer durch den 2,3 km breiten Strelasund zwischen Stralsund und Altefähr auf Rügen. Auch das Internationale Vilm-Schwimmen im August, rund 2,5 km von der Insel Vilm in den Lauterbacher Hafen, ist ein Begriff. Seit 2004 wird außerdem Ende Juli ein Inselschwimmen von Rügen nach Hiddensee veranstaltet, mit rund 4,5 km Länge das längste Wettschwimmen, das Rügen bietet.

Golfen im Schlosspark

Ein wunderschöner 18-Loch-Turnierplatz (► 38) im Park von Schloss Karnitz (► 113) zwischen Bergen und Garz zieht Golfer aus der ganzen Region an. Auf dem 9-Loch-Public-Course können Sie auch ohne Platzreife spielen. Oder möchten Sie ein paar Golfschwünge auf der Driving Range machen? Auf Schloss Ranzow in Lohme wurde ebenfalls ein Platz eingerichtet. Weitere Golfplätze auf der Insel sind in Planung, u. a. in Binz.

Von links nach rechts: Dünenwege durchziehen die Insel Hiddensee im Dornbusch, auch auf der restlichen Insel lässt es sich prima Fahrrad fahren; Windsurfer schätzen die steife Brise vor Rügen; Angler suchen lieber die Beschaulichkeit im Morgengrauen oder in der Abenddämmerung; Wettschwimmen von Stralsund nach Rügen

Wer hat den Größten an der Angel?

Für Angler gibt es kaum einen besseren Ort als Rügen, um ihre Fangkünste auszuprobieren. Ob Hechtangeln in den Boddengewässern oder Hochseeangeln vom Kutter aus – fette Beute ist fast schon programmiert. Bis zu zwölf Angelkutter (► 62) laufen allein in Sassnitz jeden Morgen in aller Frühe aus, um Hobbyangler zu den besten Fanggründen zu fahren. Weitere Abfahrtshäfen sind Glowe, Bahrhöft, Stralsund und Schaprode. Auch Watangeln ist ein Hit. Sie brauchen nur ins hüfttiefe Wasser zu gehen und Ihre Angel auszuwerfen, schon kommen Hecht und Barsch angeschwommen, um anzubeißen.

Ausreiten durch Felder und Wälder

Rügen ist ein Paradies für Reiter! 30 Reiterhöfe (► 38) sowie Reit- und Fahrvereine sorgen auf Rügen dafür, dass Pferdenarren ihren Spaß haben. Geländeritte, Springreiten, Reitunterricht und Voltigieren für Kinder stehen u. a. auf dem Programm. Je nach Wunsch können Sie mehrtägige Kurse buchen oder z. B. den Nachwuchs für einen Tag zum Reiten anmelden.

Fahrradfahren oder Wandern?

Leihen Sie sich ein Fahrrad und erkunden Sie die einsame Weite Rügens mit seinen vielerorts gut ausgebauten Fahrradwegen. An einem anderen Tag wandern Sie dann über die traumhaften Zickerschen Alpen (► 83).

MIT DEM SEEKAJAK AUFS MEER HINAUS

Sie dachten immer, Kajakfahren sei etwas für Flüsse und Seen? Falsch, auch auf dem Meer lässt es sich wunderbar paddeln. Vorausgesetzt, es hat nicht mehr als Windstärke 5. Mit dem Kajak können Sie dicht an der Küste entlangfahren und die Schönheit von Rügens Küste aus einer ganz neuen Perspektive entdecken. Besonders bei Sonnenuntergang wird das Seekajakfahren zum unvergesslichen Erlebnis (weitere Infos: www.wasser-wind.de).

Der Koloss von Prora

20 000 Urlauber wollten die Nationalsozialisten in einer gigantischen, 4,5 km langen Ferienanlage im Seebad Prora unterbringen. Die Ruinen erwachten nach der Wende zu neuem Leben: mit zahlreichen Museen, der »längsten Jugendherberge der Welt« und reger Investorentätigkeit.

Kilometerweit erstreckt sich das Gebäudeband entlang der Küste

Wenn Sie zum ersten Mal nach Prora kommen, werden Sie zunächst nichts Auffälliges bemerken. Unscheinbar erstreckt sich das im klassischen Mietshausstil der 1930er-Jahre gehaltene Gebäude am Strand entlang, ein bisschen versteckt durch den Kiefernwald, der Prora vom Strand trennt. Erst wenn man versucht, zu Fuß ans Ende des Geländes zu gelangen, erschließen sich die gigantischen Dimensionen: acht Riegel aus Beton erstrecken sich über 4,5 km, 10 000 Zimmer sollten darin zur Verfügung stehen. Für Investoren heute ein Filetgrundstück, liegt doch dahinter einer der schönsten Strände Rügens. Wenn da nur nicht die Geschichte wäre.

Der Traum vom Seebad für die Massen

20 000 Menschen sollten hier zur gleichen Zeit Urlaub machen können. Für jeweils zwei Personen sollte es ein 9 m² großes Zimmer mit Meerblick geben. Prora, das war Hitlers Vision von organisiertem Urlaub. Der Entwurf des Kölner Architekten Clemens Klotz sah sogar noch ein Wellenbad und einen 250 m hohen Turm mit Aussichtscafé vor. Auch eine Festhalle und ein 4 ha großer Festplatz waren geplant. Doch dann löste Hitler den Zweiten Weltkrieg aus und 1939 wurden alle Arbeiten auf Eis gelegt. Große Teile des Gebäudes waren da schon fertig.

Zwangsarbeiter deckten während des Kriegs die Dächer, wenig später kamen die ersten »Gäste«: Evakuierte, Ausgebombte, Vertriebene und Flüchtlinge. Sie fanden am Strand der Schmalen Heide Unterschlupf bis zum Kriegsende. 1948 versuchte man vergeblich, den Bau zu sprengen. Deshalb nutzte man die Häuser nun zu militärischen Zwecken: Fast die gesamte Schmale Heide, auf der sich Prora befindet, war bis Anfang der 1990er-Jahre militärisches Sperrgebiet.

DOKUMENTATIONSZENTRUM PRORA

Die Geschichte des »Kolosses von Prora« ist Inhalt einer Ausstellung unter dem Titel MACHTUrlaub im Dokumentationszentrum Prora (► 74). Sie zeigt auf spannende Weise, welche Rolle die Anlage in der Doktrin der Nationalsozialisten spielte und wie die Menschen während des kollektiven Urlaubs »erzogen« werden sollten. Wer Museen zu trocken findet, kann sich einer geführten Tour des Dokumentationszentrums über das Gelände anschließen. Weitere Museen, darunter ein NVA-Museum (Abb. rechts), widmen sich der Geschichte Rügens.

Nach der Wende wurde Prora unter Denkmalschutz gestellt. Seitdem wurde diskutiert und gestritten: Wie geht man mit dem steinernen Mahnmal für den Größenwahn der Nationalsozialisten um? Die Veräußerung von vier Blöcken durch den Bund löste die Sorge aus, dass Teile des Geländes in die falschen Hände geraten könnten. Dauerhaft installiert haben sich nach der Wende eine bunte Museumslandschaft und Künstlergalerien, später kam eine riesige Jugendherberge dazu.

In großem Stil wird erst seit 2013 gebaut: Investoren errichteten in mehreren Blöcken Hunderte von Eigentums- und Ferienwohnungen. Die ersten Apartments wurden 2016 eröffnet: auf Fünfsterneniveau mit edlen Küchen, Fußbodenheizung und technischen Gimmicks. Doch noch wehren sich die Anwohner gegen weitere Projekte.

GEFUNDEN oder GEKAUFT

Bernsteinschmuck, Sanddornmarmelade oder eingelegter Fisch sind die bekanntesten Souvenirs von der Insel. Aber auch Keramik, Honig und Kerzen sind typische Rügener Produkte.

Besonders auf Zentralrügen haben viele Kunsthandwerker ihre Ateliers. Sie fertigen wunderschönen Schmuck an, töpfern oder stricken kunstvolle Pullover mit Landschaftsmotiven der Insel. Viele Produkte sind Unikate. Gerne lassen sich die Künstler auch mal über die Schulter schauen und einige Manufakturen bieten sogar Kurse an, etwa die Kerzenwerkstatt auf dem Rügenhof in Putgarten (➤ 61). Rufen Sie besser an, bevor Sie ein Atelier besuchen, denn nicht alle haben feste Öffnungszeiten.

Geschenke des Meeres

Die schönsten Souvenirs sind nicht unbedingt mit Geld zu bezahlen – Sie finden sie am Strand: schöne Muscheln etwa oder besonders geformte

Ganz oben: Steine an der Kreideküste

Oben: Ketten aus Bernstein finden ihre Liebhaber

Die Arbeit in einer Keramikwerkstatt erfordert eine ruhige Hand

HIDDENSEER GOLDSCHMUCK

Ein wahrer Schatz war es, der in den 1870er-Jahren auf Hiddensee an den Strand gespült wurde und die Insel in Goldgräberstimmung versetzte. Ein prächtiger Goldschmuck aus der Wikingerzeit mit filigranen Reliefs wurde stückweise im Sand gefunden. Er zeugt von einem für die damalige Zeit außerordentlichen kunsthandwerklichen Geschick. Im Original ist der Schmuck aus dem 10. Jh. zwar nirgendwo zu sehen, weil er zu wertvoll ist, doch zwei Repliken können Sie jeweils im Heimatmuseum Hiddensee (➤ 129) und im Kulturhistorischen Museum Stralsund (➤ 152) bewundern. Dort liegt auch der echte Goldschmuck im Tresor.

Feuersteine, sogenannte Hühnergötter, oder Versteinerungen von prähistorischen Fischen wie die auf Rügen sehr begehrten Donnerkeile (➤ 14). Bernstein ist ebenfalls ein typisches Souvenir der Insel, das Sie auch in Schmuckform in vielen Läden Rügens kaufen können. Ja sogar von Wind und Wellen geformtes Holz wird als Deko für daheim so gerne mitgenommen, dass mittlerweile etliche Souvenirshops derartiges Strandgut verkaufen. Shoppingzentrum auf Rügen ist neben der Hauptstadt Bergen vor allem das Seebad Binz. Dort finden Sie eine Vielzahl eleganter Boutiquen, aber auch Läden für den täglichen Bedarf.

Schnäpse und Kosmetik

Etwas Besonderes bietet die Haflingerzucht auf der Insel Ummanz (➤ 108). Dort wird Stutenmilch verkauft. Die Apotheke Rugard (➤ 37) in Bergen verarbeitet diese Milch wiederum zu Kosmetik, die sehr nährstoff- und mineralstoffhaltig und daher gut für die Haut ist. Rügens einzige Edeldestillerie (➤ 119) in Lieschow bei Ummanz produziert feine Obstbrände aus teilweise heimischen Kirschen, Äpfeln, Sanddorn und Birnen. Bei einer Besichtigung der Brennerei können Sie die edlen Brände und Destillate verkosten und etwas über alte Obstsorten auf Rügen erfahren. Destilliert wird auch in der Mönchguter Hofbrennerei Zur Strandburg (➤ 90).

Rügener Obstschnaps ist eine Spezialität aus dem Südwesten

RÜGENER Spezialitäten

Fisch in vielen Variationen ist das tägliche Brot der Insel. Besonders Räucheraal, Dorsch und Hering kommen häufig auf den Tisch. Sanddorn ist ein beliebter Vitaminspender.

Wenn die Fischer mitten in der Nacht die Leinen lichten, um aufs Meer hinauszufahren, sorgen sie dafür, dass bei Ihnen mittags ein fangfrischer Fisch auf dem Teller liegt. Je nach Jahreszeit kann das ein anderer sein: Heringszeit ist im Frühjahr; ab Mitte März erreichen diese Fische in großen Schwärmen die Gewässer vor Rügens Küste. Im Mai geht der Hornfisch ins Netz, eine seltene Spezialität, die die Einheimischen am liebsten mit Kartoffelpüree und Rhabarberkompott verputzen. Räucheraal bekommen Sie rund ums Jahr vor allem in Form von Fischbrötchen serviert; auch in einer speziellen Suppe wird der schlangenähnliche Fisch gerne gegessen. Dorsch ist in vielen Variationen beliebt, z. B. gespickt mit Speck oder paniert und gebraten.

Wenn Sie ein wenig auf Rügen herumgekommen sind, werden Sie feststellen, wie viele Fischräuchereien hier existieren. Diese traditionelle Art des Konservierens ist auch heute noch sehr beliebt. Räucherfisch, meist Aal, Rotbarsch und Lachs, wird besonders gerne mit Kartoffelsalat oder Bratkartoffeln serviert.

ZUM WOHL – SANDDORN

So viel Vitamin C hat kaum eine andere Frucht: Sanddorn wächst an der Ostseeküste Rügens seit rund 200 Jahren. Erst in letzter Zeit aber hat man diese Dornenfrucht wieder schätzen gelernt. Heute ist die Nachfrage nach Sanddornprodukten auf Rügen so groß, dass längst nicht alle Säfte und Marmeladen tatsächlich von der Insel stammen. Achten Sie daher immer auf den Herkunftsnachweis auf dem Etikett.

Aus Sanddorn wird u. a. Konfitüre, Sirup und Hochprozentiges hergestellt

MEHR als eine INSEL

Hiddensee, die kleine Schwester Rügens, kennen die meisten. Aber wussten Sie, dass vor der Küste Rügens noch viel mehr Inseln liegen? Ruden und die Greifswalder Oie können Sie an klaren Tagen im Südosten vom Strand aus am Horizont entdecken, direkt vor Schaprode befindet sich Öhe. Und dann ist da noch Vilm, Honeckers ehemalige Urlaubsinsel (► 113).

Segler, die von Usedom aus Kurs auf Rügen nehmen, kennen Ruden, eine kleine Insel, rund 10 km entfernt vom Thiessower Haken, der Südostspitze Rügens. Dort gehen Skipper und Tagesausflügler, die von Usedom oder Rügen übersetzen, von Bord und genießen die Einsamkeit der kleinen Insel, auf der nur ein Ehepaar wohnt. In einem früheren Beobachtungsturm der Wehrmacht bietet eine kleine Ausstellung Informationen über Geschichte und Natur auf Ruden.

Geschützte Insel Oie

Auch die Greifswalder Oie, nordöstlich von Ruden, diente vor allem als Anhaltspunkt für den Schiffsverkehr. Seit 1855 befindet sich ein Leuchtturm auf der Insel, die im 19. Jh. von lediglich drei Bauern, die Kartoffeln und Getreide anbauten, bewohnt war. In früheren Zeiten gab es sogar ein Hotel mit 25 Betten, heute fegt nur noch der Wind über das unbewohnte Eiland, das unter Naturschutz steht.

Öhe, Liebitz und Heuwiese

Kleine Inseln sind auch der Westküste Rügens vorgelagert. Heuwiese, südlich von Ummanz, und Liebitz im Kubitzer Bodden sind unbewohnt. Öhe vor Schaprode ist im Privatbesitz. Alle Inseln stehen unter Naturschutz und gehören zum Nationalpark Vorpommersche Boddenlandschaft.

Naturbelassener Wald auf Vilm

WUSSTEN SIE …

- … dass die Insel eine Zeit lang zu Dänemark und Schweden gehörte? Der dänische König Waldemar I. herrschte im 12. Jh. und führte das Christentum ein. Im 17. Jh. ging Rügen in schwedischen Besitz über. Ab 1818 gehörte die Insel zu Preußen.
- … dass Rügen mehr als 60 km Sandstrände besitzt? Viele davon sind auch im Hochsommer nicht überfüllt. Die gesamte Küste von Rügen ist 574 km lang – und damit länger als die Ostseeküste von ganz Schleswig-Holstein!
- … dass ein Spaziergang unterhalb der Kreidefelsen vor allem im Winter und Frühjahr lebensgefährlich sein kann? Regelmäßig brechen dann riesige Stücke Kreide aus den Felsen und stürzen hinab. Im Januar 2016 etwa fielen rund 2000 Kubikmeter Kreide und Lehm nahe der Mündung des Kieler Bachs in die Tiefe.
- … dass Kreide von der Halbinsel Jasmund gut für die Haut ist? Zahlreiche Hotels und Wellnessoasen bieten Kreidepackungen und -kuren an. Kreidebrocken für Anwendungen kann man aber auch selber im Sommer am Ufer unterhalb der Felsen einsammeln.
- … dass Rügen mit die meisten Sonnenstunden in Deutschland hat, rund 1800? Das sind z. B. etwa 100 mehr als in München.
- … dass sich beim »Anbaden« Anfang Mai in Binz alljährlich rund 80 Mutige in die eiskalten Fluten stürzen? Das Event ist ein Höhepunkt der Binzer Historischen Tage und über 1000 Zuschauer verfolgen den Sprung ins 10 °C kalte Wasser.

Kreidefelsen im Nationalpark Jasmund

- … dass jedes Jahr Ende April eine Herde mit 400 blökenden Schafen auf der Fähre von Schaprode auf Rügen nach Hiddensee fährt? Dort grasen sie dann auf der Sommerweide. 20 Ziegen werden ebenfalls per Schiff transportiert. Sie dürfen nicht gemeinsam mit den Schafen reisen, weil sie Unruhe stiften würden. Anfang November geht es wieder zurück aufs Festland.
- … dass in Göhren Anfang Mai beim Mönchguter Heringsfest ein Heringsweitwurf stattfindet? Allerdings sind die Geschosse aus Gummi.

Erster Überblick

Ankunft

Ob mit dem Auto, der Bahn, Fähre oder gar dem Flugzeug – Rügen ist bequem und unkompliziert zu erreichen.

Mit dem Auto

Rügendamm und -brücke

Seit 2007 verbindet die dreispurige, 42 m hohe Rügenbrücke die Insel mit dem Festland. Nach wie vor befahrbar ist der 1936 fertiggestellte Rügendamm. Fünfmal am Tag wird allerdings die Ziegelgrabenbrücke für den Schiffsverkehr auf dem Strelasund hochgeklappt. Für jeweils 20 Minuten ist dann der Damm dicht. Die Zeiten sind täglich: 2.20–2.40, 5.20–5.40, 8.20–8.40, 12.20–12.40, 15.20–15.40, 17.20–17.40, 21.20–21.40 Uhr. Manchmal ändern sich die Zeiten wegen Baumaßnahmen (Info-Tel. 03831 24 95 11).

Autofähre ab Stahlbrode

Im Sommer bietet sich alternativ die Autofähre (Tel. 03831 2 68 10) ab Stahlbrode südlich von Stralsund an. Sie fährt von Mitte April bis Oktober täglich auf die Insel, zu den Kernzeiten sogar im 20-Minuten-Takt (April, Sept. u. Okt. 6–20, Mai–Aug. 6–21.30, www.weisse-flotte.de). Die Überfahrt nach Glewitz dauert nur zwölf Minuten! Anfahrt: Von der Autobahn A 20 die Abfahrt Rügen/Stralsund nehmen, dann weiter über den Rügenzubringer bis zur Abfahrt Miltzow und der Ausschilderung nach Stahlbrode folgen.

Mit der Bahn

- Die Bahn bietet bequeme ICE- und IC-Verbindungen nach Stralsund und Rügen. Während der Hochsaison im Sommer fahren einige ICE/IC direkt bis nach Bergen und weiter in das Ostseebad Binz (Infoservice Tel. 0180 6 99 66 33; www.bahn.de).
- Im Sommer fährt jeden Samstag ein ICE von Stuttgart über Heidelberg, Frankfurt und Berlin direkt nach Binz. Dazu kommt eine tägliche ICE-Verbindung aus München über Nürnberg und Leipzig bis Berlin, von dort weiter mit dem IC bis Binz – seit September 2016 gibt es auch eine tägliche Direktverbindung. Jeden Freitag wird im Sommer auch eine Verbindung von München mit Umsteigen in Hannover angeboten.
- Zwischen Stralsund, Bergen und Binz fahren Regionalzüge im Stundentakt, in Bergen Anschlusszüge nach Putbus und Lauterbach. Für diese gelten diverse Vergünstigungen, u. a. mit dem Ostsee-Ticket für bis zu fünf Personen und dem Mecklenburg-Vorpommern-Ticket.

Mit dem Flugzeug

Flugverbindungen gibt es ab Köln-Bonn, Stuttgart und München nach Rostock Laage; von dort geht es weiter mit einem Bus-Shuttle. In Güttin auf Rügen gibt es einen kleinen Flughafen. Hier werden Charterflüge nach Berlin und Hamburg, Inselrundflüge sowie ein Landeplatz für Privatflugzeuge angeboten.

Mit dem Schiff

- Im Sommer verkehrt bis zu sechsmal täglich ein Schiff für Fußgänger und Radfahrer (Tel. 03831 2 68 10, www.weisse-flotte.de) von Stralsund nach Altefähr. Im Sommer verkehrt auch eine Autofähre (➤ oben).

- Zur Insel Hiddensee fährt von April bis Oktober sowie zwischen Weihnachten und Neujahr ab Stralsund die **Reederei Hiddensee** (nur Fußgänger und Radfahrer; Tel. 03831 2 68 10, www.reederei-hiddensee.de). Ab Schaprode (➤ 114) verkehren Schiffe das ganze Jahr über mehrmals täglich nach Hiddensee. Die Abfahrtstermine erfahren Sie bei der Reederei Hiddensee.
- Fähren aus Skandinavien, Russland und dem Baltikum laufen mehrmals wöchentlich im Hafen Mukran südlich von Sassnitz ein (Tel. 038392 55 111; www.faehrhafen-sassnitz.de).

Mit dem Bus

Die Liberalisierung des Fernbusverkehrs hat Rügen-Reisenden eine Vielzahl neuer Optionen eröffnet: So bietet **MeinFernbus.de** eine Direktverbindung von Rügens Seebädern über Berlin und Dresden nach München (www.meinfernbus.de). Die **Usedomer Bäderbahn** fährt mit ihren Bussen Berlin, Hamburg, Rostock und Wismar an (www.ubb-online.de). Berlin wird außerdem von **Berlinlinienbus** angesteuert (www.berlinlinienbus.de), Zwickau, Chemnitz und Dresden bedient der Rügen-Express vom **Regionalverkehr Erzgebirge** (www.rve.de).

Touristeninformation

Neben den Touristeninformationen in fast jedem Ort der Insel Rügen (Adressen siehe Regionenkapitel) gibt es auch eine zentrale Auskunft in Bergen. Dort können Sie das Gastgeberverzeichnis bestellen und allgemeine Informationen über die Insel einholen.

- **Tourismuszentrale Rügen GmbH**, Markt 23, 18528 Bergen auf Rügen, Tel. 03838 80 77 80, www.ruegen.de

Unterwegs auf Rügen

Busse verbinden fast alle Ortschaften auf Rügen. Im Sommer verkehrt auch ein spezieller Bus mit Fahrradtransporter. Die Kleinbahn *Rasender Roland* und die Bäderbahnen – offene Waggons mit einer Art Traktor, der die Bimmelbahn zieht – verkürzen im Sommer die Wege zu touristischen Attraktionen.

Bus

Rügen verfügt über ein gut ausgebautes Busnetz. Auskünfte zu Fahrplänen und Tarifen erteilt der **Rügener Personennahverkehr** (RPNV; Tel. 03838 20 29 55; www.rpnv.de). Attraktive Angebote sind Tagestickets und das Bus-Schiff-Kombiticket für die Fahrt nach Hiddensee.

Kleinbahn

Die historische Dampflok-Kleinbahn **Rasender Roland** (➤ 99) verbindet Lauterbach über Putbus (➤ 98) mit Göhren (➤ 80) im Ein- bis Zwei-Stunden-Takt. Die gemütliche Fahrt dauert gut eine Stunde. Der erste Zug ab Putbus fährt um 8.08 Uhr morgens, der letzte Zug ab Göhren in der Hauptsaison um 21.49, sonst um 19.53 Uhr. Fahrplanänderungen sind jederzeit möglich. Darüber hinaus sind Lauterbach und Putbus über einen Schienenbus mit Bergen verbunden. Die Abfahrtszeiten sind mit denen des Rasenden Roland abgestimmt, sodass man bequem umsteigen kann (Info Tel. 038301 88 40 12, www.ruegensche-baederbahn.de).

Bäderbahnen

- Kostenpflichtige Bahnen verkehren ab der Binzer Seebrücke alle 45 Minuten zum **Jagdschloss Granitz** (➤ 78) sowie nach Prora und zum Naturerbezentrum (➤ 71).
- In **Binz** (➤ 68), **Sellin** (➤ 75), **Baabe** (➤ 82) und **Göhren** (➤ 80) tuckern Bäderbahnen halbstündlich oder stündlich durch den Ort. Für Kurkarteninhaber ist die Mitfahrt in diesen Orten kostenlos (Tel. 038393 3 38 80; www.jagdschlossexpress.de)
- Als **Shuttle** pendeln die Bahnen u. a. zwischen dem Parkplatz Putgarten, Kap Arkona (➤ 47) und Vitt (➤ 48) sowie während der Störtebeker-Festspiele (➤ 12) zwischen dem Parkplatz an der B 96 und der Naturbühne Ralswiek (➤ 110).

Busrundfahrten

Rundtouren auf Rügen sowie Tagesausflüge nach Hiddensee und Stralsund bietet das Busunternehmen **BoyTours** (Proraer Chaussee 3g, 18609 Binz, Tel. 038393 3 25 15, www.ruegenrundfahrt.de) an. Man kann u. a. in Baabe, Sellin, Binz und Bergen zusteigen. Auf allen Bustouren werden die Sehenswürdigkeiten fachkundig erklärt; unterwegs werden Stopps eingelegt. Während der Hochsaison sollten Sie die Touren frühzeitig buchen.

Fahrrad

Radeln wird großgeschrieben auf der Insel. Über 50 Fahrradverleiher gibt es auf Rügen und Hiddensee (Adressen unter www.ruegen.de und bei der Tourismuszentrale Rügen, ➤ 33)! Fast jedes Dorf hat mindestens einen Anbieter; auch die meisten Hotels und Pensionen verleihen Fahrräder und bei vielen Ferienwohnungen gehören die Drahtesel ohnehin schon zur Ausstattung.

Taxi

Funktaxi Rügen (Bergen: 03838 25 26 27, Binz: 038393 24 24, Sassnitz: 038392 30 30, www.funktaxi-ruegen.de) ist rund um die Uhr erreichbar. Es werden auch individuelle Rügen-Rundfahrten angeboten.

Mietwagen

- Die Autovermietung **Eggert** (Tilzower Weg 23, 18528 Bergen, Tel. 03838 8 03 00; www.auto-eggert.com) auf Rügen mit Filialen u. a. in Stralsund stellt Ihnen den Leihwagen dort bereit, wo Sie ihn möchten. Ein Kleinwagen kostet ungefähr 70 € pro Tag.
- **Sixt** (Proraer Chaussee 5, 18609 Binz, Tel. 038393 66 63 80, www.sixt.de) befindet sich in Binz in der Nähe des Bahnhofs.

Flugzeug

Rundflüge über die Insel von bis zu einer Stunde Dauer bietet der **Flugplatz Güttin** (➤ 32) täglich ab 10 Uhr an.

Übernachten

Hotels und Ferienwohnungen

Auf Rügen ist das Angebot an Hotels, Pensionen und Ferienwohnungen äußerst vielfältig. Einen Aufenthalt während der Sommerferienzeit müssen

Sie allerdings trotzdem frühzeitig buchen; das gilt besonders, wenn Sie eine Ferienwohnung mieten möchten. Die Preisunterschiede zwischen Haupt- und Nebensaison sind teilweise enorm. So zahlen Sie bei etlichen Vermietern im Hochsommer drei- bis viermal so viel wie im Winter. Schnäppchen lassen sich über das Internet ergattern. Besonders Hotels stellen dort aktuelle Angebote ein und werben mit Last-Minute-Zimmerpreisen. Ein aktuelles Gastgeberverzeichnis können Sie bei der Tourismuszentrale auf Rügen (➤ 33) bestellen.

Camping

Rund 25 Campingplätze mit teilweise hervorragendem Standard befinden sich auf Rügen. Hiddensee hingegen ist für Camper tabu, auf der ganzen Insel ist es verboten, Zelte aufzustellen.

- Eine **kostenlose Broschüre** der Tourismuszentrale Rügen (➤ 33) informiert ausführlich über die Campingplätze der Insel. Infos gibt es auch unter www.ruegen.de und www.camping.info.
- In Bakenberg auf der **Halbinsel Wittow** können Sie weitab vom Trubel der Ostseebäder am Sandstrand campen (Caravancamp Ostseeblick, Seestr. 39 a, 18556 Dranske, Tel. 038391 81 96; www.caravancamp-ostseeblick.de).
- Einen schönen Campingplatz direkt am Strand gibt es auch auf Ummanz (Ostseecamp Suhrendorf GmbH, 18569 Suhrendorf, Tel. 038305 8 22 34; www.ostseecamp-suhrendorf.de).
- Ein idealer Treffpunkt für Kajakfahrer ist der Campingplatz **Am Bodden in Gager** (18586 Gager, Tel. 038308 3 01 99; www.campingplatz-ruegen.de). Mit Kajakschule und Fahrradverleih.
- 250 idyllisch gelegene Stellplätze und Ferienhäuschen befinden sich 100 m entfernt vom Ufer des **Großen Jasmunder Bodden** (Camping-Betrieb »Banzelvitzer Berge« GmbH, 18528 Groß Banzelvitz, Tel. 03838 3 12 48; www.ferienhaus-ruegen-ostsee.net).

Günstig übernachten

Jugendherbergen und Gästehäuser für Familien und Gruppen gibt es gleich mehrere auf Rügen. Neben den üblichen Vierbettzimmern bieten manche Einrichtungen auch Familienzimmer mit eigenem Bad. Sie können dort einen mehrtägigen Urlaub verbringen.

- In **Binz** befindet sich eine schöne Jugendherberge im sanierten Altbau direkt an der Strandpromenade (Strandpromenade 35, Tel. 038393 3 25 97). Es gibt Zimmer mit zwei bis acht Betten und Bädern auf dem Gang. Eher für Gruppen geeignet.
- Die »längste Jugendherberge der Welt« mit angeschlossenem Zeltplatz befindet sich in einem Block der einstigen KdF-Anlage in Prora (Mukraner Str. Gebäude 15, Tel. 038393 6 68 80, www.jugendherbergen-mv.de). Der herrliche Strand liegt direkt vor der Tür. Rund 100 Zimmer unterschiedlicher Ausstattung stehen zur Verfügung. Außerdem ist der Jugendherberge ein Campingplatz angeschlossen.
- Hübsch saniert ist die Jugendherberge in **Sellin** (Kiefernweg 4, Tel. 038303 9 50 99). Jedes Zimmer hat ein eigenes Bad mit WC.
- Gruppen können im **Internationalen Jugenddorf auf Ummanz** (Markow, Tel. 038305 81 07, www.feriendorf-ummanz.de) günstig Urlaub machen.
- Eine Jugendherberge gibt es auch in **Devin** südlich von Stralsund (Strandstr. 21, Tel. 03831 49 02 89). Dort können Sie u. a. Familienzimmer mit Dusche und WC buchen.

Ferien auf dem Bauernhof

Schlafen im Heu, morgens mit den Hühnern aufstehen und Ziegen melken, das gibt es auch auf Rügener Bauernhöfen.

- Bei **Bauer Kliewe** (Mursewiek 1, 18569 Ummanz, Tel. 038305 81 30; www.bauernhof-kliewe.de) können Sie in einer von acht Ferienwohnungen das Treiben auf dem Hof erleben. Besonders interessant ist die Geflügelzucht.
- Im Heu zu übernachten ist auf dem **Heuferienhof Altkamp** (Dorfstr. 1, 18581 Altkamp, Tel. 038301 88 99 12, www.heuferienhof-ruegen.de) im Süden der Insel möglich.
- **Bauer Lange** (18569 Lieschow, Hof Nr. 37, Tel. 038305 5 51 17, www.bauerlange.de) bietet auf seinem Erlebnishof neben zahlreichen originellen Veranstaltungen (► 120) für Urlauber auch Ferienwohnungen.
- Auf dem **Ökobauernhof Thom** findet der Urlaub im eigenen Häuschen oder in der Ferienwohnung mit separatem Eingang statt. Ein Naturkostladen bietet frische Lebensmittel aus ökologischem Landbau an, u. a. Milch, Käse und Brot (OT Stönkvitz 12, 18573 Samtens Insel Rügen, Tel./Fax 038306 2 00 43, www.oekohof-thom.de).

Preise

für ein Doppelzimmer pro Nacht (in der Hauptsaison deutlich höher):

€ unter 60 € **€€** 60–130 € **€€€** über 130 €

Essen und Trinken

Fisch kommt gebraten, geräuchert und gedünstet auf den Tisch. Kaum etwas anderes, außer der Kartoffel, wird auf Rügen häufiger gegessen. In der einfachsten, aber durchaus sehr leckeren Version gibt es ihn im Brötchen auf die Hand, z. B. an kleinen Buden in Strandnähe oder vom Kutter in den Häfen. In der exklusivsten Variante genießt man ihn im Sterne-Restaurant Freustil in Binz. Kaum ein Restaurant verzichtet auf Fischrezepte. Wer ihn allerdings »natur« mag, muss manchmal lange suchen, da viele Köche den Fisch nach wie vor lieber frittieren, panieren oder im Teigmantel backen, als ihn schnörkellos und natürlich zuzubereiten. Neben Lokalen mit Fisch – und Wild aus den Wäldern – haben sich auch Restaurants mit internationaler Küche etabliert, angefangen bei Griechen, Italienern und Spaniern bis hin zu fernöstlicher Küche.

Breites Angebot

Besonders in der gehobenen Gastronomie finden Sie eine interessante Mischung aus regionalen und internationalen Speisen. Spitzengastronomie hat sich vor allem in Binz, Sellin und Göhren etabliert. Aber auch manche Gutshäuser im Landesinnern überzeugen mit Gerichten jenseits von Hausmannskost. Die ist in der Regel aber auch zu empfehlen. Besonders Fischräuchereien bieten oft einen täglich wechselnden Mittagstisch zum günstigen Preis.

Essenszeiten

Bereits ab 11.30 Uhr wird in vielen Restaurants Mittagessen serviert. Viele Urlauber sind auch in ihrer Freizeit Frühaufsteher und schätzen ein zeitiges Mahl, bevor sie an den Strand gehen. Da jedoch etliche Gäste auch erst nach dem Strandausflug essen gehen, servieren die meisten Restaurants in der Regel auch nachmittags warme Gerichte. Zwischen 18 und 21 Uhr wird zu Abend gegessen. In der Sommersaison sollten Sie in den Seebädern immer einen Tisch reservieren.

Das exklusivste Essen:
Ambiance in Sellin (➤ 88)
Kurhaus in Binz (➤ 87)
Freustil in Binz (➤ 89)
Vier Jahreszeiten im Schloss Spyker (➤ 58)

Beliebte Fischrestaurants:
Gastmahl des Meeres in Sassnitz (➤ 60)
Gasthaus Seeblick in Seedorf (➤ 88)
Fischhalle am Hafen in Stralsund (➤ 155)
Kliesow's Reuse in Alt Reddevitz (➤ 88)
Zum Goldenen Anker in Vitt (➤ 59)

Angesagte Fischräuchereien:
Räucherschiff Berta im Lauterbacher Hafen (➤ 119)
Ostpreußische Hafenräucherei in Sassnitz (➤ 60)

Preise
für ein Hauptgericht (ohne Getränke):
€ unter 10 € **€€** 10–20 € **€€€** über 20 €

Einkaufen

Einkaufen können Sie am besten in Stralsund. Dort gibt es in der Altstadt eine Fußgängerzone mit vielen Geschäften und Filialen diverser Modeketten. Aber auch die oft exquisiten Läden der Seebäder oder die Hotelcafés mit Ladentheke im Hinterland halten manche Überraschung bereit.

Souvenirs

- **Bernsteinschmuck** und **Sanddornprodukte** sind die gängigsten Mitbringsel von Rügen. In allen touristisch frequentierten Orten gibt es Boutiquen, wo Sie fündig werden. Ein große Auswahl an Bernstein hat das Fachgeschäft in Sellin, zu dem auch ein Bernsteinmuseum (➤ 77) gehört.
- Etwas Besonderes, nämlich **Kosmetik**, die aus der **Stutenmilch** von Pferden aus der Haflingerzucht Ummanz (➤ 108) hergestellt wird, verkauft die Rugard-Apotheke in Bergen (Markt 26, Tel. 03838 8 03 40; www.rugard-apotheke.de; Mo, Di, Do 8–19 Uhr, Mi, Fr 8–18.30 Uhr, Sa 9–13 Uhr).
- Töpfereien mit **für Rügen typischer Keramik** gibt es u. a. auf Ummanz (➤ 119), in der Nähe von Bergen (➤ 119), im Sassnitzer Stadthafen (➤ 61) und in Stralsund (➤ 157).

Ausgehen

Nachtleben

- Binz (➤92) und Stralsund (➤158) sind die **Zentren des Nachtlebens**. Hier gibt es die meisten Bars.
- Die größte Disco Rügens ist das **M3 Miami** in Prora (➤92) mit fünf Dancefloors und Themenabenden von Techno bis Rockpop.

Theater & Co.

- In Putbus (➤99) und Stralsund (➤158) gibt es jeweils ein Theater mit **anspruchsvollem Programm**.
- Im Sommer wird Theater auf der **Seebühne am Stralsunder Hafen** gespielt. In Ralswiek (➤110) finden auf der berühmten **Naturbühne am Großen Jasmunder Bodden** die Störtebeker-Festspiele (➤12) statt.
- Für Unterhaltung sorgt das **Varieté Boddenbarsch** (➤92) zwischen Weihnachten und Silvester im Binzer Kurhau mit bekannten Künstlern. Von Juli bis September gibt's Sommervarieté (www.sommervariete.com).
- Das **Kinder- und Figurentheater Schnuppe** in Gingst spielt ganzjährig für Groß und Klein (Teschvitz 3a, 18569 Gingst, Tel. 038305 5 53 01, www.schnuppe-figurentheater.de).

Kinos

- Ein **Cinestar-Kinocenter** mit mehreren Sälen gibt es in der Stralsunder Altstadt (Frankenstr. 7, Tel. 03831 28 85 58; www.cinestar.de).
- IDas **Kinocenter** in Bergen hat sechs Säle (Ringstr. 140, Tel. 03838 20 21 22; www.kino-bergen-ruegen.de).
- Während der Sommersaison wird das **Waldkino** auf dem Campingplatz Göhren (Am Kleinbahnhof 1, Tel. 038308 9 01 20) betrieben.
- Das Theater **Komödie** in Göhren zeigt auch Filme (Waldstr. 4, Tel. 038308 6 62 22).
- Die **Lichtspiele Sassnitz**, ein Kreis engagierter Kinofreunde, präsentiert freitags um 20 Uhr im Grundtvig-Haus in Sassnitz (Seestr. 3, Tel. 038302 9 00 10, www.kino-lichtspiele-sassnitz.de) ausgewählte Filme.

Sport

- Die besten **Surfreviere** sind am Thiessower Haken (➤82), in Suhrendorf auf Ummanz (➤109) und in Dranske, Wiek und Vitte (Hiddensee).
- **Marinas** für Segler und Motorboote gibt es in etlichen Orten, u. a. in Breege (➤55), Stralsund (➤171) und Gager (➤83).
- **Golf spielen** können Sie in Karnitz (➤113). Dort befindet sich neben dem Schlosspark u. a. ein 18- und ein 9-Loch-Platz (Golf-Centrum Schloss Karnitz, Am Golfplatz 2, 18574 Karnitz, Tel. 038304 8 24 70, www.golfclub-ruegen.de). Ein weiterer Platz befindet sich in Lohme (www.hotel-schloss-ranzow.de).
- Rund **20 Reiterhöfe** gibt es auf Rügen. Bei der Tourismuszentrale Rügen (➤33) können Sie ein kostenloses Verzeichnis bestellen.
- Beim Klettern im **Waldseilpark Rügen** kann man das Meer rauschen hören. Es gibt verschiedene Schwierigkeitsstufen, vom Kinderparcour bis zur Kamikazeroute, sowie eine Aussichtsplattform direkt am Wasser, die längste Seilbahn auf Rügen und einen Baumlehrpfad (Klingenberg 25, 18573 Altefähr, Tel. 038306 23 97 58, www.waldseilpark-ruegen.de). Ein weiterer Hochseilgarten wartet in Prora (Objektstr. TH52, Block 3, Tel. 0152 03 64 74 24 www.seilgarten-prora.de) auf Wagemutige.

Wittow und Jasmund

Kleine Erlebnisse

Kultur im Café

Unterhaltsame Musik- und Theaterabende erleben Sie unweit des **Kaps Arkona** (➤ 47) im Café Helene-Weigel-Haus in Putgarten (Dorfstr. 16, Tel. 038391 43 10 07).

Alter Dorfladen

Ebenfalls in Putgarten erinnert das Geschäft auf dem **Rügenhof** (➤ 61) an einen alten Tante-Emma-Laden – eine herrliche Zeitreise mit Kaffee und Kuchen.

Sonnenuntergang hoch zwei

Die Terrasse des **Panoramahotels in Lohme** ist ein idealer Platz, um den Sonnenuntergang und einen Sundowner zu genießen (➤ 58).

Erste Orientierung

Kreidefelsen, Sandstrände und Steilküste kennzeichnen die nördliche Küste Rügens. Hier dominiert die Natur, die teilweise, wie im Nationalpark Jasmund, unter Schutz steht. Sassnitz, die einzige größere Ortschaft, lebt vor allem vom Fischfang und hat, nachdem der Fährhafen nach Mukran verlegt wurde, einige außergewöhnliche Museen im alten Fährhafen vorzuweisen. In den kleinen Dörfern geht es beschaulich zu.

Die beiden nördlichsten Halbinseln Rügens waren ursprünglich eigenständige Inseln. Im Laufe der Jahrtausende führten jedoch Sandablagerungen, sogenannte Nehrungen, dazu, dass Jasmund und Wittow mit dem »Muttland«, der großen Rügeninsel, zusammenwuchsen. Eine dritte Verbindung zwischen Jasmund und Zentralrügen entstand 1968 von Menschenhand. Dieser Damm ist heute einer der Hauptverkehrswege; über ihn führen die B 96 und eine Bahnlinie.

Auf Wittow und Jasmund liegen Attraktionen, die für Stau auf der Landstraße sorgen: der Nationalpark Jasmund und Kap Arkona mit den markanten Leuchttürmen. Die zwei Sehenswürdigkeiten könnten gegensätzlicher nicht sein: der dichte Buchenwald des Nationalparks auf der einen Seite, die fast baumlose Ebene des Windlands, wie Wittow genannt wird, mit seiner kilometerweiten Sicht übers Land auf der anderen.

TOP 10

1 Nationalpark Jasmund ➤ 44
3 Kap Arkona ➤ 47

Nicht verpassen!

11 Dorfkirche Altenkirchen ➤ 50

Der Fischkutter *Möwe* startet in Sassnitz

Nach Lust und Laune!

In zwei Tagen

Im Norden Rügens warten auf den beiden Halbinseln Wittow und Jasmund die wohl berühmtesten Sehenswürdigkeiten der Insel: die Kreidefelsen des Nationalparks Jasmund. Wer mehr auf Entspannung setzt, lässt sich am schönsten Sandstrand Rügens nieder. Kunst- und religionsgeschichtlich interessant ist die Dorfkirche in Altenkirchen.

Erster Tag

Vormittags

Fahren Sie am Morgen nach **13 Sassnitz** (➤ 52) und besuchen Sie die Stahlkabinen des historischen U-Boots HMS Otus (➤ 53) im Alten Fährhafen. Gehen Sie an Bord eines Ausflugsdampfers (➤ 62), um die Kreideküste mit dem Königsstuhl vom Wasser aus zu bewundern. Zu Mittag essen können Sie rund zwei Stunden später am Hafen in der Ostpreußischen Hafenräucherei (➤ 60).

Nachmittags

15 Minuten brauchen Sie von Sassnitz mit dem Auto zum Parkplatz Hagen, dem Tor zum kostenpflichtigen Zentrum des ★1 **Nationalparks Jasmund** (➤ 44). Ein Shuttlebus fährt bis zum Königsstuhl, Rügens bekanntestem Kreidefelsen (oben). Der Ausblick auf das Meer wird Sie begeistern! Wenn Sie Lust haben, steigen Sie die Treppe am Steilufer rechts vom Königsstuhl hinab zum Strand. Von unten wirken die Kreidefelsen noch imposanter!

Abends

Fahren Sie weiter nach **14 Lohme** (unten; ➤ 53), das auf Kreidefelsen gebaut wurde, und genießen Sie dort die Aussicht auf das Meer. Sehr gut essen und übernachten Sie im Panorama Hotel Lohme (➤ 58).

Zweiter Tag

Vormittags
Fahren Sie über 18 Glowe (➤ 54) zur Schaabe (➤ 54) und entspannen Sie sich am schönsten Sandstrand Rügens. Kilometerweit ist kein Ort zu sehen (weshalb Sie sich vorher in Glowe mit Proviant eindecken sollten). Gut zu wissen: Im mittleren Teil der Schaabe tummeln sich viele FKK-Anhänger! Sollten Sie das nicht mögen, ist es ratsam, den Strand eher in der Nähe der Orte Glowe oder **19 Juliusruh** (➤ 55) aufzusuchen. Dort herrscht allerdings auch meist ein wenig mehr Betrieb.

Nachmittags
Bis zum **3 Kap Arkona** (➤ 47) sind es rund 10 km. Auf dem Weg dorthin liegt die **11 Dorfkirche Altenkirchen** (➤ 50). Schauen Sie sich die Wandmalereien in der Kirche an und auch den Stein mit der Zeichnung des Ranen-Gottes Svantevit. Darauf spuckten die Gemeindemitglieder, bevor sie die Kirche betraten. Wenn Sie Genaueres wissen möchten, nehmen Sie im Sommer an einer der nach dem Gottesdienst stattfindenden Führungen teil.

Fahren Sie danach weiter nach Putgarten. Parken Sie das Auto auf dem öffentlichen Parkplatz und spazieren Sie die 1,5 km zu den Arkona-Leuchttürmen (oben). Sie können natürlich auch die kleine Bäderbahn nehmen. Genießen Sie die Aussicht von einem der beiden Leuchttürme und laufen Sie entlang der Steilküste nach Vitt (➤ 48). Dort haben Sie vom Hafen aus einen wunderschönen Blick auf das Kap Arkona. Danach können Sie im Gasthaus Zum Goldenen Anker (➤ 59) den Tag ausklingen lassen und bei Sonnenuntergang zu Ihrem Wagen zurückkehren.

I Nationalpark Jasmund

Imposante Kreidefelsen, dichte Buchenwälder und ein beeindruckendes Multimediazentrum machen den Nationalpark Jasmund zu einem beliebten Ausflugsziel. Während sich am Königsstuhl zur Hochsaison die Menschenmassen drängen, können Sie in den Wäldern die stille Schönheit der Natur genießen.

Der kleinste Nationalpark Deutschlands hat auf rund 30 km² Fläche eine atemberaubende Landschaft zu bieten. Allein zwei Drittel des Parks gehören zur Stubnitz, einem Waldgebiet, das im Süden hinter der Stadtgrenze von Sassnitz (► 52) beginnt und im Norden bis zur Gemeinde Lohme (► 52) reicht. Wenn Sie vom zentralen Parkplatz Hagen aus dem 3 km langen Weg zum Königsstuhl – mit 118 m Höhe der größte Kreidefelsen Rügens – folgen, ist unterwegs die ganze Vielfalt der Natur zu sehen: endlose Buchenwälder, die inzwischen zum Weltnaturerbe gehören, blühende Orchideen, Moore und Seen. Mit der Stille der Natur ist es allerdings so eine Sache, denn zur Hochsaison sind Sie in diesem Wald definitiv nicht allein: Da die Kreidefelsen neben dem Kap Arkona (► 47) als Wahrzeichen Rügens gelten, ist der Besuch für die jährlich gut 6 Mio. Übernachtungsgäste

auf Rügen gewissermaßen Pflichtprogramm. Dementsprechend voll sind die Shuttlebusse vom Parkplatz Hagen zum Königsstuhl. Und auch die Spazierwege zum Nationalparkzentrum erinnern im Sommer zeitweise eher an die Fußgängerzone in der Stralsunder Innenstadt. Früh am Morgen oder nach 17 Uhr finden Sie aber auch auf den Kreidefelsen noch ein bisschen Beschaulichkeit.

Von oben nach unten: Buchenwald im Nationalpark; Kreidefelsen in bizarren Formen umrahmen den Blick aufs Meer

Königsstuhl

Der Sage nach mussten früher die Bewerber für den Thron diesen Kreidefelsen hinaufklettern. Wer als Erster oben ankam, wurde Herrscher – daher der Name Königsstuhl. Nicht nur der beeindruckende Blick in die Tiefe zieht die Besucher in den Bann, sondern auch ein **Multimediazentrum**. Mit allerlei technischer Raffinesse wird Ihnen hier die Natur des Nationalparks nähergebracht. Rund zwei Stunden brauchen Sie, um die Ausstellung in Ruhe anzuschauen. Ein Highlight sind die 15-minütigen Shows im Multivisionskino. Hier kann man den Nationalpark zu allen Jahreszeiten u. a. aus der Adlerperspektive kennenlernen. Unbedingt sollten Sie am Königsstuhl den steilen **Treppenpfad** zum Strand hinabsteigen, um den Blick von unten auf die imposanten Kreidefelsen zu erleben! Auch Kinder, die nicht gerne wandern, vergessen am Strand ihre Abneigung: Schließlich findet man hier Muscheln, Hühnergötter und Donnerkeile.

Vor dem Nationalparkzentrum können sich Kinder auf der **Seilschaukel** oder im **Kletterparcours** vergnügen und motorische Fähigkeiten ebenso wie Gleichgewichtssinn beim Hangeln und Balancieren trainieren.

Viktoria-Sicht

Einen schönen Blick auf den Königsstuhl haben Sie von der rund 300 m südlich gelegenen Viktoria-Sicht. Wie ein Balkon hängt seit dem Ende des 19. Jhs. eine Aussichtsplattform über dem Kreidefelsen. Benannt wurde der Punkt nach der damaligen deutschen Kaiserin Viktoria.

Wissower Klinken

Neben dem Königsstuhl waren die Wissower Klinken ein Wahrzeichen der Kreideküste im südlichen Gebiet des Nationalparks. Im Februar 2005 brachen die Kreidekliffs, die bis zu 20 m hoch in den Himmel ragten, jedoch ab und 50 000 m³ Kreide stürzten ins Meer. Jetzt sind nur noch die Stümpfe dieser einst so markanten Felsen zu sehen. Am besten zu erreichen sind die Kliffs vom Parkplatz der Ausflugsgaststätte Waldhalle aus. Von dort sind es nur ein paar Minuten bis zum Hochufer der Wissower Klinken. Unbedingt sollten Sie noch 1 km Richtung Norden bis zur

Ernst-Moritz-Arndt-Sicht weiterspazieren. Von dort haben Sie einen herrlichen Blick auf das Meer und die Felsenküste.

Herthaburg

Von der ehemaligen slawischen Fluchtburg ist ein ringförmiger, 90 m langer und 10 m hoher Erdwall übrig geblieben. Hier verschanzten sich die Bewohner des Jasmund, wenn Feinde in Sicht kamen. Auf dem Weg vom Parkplatz Hagen zum Königsstuhl liegt die Burg links vom Weg. Dort befindet sich auch der idyllische **Herthasee**. Benannt wurden Burg und See nach der Erdgöttin Hertha.

Sagenumwoben: der Herthasee

KLEINE PAUSE

Das Selbstbedienungsrestaurant im Nationalparkzentrum wurde nach dem berühmten Maler Caspar David Friedrich (► 18) benannt. Er wurde u. a. durch sein 1818 entstandenes Landschaftsbild *Kreidefelsen auf Rügen* berühmt, das sehr wahrscheinlich die Wissower Klinken zeigt, und wäre bei seinen Recherchen vor Ort bestimmt froh gewesen, wenn er einen so guten Kaffee bekommen hätte.

---

185 E3

Nationalparkzentrum Königsstuhl

038392 66 17 66; www.koenigsstuhl.com Pfingsten–Okt. tägl. 9–19, Nov.–Ostern tägl. 10–17, Ostern–Pfingsten bis 18 Uhr 8,50 €

BAEDEKER TIPP

- Den schönsten Blick auf die Kreidefelsen haben Sie vom Wasser aus. Gehen Sie am besten in Sassnitz an Bord von einem der vielen **Ausflugsdampfer** (► 62) und schippern Sie gemütlich die Kliffs entlang. Ideal fürs Fotoshooting!
- **Wanderungen mit einem Ranger** durch den Nationalpark finden von Mai bis September täglich um 13.30 Uhr ab dem Nationalparkzentrum statt, dazu kommen weitere geführte Touren (Infos: Nationalparkamt, Tel. 038392 3 50 11, www.nationalpark-jasmund.de).
- Der **Shuttle** vom Parkplatz zum Nationalparkzentrum ist im Eintrittspreis enthalten.

3 Kap Arkona

Die Leuchttürme an Rügens Steilküste sind ein Wahrzeichen der Insel und beliebtes Ausflugsziel. Bei gutem Wetter sieht man von oben weit über die Insel. Bis die Dänen das Christentum brachten, stand hier die sagenumwobene Arkonaburg der Ranen, ein Tempel für Gott Svantevit.

Wenn es regnet, ist es hier am schönsten: Nirgendwo sind die Regenbogen bunter, wenn die Sonne wieder durch den Wettervorhang lugt! Und das Gras am Rand der Steilküste leuchtet in sattem Grün! Einen grandiosen Ausblick bietet die Aussichtsplattform des **neuen Leuchtturms**. Nicht nur

Genießen Sie den Ausblick vom Leuchtturm in die Ferne

Kinder werden ihn lieben. Schon der Aufstieg wird zum kleinen Abenteuer. Und dann erst der Blick aus 35 m Höhe über den Norden der Insel!

Im kleineren und älteren **Schinkelturm** sind die Ausstellungen interessant. Der 1827 erbaute Leuchtturm, entworfen von dem berühmten Bauherrn Karl Friedrich Schinkel, hat allerdings ein sehr schmales Treppenhaus, weshalb etwas korpulentere Besucher es nicht bis ganz nach oben schaffen werden. Unten gibt es ein Trauzimmer des Standesamts Wittow, das viele Brautpaare gerne in Anspruch nehmen. Eine Etage darüber informieren Schautafeln und Dokumente über die Geschichte der Seenotrettung und über das Schaffen Schinkels. Wer nach der Besichtigung die frische Luft am Kap genießen möchte, nimmt am besten in Richtung Vitt die **Veilchentreppe** hinab zum Strand. 42 m führen die Stufen in die Tiefe! Dies aber erst wieder seit 1995, denn die alte Treppe wurde 1953 durch eine Sturmflut zerstört. Ursprünglich war die Treppe 1833 gebaut worden, um Mitglieder einer Expedition der Kaiserlichen Russischen Armee bequem empfangen zu können. Daher der Name Königstreppe. Vom untersten Absatz der Treppe geht es weiter bis zu einem kleinen Strand, an dem mitunter auch Bernstein zu finden ist, besonders nach stürmischem Wetter.

Slawenwall und Funkpeilturm

Wer Kreidefelsen am Kap vermutet, wird enttäuscht sein. Die sandige Steilküste ist schon seit Mitte des 19. Jhs. mit einem sogenannten Deckschutz gepflastert, aus Angst vor Abbruch, die nicht unberechtigt ist, wie man 100 m weiter südlich sieht. Dort steht nämlich der **Slawische Burgwall**. Er ist der Rest der großen Jaromarsburg, des Heiligtums der slawischen Ranen, die den Gott Svantevit (► 16) verehrten. Weil ständig Teile der Wallanlage ins Meer stürzen, ist sie für Besucher gesperrt. Ein Wettlauf mit der Zeit hat für Archäologen schon längst begonnen, in Notgrabungen versuchen sie zu retten, was noch zu retten ist. Einst, so viel ist sicher, befand sich hier ein quadratischer Tempel mit einer 8 m hohen Svantevit-Statue. Die Dänen hatten sehr viel Mühe, diesen heidnischen Platz zu erobern und das Christentum auf der Insel zu etablieren. 1168 hatten die Skandinavier schließlich doch Erfolg und sorgten dafür, dass der Kult um Svantevit ein Ende nahm. Die Tempelburg wurde zerstört, die Statue zu Fall gebracht. Aus dem Holz und den Steinen der Befestigungsanlage bauten die Dänen u. a. die erste Kirche auf Rügen (► 50). Ein Modell der Tempelburg, so wie sie einmal aussah, ist übrigens im Innern des **Funkpeilturms** zu sehen. Dieser 1929 erbaute Turm diente einst der Marine für Ortungszwecke.

Vitt

Versteckt in einer kleinen Bucht zwischen den Kliffs der Steilküste duckt sich eine Handvoll reetgedeckter Fischerhäuser. Das gesamte Dorf steht unter Denkmalschutz.

Vom Absturz bedroht: der slawische Burgwall am Kap Arkona

Kapelle am Ortsrand von Vitt von außen und innen

Während im Sommer viele Busgruppen zwischen den Häusern umherlaufen und fotografieren, empfängt den Besucher in der Nebensaison ein uriges Fischerdorf mit einem herrlichen Blick vom Hafen aus auf Kap Arkona.

An der Landstraße nach Putgarten am Ortsausgang steht eine hübsche achteckige **Kapelle** aus dem Jahr 1806. An manchen Nachmittagen finden hier Konzerte statt (Infos über Pfarramt Altenkirchen ► 51).

KLEINE PAUSE

Auf dem Weg vom Kap Arkona zum Parkplatz können Sie im **Utspann** zu Putgarten (Dorfstraße 24, tägl. ab 11 Uhr) eine Pause einlegen. Trotz des touristischen Gedränges ist das ein gemütlicher Ort zum Verschnaufen mit guter Hausmannskost.

---

184 B5

Neuer Leuchtturm und Peilturm
April, Mai u. Okt. tägl. 10–16, Juni/Sept. bis 17, Juli/Aug. bis 18 Uhr 3 €

Das denkmalgeschützte Vitt ist Ziel vieler Besucher

Schinkelturmmuseum und Peilturm
April, Mai u. Okt. tägl. 10–16, Juni/Sept. bis 17, Juli/Aug. bis 18 Uhr je 2 €

Arkona-Informationsamt
Am Parkplatz 1, 18556 Putgarten 038391 130 37; www.kap-arkona.de
Mai/Juni/Sept. tägl. 9–17, Juli/Aug. 9–18, Nov.–April Mo–Fr 11–15 Uhr

BAEDEKER TIPP

- Im hübsch restaurierten Bauerngehöft ***Rügenhof Arkona*** (Dorfstr. 22, Nov.–März tägl. 11–16, April 10–16, Mai/Okt. 10–17, Juni u. Sept. 10–19 Uhr) in Putgarten laden Kunsthandwerker zum Einkaufen und Zuschauen ein. Hier gibt's u. a. frisch gesponnene Wolle, handgeschöpftes Papier und Rügener Kreidemännchen.
- Die **alten Marinebunker** am Kap kann man im Rahmen einer 45-minütigen Führung erkunden (Tel. 038391 43 46 60; Führungen stündlich zwischen 11 und 16 Uhr, Treffpunkt: Seenotrettungsausstellung).
- Eine **Bäderbahn** fährt vom Parkplatz Putgarten zum Kap oder nach Vitt (Mai–Okt. 10–18 Uhr alle 15 Min., 2 €/Pers., hin & zurück 3,50 €/Pers.).

11 Dorfkirche Altenkirchen

Viele Symbole in der ältesten Dorfkirche Rügens zeugen noch vom alten Ranen-Kult um den Gott Svantevit. Ebenfalls faszinierend sind die erstaunlichen Tierfresken in der Kirche aus dem 13. Jahrhundert.

Auf einem alten slawischen Begräbnisplatz ließen dänische Mönche im 12. Jh. Rügens erste christliche Dorfkirche errichten. Vom Dorf Altenkirchen war zu dieser Zeit noch nichts zu sehen – und so ist Altenkirchen einer der wenigen Orte, wo zuerst die Kirche stand und dann die Wohnhäuser nach und nach hinzukamen. Innen ist auch heute noch viel vom religiösen Wechsel zu spüren. So stammen etliche Steine der Kirche sehr wahrscheinlich von der zerstörten Tempelburg am Kap Arkona (➤ 48). Rechts vom Altar befand sich der Haupteingang. In einem kleinen Vorraum, den Sie besichtigen können, legten früher die Gemeindemitglieder Mäntel und Waffen ab. Wie im Kindergarten hatte hier jeder einen Platz mit seinem Zeichen, der sogenannten Hausmarke (➤ 17), sodass nichts verwechselt werden konnte. Bevor die Männer in den Kirchensaal gingen, spuckten sie noch kurz auf einen Stein in der Wand mit dem Abbild Svantevits oder eines seiner Priester. Noch heute sieht man auf diesem Stein ganz deutlich die

Auch in der Kirche gibt es viel zu entdecken

TIERFRESKEN

Die in ihrer Einfachheit an Steinzeitmalereien erinnernden Wand- und Deckenmalereien in der Dorfkirche Altenkirchen stammen aus dem 13. Jh. und wurden 1972 freigelegt. Die **Taube** oberhalb der ersten Fensterluke rechts soll an Noah erinnern, der nach der Sintflut eine Taube fliegen ließ, die ihm berichten sollte, ob sich die Wasser schon verlaufen hätten. Mit dem **Hahn** im zweiten Kreuzrippenbogen vor der Apsis wird der vorchristlichen Zeit gedacht, in der die Ranen ihrem Gott Svantevit einen Hahn pro Familie und Monat opfern sollten, um ihn gnädig zu stimmen. Der **Pelikan mit der Lilie** oberhalb des Kruzifixes steht für das Gleichnis des Pelikan, der sich die Brust aufpickt, um mit seinem Blut seine vom Hungertod bedrohten Küken zu nähren. Er symbolisiert den Opfertod Jesu Christi, die **Lilie** steht für Reinheit. Das **Schwein** im zweiten geschlossenen Fenster links soll den Teufel darstellen. Den »inneren Schweinehund zu vertreiben«, um Platz für Gott zu schaffen, war schon vor 800 Jahren eine Aufforderung an die Gemeinde. Gleichzeitig war das Schwein aber auch ein slawisches Kulttier.

Umrisse des Ranen-Gottes bzw. eines Ranen-Priesters mit dem Füllhorn im Arm. Das Spucken auf den Stein sollte Abscheu gegenüber dem alten Glauben symbolisieren.

Im dreischiffigen Kirchensaal selbst ist vor allem der 1250 aus Gotlandkalk geschaffene Taufstein mit den vier Köpfen bemerkenswert, die die vier christlichen Paradiesströme symbolisieren. Den Taufengel (1730) und den Altar mit Barockaufsatz (1724) schuf der Bildhauer Elias Keßler aus Stralsund.

KLEINE PAUSE

Direkt gegenüber der Kirche liegt das **Hofcafé Altenkirchen**. (Karl-Marx-Platz 4, Tel. 0160 94 92 07 06, Sommer ab 12 Uhr). Hier gibt es alles: vom frischen Kuchen bis zum selbst geräucherten Fisch.

---

183 E4 MTS-Str. 1 038391 3 66 8–18 Uhr

BAEDEKER TIPP

- Auf dem **Friedhof** gibt es zahlreiche alte Grabwangen zu sehen. Seine letzte Ruhestätte fand hier links neben dem Kircheneingang auch Pfarrer Ludwig T. G. Kosegarten, der mit Goethe befreundet war und Altenkirchen Ende des 18. Jhs. zu kulturellem Leben verhalf.
- In den Sommermonaten gibt es häufig Konzerte und Lesungen, Infos: Tel. (0383391) 366, www.kirche-altenkirchen-ruegen.de).

Nach Lust und Laune!

12 Lietzow

Wahrzeichen des Örtchens am Damm zwischen Kleinem und Großem Jasmunder Bodden ist das Schlösschen auf einer Anhöhe über dem Dorf. Es stellt eine kleine Kopie von Schloss Lichtenstein auf der Schwäbischen Alb dar. Das Schloss ist in Privatbesitz und kann nicht besichtigt werden. Nördlich von Lietzow befindet sich der historische **Waldpark Semper**, wo man herrlich zwischen Buchen und Bodden wandern kann. (► 165).

184 C1

13 Sassnitz

Die klassisch-schöne Bäderarchitektur in der Altstadt ist einmalig. Dafür gibt es keinen Sandstrand. Der ehemalige Fährhafen mit seinen diversen **Museen** (► 53), Fischgaststätten und Ausflugsdampfern hat jedoch so viel Flair, dass der Aufenthalt am Meer auch ohne Baden ein echtes Erlebnis ist. Ein großer Teil der Bevölkerung arbeitet in der fischverarbeitenden Industrie. Firmen wie Rügenfisch verkaufen ihre Büchsenware günstig zum Herstellerpreis (► 61). Zu DDR-Zeiten fuhren von Sassnitz Fähren nach Schweden und nach Finnland. Heute wickelt der neue Fährhafen in Mukran, etwas südlich von Sassnitz gelegen, den Transitverkehr ab.

Große und kleine Sassnitz-Besucher begeistert der **Tierpark** (► 62) und der **Schmetterlingspark** mit Hunderten von exotischen Schmetterlingen in einer tropisch bewachsenen Halle.

185 E2

Touristikamt Sassnitz
Strandpromenade 12, 18564 Sassnitz
038392 64 90; www.insassnitz.de Mo–Fr 9–18, Sa–So 10–17 Uhr

Schmetterlingspark
Straße der Jugend 6 038392 6 64 42; www.alaris-schmetterlingspark.de

Bäderarchitektur in Sassnitz

SEHENSWERTES IM ALTEN FÄHR- UND IM STADTHAFEN VON SASSNITZ

- **Hängebrücke mit Ausblick:** Eine moderne Fußgängerbrücke verbindet Stadtzentrum und Hafen und überwindet dabei 22 Meter Höhenunterschied. Der filigrane Bau wurde 2010 mit dem Deutschen Brückenpreis in der Kategorie »Fuß- und Radwegebrücken« ausgezeichnet. Von oben hat man einen schönen Blick.
- **Erlebniswelt U-Boot:** Geheimnisvoll und auch ein bisschen gruselig ist der Gang durch die engen, stählernen Kabinen des 1963 in Dienst gestellten U-Boots HMS Otus. Es stammt ursprünglich aus Großbritannien und war mit 68 Mann Besatzung vor den Falkland-Inseln und im Persischen Golf im Einsatz (Hafenstraße 18, Tel. 038392 67 78 88, www.hms-otus.com, Mai–Okt. tägl. 10–19, Nov.–April 10–16 Uhr, Eintritt: 7,50 €).
- **Fischerei- und Hafenmuseum:** Interessant ist nicht nur die Sammlung an Buddelschiffen. Auch Themen wie die Entwicklung der Fischerei und Bäderschifffahrt, der Postdampferverkehr mit Schweden und das Seenotrettungswesen werden anschaulich dargestellt. Das Museumsschiff Havel, ein 26 m langer Stahlkutter, liegt direkt vor dem Museum vor Anker (Im Stadthafen, Tel. 038392 5 78 46, www.hafen-museum.de, Ende März–Okt. Di–So 10.30–17.30 Uhr, sonst siehe Website Eintritt: 4 €).

April–Sept. tägl. 9.30–17.30, Okt. 10–16.30 Uhr 7 €

14 Lohme

Die herrliche Lage am Rande des Nationalparks Jasmund und das beeindruckende Steilufer zur Ostsee hinunter machen Lohme zu einem ganz besonderen Ort. Im hiesigen Panoramahotel befindet sich zudem ein Restaurant, das zu den besten der Insel zählt (► 58). 243 Stufen führen vom Dorf hinab zum kleinen Fischerhafen. Auf halber Höhe lädt das Café Niedlich mit seiner Panoramaterrasse ein. An klaren Tagen können Sie bis Kap Arkona schauen. Der Schwanenstein, ein riesiger Findling aus rotem Granit, befindet sich östlich des Hafens. Achtung: Bei Nässe kann es auf der Treppe und auf den Stegen am Hafen glatt sein!

185 E3

Touristik GmbH Lohme
Arkonastr. 31, 18551 Lohme
038302 8 88 55; www.lohme.de April–Okt. Mo–Sa 10–12, Mo–Fr 15–17, Nov.–März Mo–Sa 10–12 Uhr

15 Kreidebruch Gummanz

Ein alter Kreidebruch in der Nähe der Ortschaft Neddesitz zeugt vom Kreidehandel bis 1962. Über den Abbau des Rohstoffs und seine Verwendung (► 15) informiert eine interessante Freiluftausstellung mit allerlei Gerätschaften, u. a. alte Loren. Im angeschlossenen Museum erfahren Sie Wissenswertes über die Geologie der Kreide und die Technologie des Abbaus. Spazieren Sie den Lehrpfad (1,5 km) rund um den 130 m hohen **Kleinen Königsstuhl** mit seinem Grubensee entlang und Sie wissen alles über Rügens weißes Gold. Von oben haben Sie einen herrlichen Ausblick über die Insel! Das stattliche Herrenhaus Neddesitz gehörte zu Beginn des 20. Jhs. dem Kreidebruchbesitzer. Heute wird es vom Precise Resort Rügen (► 58) als elegantes Übernachtungsdomizil angeboten.

185 D3 038302 5 62 29; www.kreidemuseum.de Ostern–Okt. tägl. 10–17 Uhr, Nov.–Ostern Di–So 10–16 Uhr Museum und Freiluftausstellung: 4,50 €; Lehrpfad: frei

16 Bobbin

Der Name dieses hübschen Dorfes bedeutet im Slawischen Hügel. Und das ist mehr als zutreffend, denn keine andere Ortschaft auf Rügen liegt so erhaben über der Landschaft. Eine der wenigen Feldsteinkirchen Rügens thront in der Mitte des Dorfes. Beachten Sie den barocken Altar von 1668, den General Wrangel bestellte und einbauen ließ. Auf dem Friedhof befindet sich ein Gruftbau sowie über 250 Jahre alte Grabwangen. Südlich des Ortes bietet der 60 m hohe Tempelberg grandiose Aussicht.

Elegantes Hotel: Schloss Spyker

185 D3

Kirche Bobbin
038302 5 31 18 tägl. 9–18 Uhr frei

17 Schloss Spyker

Leuchtend rot getüncht, ist das Anwesen mit den vier Ecktürmen schon von Weitem zu sehen. Heute beherbergt das liebevoll restaurierte Schloss aus dem 14. Jh. ein Hotel mit Kellergasthaus und Gartencafé (► 58). Zeitweise wohnte hier der schwedische Feldmarschall Graf Karl Gustav Wrangel, der im 17. Jh. die vier markanten Ecktürme hinzufügen ließ. Im Schlosssaal soll ihm 1676 nach einer Niederlage im Krieg gegen Preußen angeblich der Kopf abgeschlagen worden sein.

Neue Attraktion ist nördlich von Bobbin der Erlebnispark **Dinosaurierland** mit 120 lebensgroßen Sauriermodellen, ein Spaß für Jung und Alt.

184 C3 Schlossallee 1 038302 7 70 nur für Hotel- und Restaurantgäste

Dinosaurierland
Am Spyker See 2 a 038302 71 98 74; www.dinosaurierland-ruegen.de April, Mai, Sept., Okt. 10–17, März, Nov. Sa–Do 10–15, Juni–Aug. 10–18 Uhr 8,50 €

18 Glowe

Eine moderne Promenade ziert den schönen Badestrand am Hafen des kleinen Badeorts, dahinter tummeln sich Fischerkaten und Pensionen. Hier befindet sich auch Rügens jüngste Kirche, erbaut wurde sie erst im Jahr 1982. Für DDR-Verhältnisse war die Einweihung der Kirche damals eine kleine Sensation, fristete die Religion doch im real existierenden Sozialismus eher ein bescheidenes Nischendasein. Der zeltartige Bau am westlichen Orts-

FEINER STRAND
Zwischen Juliusruh und Glowe zeigt sich Rügen von seiner feinsandigen Seite. Die Schaabe ist 8 km lang und 50 m breit. Selbst im Hochsommer ist hier noch ein stilles Plätzchen zu finden. Große Parkplätze hinter dem Dünenwäldchen und ein Fahrradweg neben der Landstraße machen eine bequeme Anfahrt möglich. Wenn Sie etwas essen möchten, sollten Sie sich ein Picknick vorbereiten, da hier weder Cafés noch Restaurants existieren. (184 B/C3–4)

Hafen von Breege

ausgang ist die Ostseeperle, eine ehemals sehr berühmte Gaststätte, die der seinerzeit bekannte DDR-Architekt Ulrich Müther entworfen hat.
184 C3

Kapelle Glowe
038302 5 31 18 Einlass nach telefonischer Vereinbarung frei

Touristikamt Glowe
Hauptstr. 73, 18551 Glowe 038302 88 99 39; www.glowe.de Juni–Sept., Mo–Fr 8–18, Sa 9–12 Uhr, Winter tel. erfragen

19 Breege-Juliusruh

Obwohl offiziell eine Gemeinde, sind Breege und Juliusruh doch zwei grundverschiedene Orte. Während Juliusruh mit feinsandigem Ostseestrand, vielen Eiscafés und Dünenhotels besticht, erwartet die Gäste in Breege ein verträumtes Dorf am Jasmunder Bodden mit Anglern am Hafen und eine Idylle aus reetgedeckten Häusern. Mehrmals täglich fahren von April bis Oktober Schiffe nach Hiddensee ab (Reederei Kipp, Tel. 038391 1 23 06; www.reederei-kipp.de). Freizeitkapitäne schätzen die moderne Marina. Einziges Bindeglied zwischen Juliusruh und Breege ist der zu Spaziergängen verlockende historische Landschaftspark aus dem 18. Jh., den der damalige Gutsbesitzer Julius von der Lancken anlegen ließ.
183 F4

Touristikamt
Wittower Str. 5, 18556 Breege-Juliusruh
038391 3 11; www.ostseebad-breege.de
Juni–Sept. Mo–Fr 8–18, Sa u. So bis 14, Okt.–Mai Mo–Fr 8–16 Uhr

20 Wittower Fähre

Am südlichen Ende der Halbinsel Wittow wartet die Fähre auf Reisende, die über die 350 m breite Fahrrinne nach Zentralrügen wollen. Während der Hochsaison kann man sich die ca. 20-minütige Wartezeit im Restaurant Wittower Fähre (► 59) verkürzen. Ein technisches Museumsstück ist neben dem Anleger vertäut: Hier liegt noch die Fähre, die bis Ende der 1960er-Jahre die damals verkehrende Kleinbahn nach Altenkirchen Huckepack nahm.
183 D3 03831 2 68 10
Nov.–März tägl. 5.50–19, April bis 21, Sept., Okt. bis 20 Uhr PKW 4 €, Person 1,20 €

21 Wiek

Eine der beeindruckendsten Backsteinkirchen Rügens, erbaut um 1400, thront in der Mitte des Dorfes. Ein Halt lohnt sich nicht nur wegen des schönen Altars von

1748 und des Reiterstandbilds aus dem 15. Jahrhundert. In Wiek löschten viele Handelsschiffe ihre Ware, daher auch der Name: Wiek bedeutet im Niederdeutschen Handelsplatz. Heute verkehren im Sommer Fähren nach Hiddensee (► 62).

183 E4

St.-Georg-Kirche Wiek
038391 7 02 26 geöffnet zu Gottesdiensten So/Feiertag 10 Uhr frei

Die gotische Dorfkirche in Wiek

22 Bakenberg

Einen schönen Sandstrand und einen prima Ausblick über das weite Meer teilen sich Camper und Bewohner der Ferienanlage (► 57) hinter dem 28 m hohen Hügel. In der Siedlung gibt es ein Schwimmbad. Der Strand ist auch unter FFK-Anhängern beliebt, wenngleich selbst im Sommer hier meist ein frisches Lüftchen weht … Sogenannte Bakenberge gibt es übrigens gleich mehrere auf Rügen. Sie dienten einst als Stationen, um Rauch- und Feuerzeichen zu senden: An einem langen Holzstamm wurde oben eine Teertonne befestigt und bei Bedarf der Inhalt entzündet. Auf diese Weise warnten sich die Inselbewohner gegenseitig vor Gefahren.

183 E5

Blick vom Bakenberg

Wohin zum ...
Übernachten?

Preise
für ein Doppelzimmer pro Nacht (in der Hauptsaison deutlich höher):
€ unter 60 € **€€** 60–130 € **€€€** über 130 €

WITTOW

Aquamaris Strandresidenz Rügen €€–€€€
Zwischen Strand und Dorfstraße liegt die Ferienanlage mit 260 Zimmern, Suiten und Ferienwohnungen in verschiedenen Häusern. Ein schönes Hallenbad, drei Restaurants, Billardtisch und vier Kegelbahnen geben kaum Anlass, das Areal während der Ferien zu verlassen. Die Zimmer und Wohnungen sind praktisch und hell eingerichtet. Tipp: Sagen Sie bei der Buchung, dass Sie keine Wohnung zur befahrenen Landstraße hinaus wünschen.
183 F4 Wittower Str. 4, 18556 Juliusruh
038391 4 40; www.aquamaris.de

Ferienresidenz Rugana am Bakenberg €€
Moderne Ferienhausanlage auf der grünen Wiese. Von Mai bis Oktober ist ein umfangreiches Kinderprogramm geboten: Abenteuer-Rallyes, Wettbewerbe, Spielfeste, Kinderpartys, ein Streichelzoo und ein eigenes Kinderhaus. Der schöne Strand ist nur 400 m entfernt. Eine Minigolfanlage, ein Schwimmbad, ein Fußballplatz und eine familienfreundliche Swingolfanlage machen den Ort auch außerhalb der Sommerzeit attraktiv. Die 240 Ferienwohnungen sind zu kleinen Dörfern gruppiert.
183 E5 Nonnevitz 25a–b, 18556 Dranske/ Bakenberg (038391) 914-0; www.rugana.de

Herrenhaus Bohlendorf €€
Liebevoll restauriertes Gut aus dem 18. Jh., umgeben von einem prachtvollen 80 ha großen Naturpark. Ernst Casimir von Bohlen ließ sich hier einst nieder, 1992 wurde das Haus zum Hotel umgebaut. Neben 20 Hotelzimmern können Gäste auch zwölf Ferienwohnungen buchen.
183 E4 18556 Bohlendorf bei Wiek
038391 7 70; www.bohlendorf.de

Kapitänshäuser Breege €–€€
Direkt am Hafen von Breege gelegen, bieten fast alle Ferienwohnungen einen Blick auf den Breeger Bodden sowie Terrasse oder Balkon. Besonders für Segler eignet sich die Nähe zum neuen Yachthafen. Wer nicht kochen will, isst im hauseigenen Restaurant. Schwimmbad, Sauna, Solarium und Spa lassen auch an grauen Tagen keine Langeweile aufkommen.
183 F4 Am Hafen 1–3, 18556 Breege
038391 4 20; www.kapitaens-haeuser.de

JASMUND

Bel Air Strandhotel Glowe €€–€€€
30 Zimmer und fünf Apartments bieten Strandruhe direkt am 12 km langen Sandstrand der Tromper Wiek. Das neue Hotel liegt mitten in einem Kiefernwald und lockt mit großer Badelandschaft, Schwimmbad, Sauna und Massagepraxis viele Gäste an.
184 C3 Waldsiedlung 130a, 18551 Glowe
038302 74 70; www.bel-air-hotels.de

Haus am Meer €€
Schöne Lage an der Treppe zum Hafen. Zu den 2- bis 4-Personen-

Apartments gibt's den schönen Meerblick gratis dazu, Sauna und Solarium sind nach Spaziergängen an der frischen Luft eine Wohltat. Im angeschlossenen Restaurant mit regionaler Küche können nicht nur die Hausgäste essen.
185 E3 Zum Hafen 7, 18551 Lohme
038302 8 85 23; www.hausammeer-lohme.de

Kapitänsmesse €–€€
Kleines Hotel nahe dem Sassnitzer Hafen mit modernen, aber auch klassischen Möbeln der vorletzten Jahrhundertwende. Die Räume sind großzügig und gemütlich. Schöne Frühstücksterrasse mit herrlichem Blick auf das Meer und die längste Außenmole Europas.
185 E2 Walterstr. 8, 18546 Sassnitz
038392 5 78 58; www.kapitaensmesse.de

Panoramahotel Lohme €€
Bestes Hotel am Platz mit wunderbarem Meerblick, hervorragender Küche und sehr gutem Service. Besitzer Matthias Ogilvie wacht persönlich über das Wohl der Gäste. Mehrere Gästehäuser im Dorf, die zum Hotel gehören, offerieren Ferienapartments und weitere Zimmer. Im Gästehaus Grey's ist jedes Zimmer in anderem Stil gehalten.
185 E3 An der Steilküste 8, 18551 Lohme 038302 91 10; www.panorama-hotel-lohme.de

Precise Resort Rügen €€–€€€
Hotel- und Apartmenthausanlage mit eigenem Erlebnisbad mit Strömungskanal, Tennisplätzen, Shuttleverkehr zum 7 km entfernten Strand in Glowe und Kinderbetreuung. Die weitläufige Landschaft ringsum lädt zu Radtouren und Wanderungen ein. Juwel der Anlage ist das liebevoll restaurierte Gutsherrenhaus.
185 D2 Am Taubenberg 1, 18551 Sagard
038302 95; www.precisehotelruegen.de

Schlosshotel Spyker €€
Elegantes Renaissanceschlösschen mit Hochzeitszimmer, gemütlichen Doppelzimmern und Maisonettes. Die Zimmer im Turmerker bieten einen Rundumblick über die Landschaft. Lunchpakete oder Picknickkörbe werden auf Wunsch bereitgestellt. Gäste können wählen zwischen dem hauseigenen Restaurant im Gewölbekeller, dem eleganten Salon im 1. Stock, in dem das Frühstück serviert wird, und dem Gartencafé.
184 C3 Schlossallee 1, 18551 Spyker auf Rügen 038302 7 70; www.schloss-spyker.de

Strandhotel Sassnitz €€
32 exklusiv eingerichtete Apartments mit Meerblick, Kaminofen und teilweise mit integrierter Sauna machen den Aufenthalt zum komfortablen Erlebnis direkt an der Seepromenade von Sassnitz. Im Strandcafé des Hauses schmeckt der Kuchen besonders gut.
185 E2 Rosenstr. 12, 18546 Sassnitz
038392 6 77 10; www.strandhotel-sassnitz.de

Svantekahs €–€€
Benannt ist diese traditionell im Stil der Bäderarchitektur gehaltene Strandpension nach einem heiligen Stein *(svante kamien* im Slawischen*)*, der im Glower Ortsteil Ruschvitz am Strand liegt. Direkt am Wasser, nämlich am Hafen, liegt auch dieses Gästehaus mit 23 Zimmern, von denen 15 eine Mini-Küche haben. Alle Zimmer ohne Küche sind mit Kühlschrank, Kaffeemaschine, Toaster, Wasserkocher und Geschirr ausgestattet. Es gibt 2-, 3- und 4-Bett-Zimmer.
184 C3 Hauptstr. 87, 18551 Glowe
038302 7 11 00; www.haus-svantekahs.de

Villa Seestern €–€€
Das schöne Haus im Stil traditioneller Rügener Bäderarchitektur liegt mitten in der historischen Altstadt und bietet einen schönen Ausblick auf die Ostsee. Alle 14 Zimmer haben Dusche oder Bad/WC.
185 E2 Mühlenstr. 5, 18546 Sassnitz
038392 3 32 57; www.villa-seestern.info

Wohin zum ...
Essen und Trinken?

Preise
für ein Hauptgericht (ohne Getränke):
€ unter 10 € **€€** 10–20 € **€€€** über 20 €

WITTOW

Svantevit €–€€
Gemütliches Restaurant mit Terrasse in gleichnamigem Hotel. Viele Gerichte werden mit Zutaten vom eigenen Bauernhof (im 10 km entfernten Bohlendorf) zubereitet, z. B. Gänsebraten oder Ente.
183 F4 Wittower Str. 9–10, 18556 Juliusruh 038391 43 00; www.svantevit-hotel.de Ostern–Okt. tägl. ab 17, im Sommer auch 12–15 Uhr

Zum alten Fischer €
Solide Küche, die auch den Anglern am Hafen schmeckt. Nach einem Bootsausflug zur Insel Hiddensee können Sie hier einkehren und sich für den Heimweg stärken. Spezialität des Hafenrestaurants ist u. a. die Fischsuppe Breeger Art.
183 F4 Am Hafen 1–3, 18556 Breege 038391 425 55; www.restaurant-zum-alten-fischer.de tägl. 8–10, 12–20 Uhr

Zum Goldenen Anker €–€€
In der gemütlichen Bauernkate geht es im Sommer hoch her und meistens sind die Tische bis auf den letzten Platz besetzt. Kein Wunder, ist doch der Fisch frisch und das Gasthaus das beste in Vitt. Früher besaß der Schankraum immer genau so viele Stühle, wie das Dorf Einwohner hatte. Vor dem Ausflug nach Kap Arkona am besten einen Tisch reservieren lassen und dann nach dem Spaziergang bis nach Vitt dort einkehren. Es gibt Deftiges wie Fischsuppe und natürlich Hering in allen erdenklichen Variationen. Vitt heißt übersetzt schließlich Heringshandelsplatz.
184 B5 Vitt Nr. 2, 18556 Vitt 038391 1 21 34; www.gasthof-vitt.de April–Okt., Weihnachts- u. Winterferien tägl. ab 11 Uhr

Zum Kap Arkona €–€€
Das kleine, modern gehaltene Restaurant mit schöner Terrasse lädt Besucher des nahe gelegenen Namensgebers zu einer Rast ein. Frische, gutbürgerliche Küche wird schnell und freundlich serviert. Wer möchte, kann auch übernachten. Im Haus befindet sich ein Drei-Sterne-Hotel. Familiäre Atmosphäre.
184 B5 Dorfstr. 22a, 18556 Putgarten 038391 43 30; www.zum-kap-arkona.de tägl. 13–21 Uhr

Zur Wittower Fähre €
Von der Terrasse des gutbürgerlichen Restaurants haben Sie einen herrlichen Ausblick über den Breetzer Bodden. Das Glas Bier am Abend zieht jedoch auch Mücken an. Am besten die Zitrone vom Hefeweizen zum Einreiben nehmen. Viele Radwanderer machen hier gerne Rast. Eis und Fischbrötchen gibt es zum Mitnehmen. Es werden auch Zimmer vermietet.
183 D3 18556 Wittower Fähre 038391 7 03 34; www.pension-wittow.de tägl. ab 12 Uhr, wechselnden Ruhetag tel. erfragen

JASMUND

Broilerbar €
Traditionsgaststätte im Rügenhotel, die leckere Varianten rund ums

Brathähnchen (Broiler) bietet. Wie wäre es etwa mit Karlsbader Hühnerbrust mit Pfirsich und Kochschinken oder Broiler Schwedisch mit Apfel-Meerrettich-Soße? Auf der Terrasse können Sie den halben Hahn mit Blick über das Hafengelände genießen. Die Rügenbrücke vor der Tür führt direkt dorthin.

185 E2 Seestr. 1, 18546 Sassnitz 038392 63 10 04 tägl. ab 12 Uhr

Café Niedlich €

Eine tolle Aussicht bis zum Kap Arkona belohnt Sie, wenn Sie zuvor die zwei Dutzend Treppenstufen hinauf oder hinab – je nach Wegrichtung – bis zur Caféterrasse gestiegen sind. Von hier können Sie bei Kaffee und Kuchen den Fischern bei der Arbeit zuschauen.

185 E3 Zum Hafen 8, 15551 Lohme 038302 88 61 21 Ostern–Okt. tägl. ab 12 Uhr

Gastmahl des Meeres €€

Fischspezialitätenrestaurant direkt am Fischereihafen und der Promenade. Von der Terrasse aus haben Sie einen schönen Blick auf das Treiben am Wasser. Innen schaffen Lampen und Schiffsmodelle eine maritime Atmosphäre. Die Fischgerichte kommen frisch zubereitet auf den Tisch, da kann es auch mal etwas länger dauern.

185 E2 Strandpromenade 2, 18546 Sassnitz 038392 51 70; www.gastmahl-des-meeres-ruegen.de tägl. 11–23 Uhr

Kleine Försterei €–€€

Wild ist die Spezialität des Hauses, das auch eine kleine Pension beherbergt. Rehbraten, Wildschwein und Hirsch kommen frisch auf den Tisch, meist aus dem Nationalpark Jasmund (neben dem Gasthof liegt ein 90 000 m² großes Damwildgehege). Im Sommer ist das Lokal durch die Nähe zum Parkplatz am Eingang zum Nationalpark oft gut besucht. Am besten essen Sie hier abends, wenn die meisten Besucher schon wieder ihrer Wege gezogen sind. Gäste können kostenlos parken, auch wenn sie hinterher noch den Nationalpark besuchen wollen. Da sparen Sie rund 5 €!

185 E3 Stubbenkammerstr. 68, 18551 Hagen 038302 9 00 17; www.kleine-foersterei-ruegen.de Juni–Sept. tägl. 12–21.30, Okt.–Mai 12–20 Uhr

Ostpreußische Hafenräucherei €

Fischgaststätte, in der vor den Augen der Gäste die Fische in den Rauch gehängt werden. Es riecht nach Holz und Rauch und natürlich nach Aal, Hering und Dorsch. Die großen Portionen kommen wahlweise mit Kraut- oder Kartoffelsalat auf den Teller. Wegen der Größe des Lokals kann es auch mal lauter werden. Aber dann nimmt man seinen Fisch einfach mit und setzt sich an die Kaimauer.

185 E2 Stadthafen Sassnitz, Hafenstraße 12d, 18546 Sassnitz 038392 3 65 04; www.ostpreussische-hafenraeucherei.de tägl. ab 8 Uhr

Puszta €€

Das ungarische Restaurant verköstigt Urlauber und Einheimische mit Spezialitäten vom Plattensee: Kesselgulasch, Palatschinken und die üppige Pusztaplatte für zwei Personen sind eine deftige Alternative zum täglichen Fischgericht.

185 D2 A.-Bebel-Str. 14, 18551 Sagard 038302 37 16; www.puszta-ruegen.de tägl. ab 11.30 Uhr

Villa Italia €–€€

Aus allen Ecken der Insel strömen die Einheimischen nach Sagard, um hier bei Familie Proce italienische Küche zu genießen. Die umfangreiche Speisekarte lässt keine Wünsche offen, auch Pizza und liebevoll dekorierte Desserts sind zu haben.

185 D2 Ernst-Thälmann-Str. 46, 18551 Sagard 038302 7 19 23; www.villa-italia-ruegen.de Mo, Mi–Sa 11–14.30, 17–22, So 12–14.30, 17–22 Uhr

Wohin zum ... Einkaufen?

LEBENSMITTEL

Zwischen Lohme und Glowe liegt die **Rügener Spezialitätenmanufaktur** (Baldereck 9, 18551 Glowe, Tel. 038302 5 34 48, tägl. ab 9 Uhr, www.ruegener-spezialitaeten-manufaktur.de). Seit 1985 stellt die Familie Sorge hier auf dem eigenen Hof gesunde, unbelastete Lebensmittel her. Sie backt Brote, Kuchen und Kleingebäck und stellt neben gängigen Nudelsorten auch Exoten wie Lavendel- oder Thymiannudeln her. Für die Fruchtaufstriche werden eigenhändig gesammelte Wildfrüchte (Sanddorn, Holunder, Löwenzahn) verarbeitet. Und in einer kleinen Räucherei werden Fisch, Fleisch und Wild veredelt. Zum Angebot gehören auch handgefertigte Pralinen und Konfekt.

Fischkonserven kaufen Sie am Sassnitzer Hafen günstig direkt beim Hersteller **Rügenfisch** (Str. der Jugend 10, Tel. 038392 6 00, Mai–Okt. Mo–Sa 9–18, So bis 17 Uhr, Nov.–April Mo–Sa 10–17 Uhr). Hier laufen täglich rund 250 000 Dosen vom Band. Für die sogenannten Knickdosen zahlen Sie nur einen Bruchteil des Ladenpreises. Im angegliederten Bistro mundet u. a. Fisch-Soljanka und Lachssalat. Frischen Fisch können Sie fast an jedem Hafen bekommen. Fragen Sie einfach die Fischer, wann der Fang verkauft wird. Im Sassnitzer Stadthafen bietet der **Kutterfisch** (April–Okt. tägl. 9–16 Uhr) geräucherten Aal, Dorsch, Scholle u. v. m. zum Mitnehmen und Gleichessen.

Im **Sassnitzer Seglerhafen** und im **Stadthafen** liegen mehrere sogenannte Räucherschiffe, die geräucherten Fisch verkaufen.

SOUVENIRS

Bienenwachskerzen und Kunsthandwerk aus Wachs können Sie in der Kerzenwerkstatt »Handelsschiff« auf dem **Rügenhof** in Putgarten (Dorfstr. 22, Tel. 038391 4 39 54, Öffnungszeiten schwankend, Kernzeit tägl. 12–16 Uhr) kaufen, aber auch selber – nach vorheriger Anmeldung – herstellen. Außerdem werden Handgestricktes aus reiner Schafwolle, Silber- und Modeschmuck sowie Honigspezialitäten angeboten. Angeschlossen ist eine Werkstatt, in der Gäste zuschauen dürfen, wie Kerzen entstehen. Sie werden gezogen, gegossen oder per Hand geformt, einige dann auch noch getaucht oder bemalt.

Rügendirekt nennt sich ein Vertrieb für Produkte von der Insel, der auf dem Gutshof auch einen **Dorfladen** (Dorfstr. 22, Tel. 038391 43 99 90, www.ruegen-direkt.de, Öffnungszeiten tel. erfragen) betreibt. Hier können Sie von Holundergelee bis Rügen-Musik-CDs alles kaufen, was die Insel zu bieten hat. Im Webshop geht der Einkauf auch online. Originell: die Präsentkisten mit einer Spezialitätenmischung.

Alles, was die Lieben daheim erfreut, wird auch im **Marineshop Breege** (Hochzeitsweg 16, Tel. 038391 43 99 88; www.marine-shop-breege.de, tägl. ab 8 Uhr) verkauft. Souvenirs in Form von Muscheln, Fischerhemden und Schiffsmodellen, aber auch Waren des täglichen Bedarfs, etwa frische Brötchen und die Morgenzeitung, erwarten Sie schon in der Frühe.

TÖPFERWAREN

In der **Töpferei** am Hafen in Sassnitz (Tel. 038392 5 03 09, Mo–Sa 10–18, Mai–Okt. zusätzlich So 12–18 Uhr) können Sie nicht nur Fisch, sondern auch Gebrauchskeramik, Kleinplastiken und kunstvolle Einzelstücke kaufen. Vieles ist mit maritimen Motiven bemalt: ein Frühstücksgeschirr mit Dreimastern etwa oder eine Tasse mit Fischkuttern. Besuchen Sie einfach die offene Werkstatt und schauen Sie zu, wie das Wasser auf die Tassen kommt, oder nehmen Sie an einem der Workshops teil.

Wohin zum … Ausgehen?

MUSEUM

Das **Marinehistorische und Heimatmuseum Dranske** zeigt eine umfangreiche Fossiliensammlung und Exponate zur Geschichte des Ortes und zur Militärgeschichte der Halbinsel Bug (Schulstraße 19, 18556 Dranske, Tel. 038391 8 90 07, www.bug-wittow.de, Mitte April–Nov. Mo–Sa 11–16 Uhr, Eintritt 5 €).

SCHWIMMEN

Badespaß für die ganze Familie bietet die **Jasmundtherme** (Tel. 038302 97 77 00, www.precisehotelruegen.de, tägl. 8–22 Uhr, ab 5 €) auf dem Gelände des Precise Resort Rügen in Neddesitz: ein 31 °C warmes Innenbecken mit Sprudelliegen, Schwallduschen und Gegenstromanlage, Saunagarten, 2 Finnische Trockensaunen und ein Dampfbad. Kinder toben sich auf der Wasserrutsche und im 34 °C warmen Kinderbecken aus.

SCHIFFSAUSFLÜGE

Von Sassnitz aus starten mehrmals täglich Ausflugsschiffe zu den Kreidefelsen. Besonders urig ist der **Fischkutter Möwe** (Liegeplatz im Stadthafen, Tel. 038392 3 33 69, www.kutter-moewe.de). Auch Hochseeangeln ist ganzjährig möglich, auf Lachs, Dorsch und Meeresforelle. Regelmäßig fährt die **Reederei Lojewski** mit der *Nordwind* und der *Insel Rügen* die Kreideküste ab. Abfahrt 8-mal täglich zwischen 10 und 16.30 Uhr (Vorbestellung: Tel. 0171 642 93 96, www.reederei-lojewski.de, 14 €).

Nach Hiddensee fährt die **Reederei Kipp** (Tel. 038391 1 23 06, www.reederei-kipp.de) ab Breege; auch Boddenfahrten und Abendfahrten können Sie buchen. Im Sommer startet ein Schiff um 18.30 Uhr nach Ralswiek zu den Störtebeker-Festspielen. Fahrkarten werden am Hafen verkauft. Ebenfalls nach Hiddensee geht es u. a. von Wiek aus mit der **Reederei Hiddensee** (Tel. 03831 26 81 10, www.reederei-hiddensee.de). Tagesausflüge mit Landgang können von Mai bis Mitte Oktober gebucht werden.

Nach Schweden oder Russland legen täglich Fähren vom Fährhafen Mukran südlich von Sassnitz ab.

ZOO

Der **Sassnitzer Tierpark** (Steinbachweg 4, Tel. 038392 2 23 81, April–Sept. tägl. 10–18, Okt.–März tägl. 10–16 Uhr, Eintritt 3,50 €) ist wohl der einzige weit und breit, in dem Sie Tiere kaufen können! Meerschweinchen, Sittiche und sogar Schafe oder Ziegen dürfen gegen Entgelt mitgenommen werden. Affen, Nasenbären und Wölfe hingegen müssen sicherheitshalber in ihren Gehegen bleiben: Schauen und staunen Sie über etliche Tiere, die auf der Insel Rügen wild leben: Eulen, Damwild und Fuchs.

NACHTLEBEN

Viel ist nachts nicht los auf Jasmund und Wittow. Die gemütliche **Altstadtbrasserie** in Sassnitz (Marktstraße 4, Tel. 038392 2 34 53, www.altstadt-brasserie.de) bietet Biere vom Fass sowie Cocktails.

Mönchgut und Granitz

Kleine Erlebnisse

Kunstmeile Binz

Beim Bummeln durch die **Margaretenstraße in Binz** (➤ 68) entdecken Sie Galerien und Ateliers mit Fotografie, Malerei und Keramik.

Von Seebrücke zu Seebrücke

Einer der schönsten Wanderwege führt von der Seebrücke in **Sellin** (➤ 75) an der Steilküste entlang bis nach Binz.

Lunch mit Michelin-Stern

Probieren Sie die exzellente Sterneküche des Restaurants **Freustil** (➤ 89) bei einem preisgünstigen Mittagsmenü.

Erste Orientierung

Wälder, Steilufer, feiner Sandstrand und karge Hügel bestimmen die Landschaft im Osten von Rügen. Hier gibt es die schönsten Seebäder mit mondäner Bäderarchitektur. Doch auch Naturliebhaber schätzen die Region wegen ihrer Vielseitigkeit.

Die Granitz ist vor allem wegen des einst mondänen Badeortes Binz bekannt und natürlich wegen des herrschaftlichen Jagdschlosses Granitz, das weit über die Buchenwälder des gleichnamigen Naturschutzgebiets ragt. Hier können Sie wunderschöne Wandertouren unternehmen!

Zu den schönsten und abwechslungsreichsten Landstrichen Rügens gehört das Mönchgut. Hübsche Dörfer und Badeorte, die einst Fischern gehörten und nun vor allem Urlauber beherbergen, dominieren die Halbinsel. Gäste kommen nicht nur am weitläufigen Ostseestrand auf ihre Kosten. Auch die Boddenküste hat Charme und erschließt sich am besten bei Radtouren und Wanderungen – etwa durch die Zickerschen Alpen. Surfer lieben das südliche Ende des Mönchguts, den Thiessower Haken. Hier findet man die besten Windverhältnisse auf ganz Rügen vor! Dass die Rügener sehr geschichtsbewusst sind, zeigen die vielen Heimatmuseen und historischen Anlagen. Beispielsweise ist das Schulmuseum in Middelhagen auf ganz Rügen bekannt.

Im idyllischen Hafen von Gager

Herrliche Alleen beginnen gleich hinter der Steilküste

TOP 10

Nicht verpassen!

Nach Lust und Laune!

In zwei Tagen

Zu den schönsten und abwechslungsreichsten Landstrichen Rügens gehört das Mönchgut, eine Halbinsel im äußersten Südosten Rügens, die an die bewaldete Granitz anschließt. Traditionelle Ostseebäder, ein prächtiges Jagdschloss und die wohl längste Ferienanlage der Welt mit sehenswerten Museen liegen ebenfalls auf Ihrem Weg.

Erster Tag

Vormittags

Besuchen Sie die Bauten der von den Nationalsozialisten geplanten gigantischen Urlaubsanlage in ★4 **Prora** (➤ 71) mit ihrer vielfältigen Museumslandschaft. Gehen Sie danach über ein weiteres Highlight der Insel: den 1250 m langen Baumwipfelpfad mit seinem spektakulären, 40 m hohen Aussichtsturm. Er gehört zum **Naturerbe-Zentrum** (➤ 71) mit einer Erlebnisausstellung. Zum Entspannen empfiehlt sich ein Besuch am herrlichen Badestrand der **Schmalen Heide** (➤ 74). Zum Mittagessen fahren Sie weiter nach ★2 **Binz** (➤ 68) und gönnen sich leckere Inselspezialitäten in der urigen Strandhalle Binz (➤ 89). Oder Sie machen ein Picknick am Strand, an dem Kioske auch leckere Fischbrötchen verkaufen.

Nachmittags

Fahren Sie zum ★10 **Jagdschloss Granitz** (➤ 78). Das Auto können Sie auf dem Großparkplatz abstellen und den Hügel hinauflgehen. Wenn Ihnen das zu steil ist, nimmt Sie auch der Jagdschloss-Express mit hinauf (➤ 79). Genießen Sie die schöne Aussicht vom 38 m hohen Schlossturm und besuchen Sie auch das Infozentrum im ehemaligen Gasthaus nebenan. Dort erfahren Sie Interessantes über das Naturschutzgebiet Granitz.

Abends

Den Abend verbringen Sie am besten in ★7 **Sellin** (unten; ➤ 75), wo Sie die Abendstimmung auf der Seebrücke genießen können. Zum Übernachten bietet sich Roewers Privathotel (➤ 86) an.

Zweiter Tag

Vormittags

Wenn Sie morgens dem Selliner Bernsteinmuseum einen Besuch abgestattet haben, fahren Sie weiter nach 23 **Göhren** (➤ 80). Nach einem kurzen Spaziergang durch den Ort sollten Sie sich den Kurpark anschauen. Dort gibt es ein kleines Labyrinth, schöne Wasserfontänen und seltene Pflanzen. Machen Sie – je nach Lust und Laune – einen einstündigen Spaziergang auf dem Nordperd-Rundweg und genießen Sie die Aussicht vom Steilufer. Bei Strandwetter lohnt sich auch ein Nickerchen am feinsandigen Südstrand. Nehmen Sie mittags einen Snack im Turmcafé des Hotels Hanseatic (➤ 86) ein und genießen Sie den weiten Blick über Göhren und die Küste des Mönchguts.

Nachmittags

Fahren Sie Richtung 25 **Thiessower Haken** (➤ 82) und besuchen Sie die Lotsenstation in Thiessow. Einst waren die Männer des Ortes hauptsächlich damit beschäftigt, Schiffe Richtung Stralsund sicher an den Untiefen vorbeizudirigieren. Noch heute sieht man vom Lotsenberg häufig Schiffe auf Reede liegen, die auf ihr Lotsengeleit nach Stralsund warten. Machen Sie einen Spaziergang am Südperd entlang und schauen Sie zu, wie die Surfer übers Wasser zischen. Vielleicht möchten Sie selber surfen? Surfschulen leihen Bretter und Segel aus. Gehen Sie weiter am Boddenufer nach **Klein Zicker** (oben; ➤ 82) und genießen Sie die tolle Aussicht auf die Zickerschen Alpen vom ehemaligen Radarhügel. Lassen Sie den Tag auf der Terrasse des Restaurants im Hotel (➤ 89) Fürst Jaromar ausklingen. Zum Blick auf die Boddenlandschaft serviert man hier leichte Küche – natürlich auch mit frischem Ostseefisch.

2 Binz

Prachtvolle Bäderarchitektur an der Promenade, eine Seebrücke und mondäne Hotels machen Binz wieder zum angesagten Ort für Prominente und Betuchte. Doch auch Urlauber mit schmalerem Geldbeutel werden in den vielen Hotels und Pensionen fündig.

Leise plätschern die Wellen an den feinen Sandstrand, der Mond hängt schwer über den Hügeln der Granitz und aus dem Kurhaus (► 87) dringt leise Musik. So beginnt ein Abend an der 370 m langen Binzer Seebrücke, die hell erleuchtet auf die See weist. Das war nicht immer so, doch seit der Wende ist genug Zeit vergangen, um aus Binz wieder ein wenig das zu machen, was es einmal war, nämlich ein schicker Badeort mit eleganten Hotels und eben auch einer Seebrücke. Die ursprüngliche Brücke maß sogar 560 m und wurde nur zwei Jahre nach ihrer Einweihung 1902 durch eine Sturmflut zerstört. 1905 wurde sie wieder aufgebaut. Die Pechsträhne riss jedoch nicht ab und nur sieben Jahre später stürzte ein Teil der Brücke ein; dabei kamen 17 Menschen ums Leben. Das war übrigens der Grund, weshalb 1913 die Gesellschaft zur Rettung Schiffbrüchiger in Leipzig (!) gegründet wurde. Im Krieg ging die Brücke dann nochmals zu Bruch und wurde erst 1994 wieder aufgebaut. Seitdem findet jedes Jahr im August das Binzer Seebrückenfest statt.

Strandkörbe bieten Windschutz an stürmischen Tagen

Mondäne Pracht: die Binzer Bäderarchitektur

Zeitvertreib bei Tag ...

An der 4 km langen Strandpromenade tummeln sich zu jeder Tageszeit viele Spaziergänger; Fahrradfahren ist deswegen dort verboten. Ebenso ist das Auslegen von Badetüchern zwischen den Strandkörben verboten. Außerhalb der Strandkorbzone ist jedoch immer noch mehr als reichlich Platz für Strandmuscheln und XXL-Laken. Auch Hunde kommen am eigenen Badestrand auf ihre Kosten. Kinder können sich an den Tierzeichen an jedem Strandabgang orientieren, sodass sie auch garantiert wieder zum elterlichen Badetuch finden.

Wenn Sie keine Lust haben, den ganzen Tag am Wasser zu verbringen, können Sie die Zeit in einer ganzen Reihe von Boutiquen und kleinen Galerien verbringen. Oder bestaunen Sie einfach mal die schöne Bäderarchitektur der vorletzten Jahrhundertwende an der Strandpromenade und rund um die Hauptstraße, etwa die 1896 erbaute **Villa Ruscha**, die 1999 vollständig saniert wurde. Das **Kurhaus** wiederum wurde 1908 erstmals eröffnet. Seit 2002 erstrahlt es wieder in alter Pracht und wird als Hotel genutzt.

Eine Menge Spaß haben Groß und Klein im Ferienpark des **IFA-Rügen Hotels** am nördlichen Ende der Strandpromenade. An Schlechtwettertagen können sich die Kleinen dort auf einem Indoor-Spielplatz mit Karussell und Boxautos austoben (► 87).

... und Nacht ...

Binz ist nicht nur Erholungsort, sondern auch Zentrum des Amüsements auf Rügen. Das **Varieté Boddenbarsch** (► 92) im Kurhaussaal etwa bietet jedes Jahr zwischen Weihnachten und Silvester unterhaltsame Shows auf gehobenem Niveau, auch das Sommervarieté von Juli bis September ist beliebt. Diverse **Cocktailbars** (► 92) haben es von hier aus schon zu international anerkanntem Ruf gebracht. Und wem das Urlaubsgeld ausgeht, der kann sein Glück in der **Spielbank** an der Hauptstraße versuchen.

... und etwas weiter weg

Lassen Sie Ihr Auto ruhig Ferien machen, denn zu Fuß oder mit dem Fahrrad lässt sich in Binz und Umgebung wirklich viel erreichen. Wer es gemütlicher mag, nutzt für Ziele innerhalb des Orts die Binzer Bäderbahn, die je nach Tageszeit halbstündlich oder stündlich verkehrt. Das Jagd-

schloss Granitz (➤ 78) ist mit dem Jagdschloss-Express erreichbar, die Museen in Prora sowie das Naturerbe-Zentrum ganz bequem mit dem Naturerbe-Prora-Express (➤ 79). Auch der **Rasende Roland**, die behäbige historische Dampfbahn, pfeift am Kleinbahnhof Binz munter ihr Lied, bevor sie Richtung Göhren (➤ 80) oder Putbus (➤ 98) weiterschnauft. Doch es geht auch schneller: Wussten Sie, dass Binz sogar einen **ICE- und IC-Bahnhof** hat? In einer Stunde sind Sie bequem in Stralsund (➤ 137). Von der Seebrücke legen regelmäßig die **Dampfer** zu Ausflugstouren Richtung Kreideküste oder Sellin ab (➤ 91).

Der *Rasende Roland* dampft zwischen Putbus und Göhren

Doch auch in Binz gibt es immer noch viel zu entdecken, etwa zahlreiche **Galerien** (➤ 91) oder den **Park der Sinne** am Schmachter See. Dort können Spaziergänger die wunderbaren Töne einer Steinharfe erkunden oder ausprobieren, wie sich Luftblasen unter Wasser verhalten. Auch ein Duftgarten und ein kleiner Irrgarten laden zum Verweilen ein.

Leinen los, und auf zu den Kreidefelsen!

KLEINE PAUSE

Geburtstagskinder dürfen in der **Konditorei Peters** (Heinrich-Heine-Str. 2, Mo–So 6–18 Uhr, www.baeckerei-peters.de) und in ihren Filialen in Sassnitz, Mukran, Sellin und Bergen) umsonst frühstücken. Den ganzen Tag über locken leckere Torten und Kuchen.

---

189 D4–5

Kurverwaltung Binz
Heinrich-Heine-Str. 7, 18609 Binz ☎ 038393 14 81 48; www.ostseebad-binz.de Feb.–Okt. Mo–Fr 9–18, Sa u. So 10–18, Nov.–Jan. Mo–Fr 9–16, Sa u. So 10–16 Uhr

BAEDEKER TIPP

- In der **Glasbläserei Binz** (Schillerstr. 11, Tel. 038393 43 93 00, April–Okt. Mo–So 10–18 Uhr, im Winter kürzer) können Sie bei der Produktion zuschauen.
- Schauen Sie sich unbedingt den kuriosen **Rettungsturm** des bekannten DDR-Architekten Ulrich Müther an. Er steht im südlichen Bereich der Strandpromenade und erinnert an eine fliegende Untertasse. Hier befindet sich eine Außenstelle des Binzer Standesamts.

4 Prora & Naturerbe-Zentrum Rügen

10 km Sandstrand machen die Nehrung, die Jasmund und Granitz miteinander verbindet, zum umwerfenden Badeparadies. Hinter Dünen und Kiefern verbirgt sich das unvollendete KdF-Seebad Prora. Ein hölzerner Baumwipfelpfad mit atemberaubendem Blick hat sich schnell zur größten Besucherattraktion der Region entwickelt.

Ein 20 m breiter, feinsandiger Badestrand zieht sich zwischen Binz und Mukran an der Küste entlang. Zwischen Wasser und Dünen mit Kiefernwäldchen finden Sonnenbadende selbst an hochsommerlichen Tagen noch ein einsames Plätzchen. Hier können Sie den ganzen Tag relaxen und schnell vergessen, was sich nur 10 m hinter den Dünen verbirgt: der Koloss von Prora, unvollendetes Ferienparadies der Nationalsozialisten, die hier Platz für bis zu 20 000 Feriengäste gleichzeitig schaffen wollten. Der gigantisch große Komplex beherbergt mehrere Museen: Unbedingt lohnend ist ein Rundgang im **Dokumentationszentrum Prora** über die Geschichte der Anlage. Gleich um die Ecke befindet sich in Block 3 die Kultur-Kunststadt Prora mit fünf Museen, u. a. dem **NVA-Museum** und dem **Rügenmuseum** zur Geschichte und Natur der Insel. Etwas abseits in der Nähe des Proraer Bahnhofs liegt außerdem das **Eisenbahn- und Technikmuseum**.

Vom 40 m hohen Aussichtsturm des Baumwipfelpfads blicken Sie weit über die Rügener Landschaft

Baumwipfelpfad

Nur wenige Kilometer von der KdF-Anlage entfernt erstreckt sich eine wertvolle Mischung aus Wäldern, offenen Flächen und Feuchtgebieten, die unter der Verwaltung der Deutschen Bundesstiftung Umwelt stehen. 2013 wurde hier das Naturerbe-Zentrum Rügen fertiggestellt, ein modernes Umweltinformationszentrum am Forsthaus Prora, zu dem auch ein 1250 m langer Baumwipfelpfad mit 40 m hohem Aussichtsturm in Form eines Adlerhorsts gehört: Über Holzbohlen steigen die Besucher darin immer höher und blicken auf Spechthöhlen, Fuchsbauten und Vogelnester. Der Weg schraubt sich über die Wipfel und gibt schließlich die Aussicht auf Bodden, Meer und Küste frei – (Fortsetzung ➤ 74)

Der Koloss von Prora

Im Mai 1936 erfolgte der erste Spatenstich des von Clemens Klotz für die nationalsozialistische Ferienorganisation »Kraft durch Freude« (KdF) entworfenen Seebads an einem der schönsten Strände Rügens. Die etwa 4,5 km langen Anlage sollte 20 000 urlaubende »Volksgenossen« aufnehmen. Doch der Betonkoloss wurde nie fertiggestellt. Lange Jahre als Kaserne genutzt, finden sich heute in einigen Teilen der Bauruine Museen, in anderen wurden luxuriöse Ferienapartments eingerichtet.

Prora & Naturerbe-Zentrum

1 Dokumentationszentrum: Das Dokumentationszentrum informiert über die Entstehung und Nutzung des Monumentalbaus.
2 Bettenhäuser: Fünf der geplanten acht sogenannten Bettenhäuser sind noch erhalten und werden zum Teil genutzt. Im nördlichen Block 5 eröffnete 2011 eine Jugendherberge.
3 Gemeinschaftshäuser: In den Gebäuden sollten u. a. Läden, Restaurants und Kegelbahnen untergebracht werden.
4 Schwimmhalle: Der nördliche und südliche Teil des durch die Festhalle und den Festplatz unterbrochenen Baus sollten jeweils eine Schwimmhalle erhalten.
5 Seebrücken: Die beiden Seebrücken sollten als Landungsstege für Kreuzfahrtschiffe dienen.
6 Festhalle: Hinter der Festhalle wurde ein Fest- und Aufmarschplatz angelegt.
7 »Tonfilmhalle«: Auch ein Kino durfte im »Seebad der 20 000« nicht fehlen.
8 Museumsmeile: Der sogenannte Block 3 hat sich als Museumsmeile etabliert; hier befindet sich auch die KulturKunststatt Prora.

Lange Zeit überließ man Teile des ehemaligen KdF-Seebads seinem Schicksal, ...

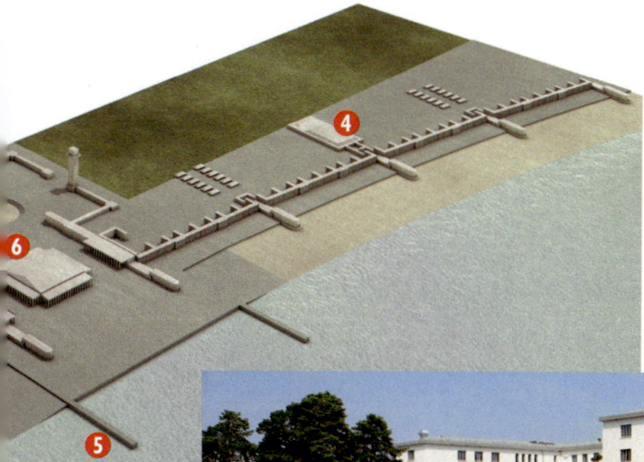

... heute werden wieder einzelne Komplexe genutzt, etwa von einer Jugendherberge, zu der auch ein Campingplatz gehört

ein atemberaubendes Erlebnis. Unten können Sie in halbjährlich wechselnden Ausstellungen die Flora und Fauna der Naturschutzgebiete erkunden.

ABENTEUER IN LUFTIGER HÖHE

Der **Seilgarten Prora** bietet 13 Höhenparcours und über 100 Klettervarianten in bis zu 10 m Höhe, 13 Seilbahnen und einen Kletterspielplatz für die Kleinen (Strandstraße, Block 3, 18609 Ostseebad Binz OT Prora, Tel. 0152 03 64 74 24, www.seilgarten-prora.de, Mitte April–Okt. Di–So 10–17/18 Uhr, Eintritt 22 € für 2 Std.).

Feuersteinfelder

Wie die 25 m breiten und 3 m hohen Wälle aus Feuersteinen im Norden der Schmalen Heide entstanden sind, weiß bis heute keiner so genau. Aber wahrscheinlich waren Sturmfluten vor rund 4000 Jahren dafür verantwortlich, dass sich diese Steinwellen auf einer Länge von 2 km und einer Breite von 400 m in der Landschaft verewigt haben. Damit das einzigartige Naturschutzgebiet nicht zuwuchert, wurden in den 1970er-Jahren Mufflons ausgesetzt. Aber auch Rot- und Schwarzwild, seltene Pflanzen, Vögel und Reptilien wie die Kreuzotter sind hier heimisch. Daher ist es verboten, die offiziellen Wege des Naturschutzgebiets zu verlassen.

KLEINE PAUSE

Nur frische Zutaten aus regionaler Herstellung finden in der Küche des Selbstbedienungslokals **Boomhus** im Naturerbe-Zentrum Verwendung. Wenn das Wetter mitspielt, kann man im Biergarten und auf der Terrasse Platz nehmen.

---

189 D5

Dokumentationszentrum Prora
Objektstr. 1, Block 3/Querriegel 038393 1 39 91; www.proradok.de
März–Mai, Sept. u. Okt. tägl. 10–18, Juni–Aug. 9.30–19, Nov. und Jan. 11–16, Feb. 10–17 Uhr 6 €

NVA-, KdF- und Rügen-Museum
Objektstr. 1, Block 3/TH 2 038393 3 26 96; www.kulturkunststattprora.de
Sommer tägl. 9–19, Winter 10–17 Uhr 6,90 €

Eisenbahn- und Technikmuseum
Mukraner Straße 038393 23 66 April–Okt. tägl. 10–17 Uhr 10 €

Naturerbe-Zentrum Rügen
188 C5 Forsthaus Prora 1 (an der L 293), 18609 Ostseebad Binz, OT Prora 038393 66 22 00; www.nezr.de Mai–Sept. tägl. 9.30–19.30, April u. Okt. 9.30–17.30, Nov.–März 9.30–16.30 Uhr 10 €

BAEDEKER TIPP

Das Naturerbe-Zentrum bietet auch lohnende Führungen auf dem Baumwipfelpfad sowie diverse Sonderprogramme wie Vollmondwanderungen, Fledermausnächte, Fotosafaris oder Bernsteinschleifen an.

7 Sellin

Die kleine Schwester von Binz liegt etwas versteckt hinter den Hügeln der Granitz und bezaubert durch ihren dörflichen Charakter, den sich der Ort trotz Tourismus und stolzer Bäderarchitektur von Hotels und Kurhäusern bewahrt hat. Am Steilufer bietet sich ein herrlicher Ausblick auf den Strand und die neue Seebrücke, zu der auch ein Fahrstuhl hinabführt.

Wer zum ersten Mal nach Sellin kommt, bekommt einen freudigen Schreck. Nichts ahnend spazieren Sie die Wilhelmstraße, die Hauptstraße Sellins, Richtung Strand, um ganz plötzlich an einem Abgrund zu stehen. Denn was die meisten bei der Anreise gar nicht bemerken: Sellin ist ein Dorf am Rand des Hochufers. 89 Stufen (oder alternativ ein Fahrstuhl) führen rund 25 m hinab zum Strand und der neuen **Seebrücke**, die 1998 feierlich eingeweiht wurde. Fast 20 Jahre hatten die Selliner ohne ihre Brücke auskommen

Auf der neuen Seebrücke lässt es sich prima flanieren

müssen – die Reste der alten aus dem Jahr 1906 waren gegen den Willen der Bevölkerung 1978 abgerissen worden. Es war schlicht kein Geld vorhanden, um die von Stürmen und Eis gebeutelte Seebrücke instand zu halten, von der Investition in einen Neubau ganz zu schweigen. Jetzt ist die längste Seebrücke Rügens wieder der ganze Stolz der Selliner, und schon mancher ist hier in den Ehehafen eingelaufen – auf der Brücke gibt es nämlich auch ein Standesamt. Vom Ende der Wilhelmstraße am Hochufer sehen Sie die nach alten Vorlagen gebaute Konstruktion in ihrer ganzen Pracht. Sie ist 394 m lang und hat einen Schiffsanleger und einen zierlichen Pavillon, in dem das **Restaurant Seebrücke** beheimatet ist. Die beiden Räume sind nach den traditionellen Restaurants benannt. Im mediterran eingerichteten **Restaurant Palmengarten** sorgt ein Meerwasseraquarium

u. a. mit Korallen aus dem Indischen Ozean für Kurzweil. Im **Kaiserpavillon** nebenan geht es traditioneller zu. Landestypische Küche wie Selliner Fischtopf oder Rügener Angeldorsch bekommt man in beiden Räumen. Am Ende der Brücke kann man mit der futuristisch wirkenden Tauchgondel unter Wasser gehen, wo ein 3D-Film über die Ostsee gezeigt wird. Vielleicht bekommen Sie ja Lust auf einen Schiffsausflug (➤ 91) nach Binz (➤ 68) oder zur Kreideküste (➤ 44).

Sellin hat eine lange Tradition als Badeort

Traditionsreiches Seebad

Bevor in anderen Küstenorten Rügens der Badetourismus begann, hatte Sellin schon seine ersten Sommerfrischler, vornehmlich aus Berlin, die hier zur Empörung der Einheimischen nackte Knie zeigten und im kalten Ostseewasser planschten. Die Verrückten, wie die Selliner 1880 die Fremden zunächst titulierten, wurden aber schon bald gern gesehene Gäste, denn der Fremdenverkehr bescherte den Dorfbewohnern unverhoffte Einnahmen. Um die Jahrhundertwende folgten dann die ersten prachtvollen Hotel- und Kuranlagen, 1896 etwa das Hotel Fürst Wilhelm, an dessen Stelle heute das neue **Kurhaus Sellin** steht, oder die 1898 erbaute **Villa Rugia**, heute gelegen auf dem Terrain von Roewers Privathotel (➤ 86). Ein Spaziergang durch die Wilhelmstraße ist besonders an sonnigen Tagen ein fast blendendes Ereignis. Strahlend weiß leuchten die vielen renovierten Strandhotels an beiden Seiten und die Bäderarchitektur wird hier in ihrer ganzen Pracht vorgeführt.

Wunderschöne Bäderarchitektur erstrahlt in neuem Glanz

Die obligatorischen Strandkörbe dürfen natürlich auch in Sellin nicht fehlen

Badeparadies

Sellin zu Fuß zu entdecken ist gar nicht so einfach. Wer etwa zum Südstrand marschieren möchte, kommt schnell aus der Puste, denn vor dem Relaxen am Wasser steht ein beachtlicher Auf- und Abstieg über die Hügel des Selliner Forsts. Wie gut, dass es die **Bäderbahn** gibt, die sich tuckernd den Berg hinaufquält, um dann bei 10 % Gefälle Richtung Strand zu zuckeln. Während der Strand an der Seebrücke manchmal sehr windig ist und ordentliche Brandung bereithält, geht es am **Süd- oder Fischerstrand**, wie die Einheimischen sagen, zu wie in einer Badewanne. Besonders Familien mit kleinen Kindern wissen das zu schätzen.

Auch an regnerischen Tagen hat Sellin viel zu bieten: Gemütliche kleine Cafés und Restaurants haben rund ums Jahr geöffnet und das Erlebnisbad AHOI! RÜGEN (► 91) zieht Gäste aus allen Teilen Rügens an.

KLEINE PAUSE

Nostalgische Eisenbahnatmosphäre herrscht im **Restaurant Kleinbahnhof** (An der B 196 No. 3, Tel. 038303 8 79 71, tägl. ab 12 Uhr, www.kleinbahnhof-sellin.de), wo man Erster Klasse (Einrichtung eines historischen Reisesalonwagens), Zweiter Klasse (Schankraum mit vielen Bahnelementen) oder Dritter Klasse (gemütlicher Holzklassewagen) sitzen und Suppen, Snacks oder auch Fisch- und Fleischgerichte essen kann. Nicht nur Kinder lieben das kleine **Bistro Arkona** (Wilhelmstr. 8, Mai–Okt. tägl. ab 12 Uhr) mit seiner großen Auswahl an Eierpfannkuchen und Waffeln mit verschiedenen feinen Soßen.

---

189 E4

Kurverwaltung Sellin
Warmbadstr. 4, 18586 Sellin (038303) 16 0; www.ostseebad-sellin.de
Mai–Sept. Mo–Fr 8.30–18, Sa, So 10-14, sonst Mo–Fr 8.30–16.30 Uhr

BAEDEKER TIPP

- Besuchen Sie unbedingt das **Bernsteinmuseum** (Granitzer Str. 43, Tel. 038303 8 72 79, www.bernsteinmuseum-sellin.de, Juni–Sept. Mo–Fr 10–13 u. 14–17.30, Sa 10–12, Okt.–Mai Mo–Fr 10–12 u. 14–17, Sa 10–12 Uhr, Eintritt 1 €). Dort wird nicht nur die Entstehung von Bernstein anschaulich erklärt, dort ist auch der mit 1,7 kg schwerste und größte Bernstein Rügens zu bewundern.
- Schlittschuhlaufen können Sie im Winter auf einer künstlichen Eisbahn im **Seepark Sellin** am Erlebnisbad (► 91, Tel. 0176 41 62 77 08, Dez.–Feb. Schlittschuhverleih, Eintritt ab 2,50 €).

10 Jagdschloss Granitz

Das Jagdschloss aus dem 19. Jh. könnte nicht schöner liegen. Inmitten des Granitzer Naturschutzgebiets ragt es stolz in den Himmel. Wer den 103 m hohen Tempelberg hinaufsteigt oder mit der Bahn vor die Einfahrt fährt, sieht eine Anlage mit prächtigem Turm. Nochmals 38 m weiter oben haben die Bezwinger der 154 Stufen, die zur Aussichtsplattform führen, einen atemberaubenden Ausblick über ganz Rügen. Im Schloss selber gibt es eine interessante Ausstellung zur Romantik und eine Sammlung von Geweihen.

Ein fürstlicher Anblick: das Jagdschloss Granitz

Moritz Ulrich I. von Putbus war es, der an diesem Ort inmitten der wildreichen Granitz 1726 ein Jagdhaus bauen ließ. Alljährlich während der Jagdsaison quartierte er sich hier mit seinen Gefolgsleuten ein. Dort, wo heute das Schloss steht, ließ er einen achteckigen Aussichtsturm im Fachwerkstil bauen. Dieses Belvedere mit seiner zierlichen Figur auf dem Dach wurde auch als Tempel bezeichnet, weshalb der einstige Fürstenberg wohl heute Tempelberg heißt. Da sich die Nachkommen von Moritz Ulrich I. überhaupt nicht für die Jagd interessierten, verkam das Anwesen – 1810 musste der Turm wegen Baufälligkeit abgerissen werden.

Schwindelerregend führt Schinkels Treppe in die Höhe

Jagdschloss Granitz

Das neue Schloss

1815 jedoch verwandelte der neue Herrscher Fürst Wilhelm Malte I. zu Putbus das Jagdhaus wieder in einen prachtvollen Ort mit Malereien und Verzierungen im neugotischen Stil. Anstelle des alten Tempels ließ Fürst Malte 1836–1846 das heutige **Jagdschloss** bauen. Der berühmte Baumeister Karl Friedrich Schinkel entwarf den Aussichtsturm. Prunkstück im Innern des Turms ist die gusseiserne Treppe, die sich spiralförmig bis zur Aussichtsplattform in die Höhe windet. Schauen Sie am besten vom 1. Stock in die Höhe. Da wird die ganze Pracht dieses Turms sichtbar!

Die Inneneinrichtung des Schlosses war nach dem Zweiten Weltkrieg größtenteils zerstört oder verschwunden. Einblicke in das einstige Leben im Jagdschloss gewährt eine sehenswerte Dauerausstellung mit multimedialen Elementen.

INFOZENTRUM GRANITZHAUS

Das alte Jagdhaus neben dem Schloss wurde 1851 abgerissen, um den prunkvollen Gasthof zu errichten, der heute noch zu sehen ist. Seit 2004 ist dort die **Infostelle für das Biosphärenreservat Südost-Rügen** (Tel. 038303 8 82 90, Eintritt frei) untergebracht. Von Mai bis Oktober (und auf Anfrage) stellt eine Ausstellung u. a. die Großschutzgebiete Mecklenburg-Vorpommerns vor. Auch Führungen und Wanderungen zu Umwelt- und historischen Themen werden vermittelt.

KLEINE PAUSE

Im Keller des Schlosses verbirgt sich das urige Wirtshaus **Alte Brennerei** (Mai–Sept. tägl. 10–19, April u. Okt. tägl. 10–17, Nov.–März Di–So 10–17 Uhr). Auf die blanken Holztischen kommt deftige Rügener Küche. Spezialität ist das Granitzer Kräuterfeuer, ein Likör.

---

189 D4

Jagdschloss Granitz
038393 6 67 10 Mai–Sept. tägl. 10–18, Okt. u. April 10–17, Nov.–März Di–So 10–16 Uhr 6 €

BAEDEKER TIPP

- Wer nicht den steilen Weg vom Parkplatz zu Fuß hinaufgehen möchte, nimmt am besten den **Jagdschloss-Express** (Tel. 038393 3 38 80, Mai–Sept. tägl. 9.30–16.15 Uhr, eingeschränkte Fahrzeiten im Okt., Nov., April und zwischen den Jahren). Die kleine Bahn fährt ab Binz alle 45 Minuten (im Winter teilweise nur stündlich) zum Schloss.
- Der Weg vom Großparkplatz Süllitz ist in den Sommermonaten oft so stark frequentiert, dass sich alternativ ein **Spazierweg ab Blieschow** anbietet. Von der Haltestelle des *Rasenden Rolands* an der Haltestelle Garftitz aus führt ein Waldweg zum Schloss hinauf. Achtung: Es sind keine Parkplätze vorhanden!

23 Göhren

Hoch über der Ostsee thront das von Bäderarchitektur geprägte Ferienjuwel auf einer weit ins Meer hinausragenden Landzunge. Unten am Strand tummeln sich die Urlauber auf der Promenade oder der schönen Seebrücke. Bekannt ist Göhren auch für seine Museen zur Geschichte des Mönchguts.

Weite Strände am Fuß des Nordperds

Im Zentrum des Ortes mit seinen hübschen Villen geht es im Sommer hoch her. Viele Tagesurlauber kommen mit dem ***Rasenden Roland***, der hier seine Endstation hat, um die Mönchguter Museen zu besuchen oder um den riesigen, aus dem Wasser ragenden Findling zu bestaunen. 24 Personen haben auf der Oberfläche Platz! Doch Göhren hat noch mehr zu bieten: etwa einen neu angelegten **Kurpark** mit Kneippgarten, Labyrinth und einem Kurpavillon mit Wasserspielen. Und natürlich sollten Sie unbedingt einmal die 1993 wiedererbaute, 280 m lange **Seebrücke** mit Schiffsanleger begutachten. Seit 2014 verbindet ein neuer Schrägaufzug den Nordstrand und das Ortszentrum. Er überwindet einen Höhenunterschied von rund 30 m. Nahe der Seebrücke wurde im gleichen Jahr eine **Minigolfanlage** mit gleich zwei Parcours zu den Themen »Rügen« und »Piraten« in Betrieb genommen.

Zwischen dem Nord- und dem Südstrand liegt das **Nordperd**, eine dicht bewachsene Landzunge. Rund eine Stunde brauchen Sie für den Rundweg, der Sie zu traumhaften Aussichtspunkten am Steilufer führt. Aber Vorsicht, nicht zu nahe an die Abbruchkante treten, denn immer wieder brechen Stücke der immerhin 50 m hohen Sandkliffe ab. Und dann der Südstrand: Geradezu endlos erstreckt sich der breite Sandgürtel bis zum Thiessower Haken (➤82) im Süden. Hübsch gelegen ist die Kirche etwas außerhalb. Direkt hinter dem Gotteshaus befindet sich ein Hügelgrab namens **Speckbusch**. Von dort haben Sie einen schönen Blick über das Mönchgut.

Mönchguter Museen

Hoffentlich ab spätestens Ende 2018 werden die vier Museen wieder ausführlich über das Leben und die Sitten und Gebräuche der Mönchguter Bewohner in früherer Zeit berichten können. Derzeit werden die Museen renoviert. Dazu gehören das **Heimatmuseum** in einem rohrgedeckten, um 1850 erbauten Bauern-, Fischer- und Lotsenhaus in der Strandstraße. Thema werden dort unter anderem die Rügener Trachten sein. Der **Mönchguter Museumshof** besteht aus einem bäuerlichen Gehöft aus dem 18. Jh. mit Arbeitsgeräten, Kutschen und Schlitten. Als einziges Museum derzeit an einem Nachmittag in der Woche geöffnet hat **Dat Rookhus**, was so viel wie das Rauchhaus heißt. Um 1720 erbaut, ist es eines der ältesten Häuser auf Rügen. Das vierte Museum im Bunde ist das 100 Jahre alte **Museumsschiff Luise** am südlichen Ortsausgang.

KLEINE PAUSE

Einen fantastischen Blick haben Sie vom Aussichtsturm im Hotel Hanseatic (➤86, tägl. 8–22 Uhr) am höchsten Punkt des Nordperds. Genießen Sie im dortigen **Turmcafé** (tägl. 13–17.30 Uhr) einen nachmittäglichen Kaffee, feinen Kuchen und die schöne Aussicht!

---

189 F3
www.moenchguter-museen-ruegen.de

Heimatmuseum
Strandstr. 1 · 038308 2 56 27
derzeit geschlossen

Mönchguter Museumshof
Strandstr. 4 · 038308 21 75
derzeit geschlossen

Dat Rookhus
Thiessower Str. 7
Mai–Okt. Mi 14–17 Uhr (2016)
3 €

Museumsschiff Luise
Am Südstrand 1a · 038308 21 75
derzeit geschlossen

2014 wurden die Mönchguter Museen geschlossen. Momentan werden die Häuser und das Schiff renoviert und die Ausstellungen neu konzipiert. Spätestens Ende 2018 sollen sie wieder eröffnet werden.

Kurverwaltung Göhren
Poststr. 9, 18586 Göhren
038308 6 67 90; www.goehren-ruegen.de
Juni–Sept. Mo–Fr 9–19, Sa/So 10–18 Uhr, Mai/Okt. Mo–Fr 9–18, Sa 10–15 Uhr

BAEDEKER TIPP

Dat Rookhus ist das wohl ungewöhnlichste Mönchguter Museum. Der Rauch zog nur durch das »Eulenloch«, eine Öffnung am First, ab. Über das Haus informiert eine Führung der Kurverwaltung (Mai–Sept. Do 15–16 Uhr, Anmeldung erforderlich).

Nach Lust und Laune!

24 Baabe

Das ruhige Seebad wartet mit einem bis zu 25 m breiten Sandstrand auf, kleinen Hotels, einem Haus des Gastes und einem neuen **Kurpark** mit Kunstobjekten, Freilichtbühne, dem schönsten Spielplatz Rügens und Minigolfanlage. In Baabe kam der Badetourismus erst in den 1920er-Jahren in Schwung. Rohrgedeckte Fischerhäuser finden sich im Dorfkern, etwa das Zuckerhuthaus aus dem 17. Jahrhundert. Teilweise ist der Ort zwischen dem Boddengewässer Moritzburger Beek und der Ostsee nur 500 m breit. Ein alter Fischkutter ist das Herz des **Mönchguter Küstenfischermuseums** unter freiem Himmel. Interessant ist die evangelische Kirche von 1930, die wie ein kieloben liegendes Fischerboot ausschaut. Eine Strandpromenade verbindet Baabe mit Göhren (➤ 80) und Sellin. Tipp: Für Nordic Walker bietet die Kurverwaltung von Juni bis September dienstags um 17 Uhr und donnerstags um 7.30 Uhr Lauftreffs über Waldstrecken an. Stockverleih dazu im Haus des Gastes.

189 F4

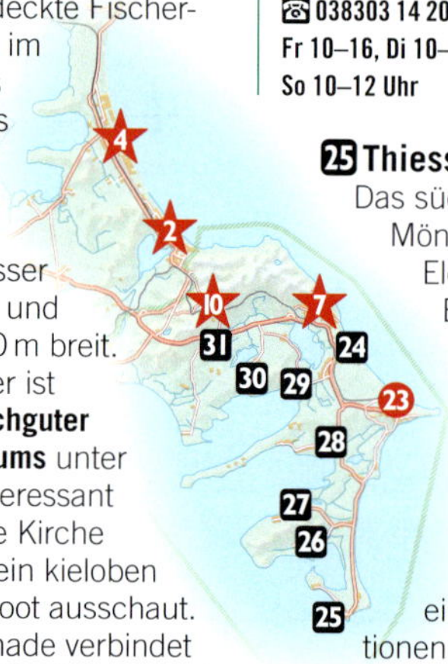

Mönchguter Küstenfischermuseum
✉ Bollwerkstr./Ecke Dorfstr. frei

Evangelische Kirche
✉ Strandstr. ☎ 038303 82 48
April–Okt. tägl. 10–18 Uhr, im Winter nur zu Veranstaltungen frei

Kurverwaltung im Haus des Gastes
✉ Am Kurpark 9, 18586 Baabe
☎ 038303 14 20; www.baabe.de Mo, Mi, Fr 10–16, Di 10–18, Do 10–17, Sa 10–18, So 10–12 Uhr

25 Thiessower Haken

Das südliche Ende des Mönchguts ist ein Surfer-Eldorado (➤ 38) und Badeparadies mit bis zu 50 m breitem Strand. Thiessow und sein Ortsteil **Klein Zicker** bestehen vor allem aus Fischer- und Ferienhäusern. Bis 1945 war das Dorf eine der wichtigsten Stationen für Lotsen, die dafür sorgten, dass Schiffe sicher in den Hafen von Stralsund einliefen. In der renovierten Lotsenwache informiert eine Ausstellung darüber. Außerdem gibt es eine kleine Ausstellung im Haus der Kurverwaltung. Der Lotsenturm bietet eine tolle Fernsicht! Ein schöner Spaziergang führt vom Südperd nach Klein Zicker. Entlang des Weges kommen Sie an einem der beliebtesten Kite- und Windsurfreviere der Insel vorbei. Am äußersten Ende des Thiessower Hakens hinter Klein Zicker sollten Sie unbedingt auf den ehemaligen Radarhügel steigen. Dort oben haben Sie einen herrlichen Blick auf die **Zickerschen Alpen** und das malerische Groß

Nur im Hochsommer wird's am Strand etwas voller

Ruhiges Geplätscher am Bodden

Zicker (► unten) auf der anderen Seite der Bucht.
189 F2

Lotsenwache mit Lotsenturm
Thiessower Lotsenberg
April–Okt. tägl. 9–19 Uhr 1 €

Lotsenmuseum
siehe Kurverwaltung frei

Kurverwaltung
Hauptstr. 36, 18586 Thiessow
038308 82 80; www.ostseebad-thiessow.de
Mo, Mi, Do 8–14, Di 9–18, Fr 8–12 Uhr

26 Groß Zicker

Eindrucksvolle rohrgedeckte Katen und Dreiseitgehöfte, die ganz typisch sind für diese Gegend, prägen eines der schönsten Fischerdörfer Rügens. Am bekanntesten ist das 1723 erbaute Pfarrwitwenhaus, das mit seinem zuckerhutähnlichen Dach sehr gut erhalten ist. Es diente früher den Frauen verstorbener Pastoren als Unterkunft und bestand nur aus einem einzigen Raum ohne Schornstein. Die spätgotische Dorfkirche in Groß Zicker stammt aus dem 14. Jh. und gilt als ältestes Gebäude der Region Mönchgut. Schauen Sie sich auch die fast 300 Jahre alten Grabsteine aus Findlingen im Chor der Kirche an. Sie sind mit den auf Rügen typischen Hausmarken versehen (► 17).
189 E2

Typisch für Rügen: rohrgedeckte Häuser, hier das Pfarrwitwenhaus in Groß Zicker

Kirche und Pfarrwitwenhaus
Boddenstr. 14 a 038308 82 48
April, Mai u. Okt. Mo–Sa 11–16, So 13–16, Juni u. Sept. Mo–Sa 10–17, So 13–17, Juli u. Aug. Mo–Sa 10–18, So 13–18 Uhr Kirche: frei; Pfarrwitwenhaus: 2 €

27 Gager

Bekannt ist das kleine Dorf an der Nordküste des Zickerschen Höfts vor allem als Fischereihafen, aber auch unter Seekajakfahrern (► 23) ist Gager durchaus ein Begriff. Dort treffen sich fortgeschrittene Paddler auf dem Campingplatz zur gemeinsamen Paddeltour. Ausflugsschiffe nach Peenemünde auf Usedom legen während der Sommermonate mehrmals wöchentlich ab, sehr lohnende Rundfahrten um die Insel Vilm bietet die Boddenreederei Rügen (Tel. 038308 83 89) an. Am frühen Morgen kann man hier fangfrischen Fisch direkt vom Boot kaufen – als Ganzes oder sogar filetiert.
189 E2

ABSEITS DER TOURISTENWEGE
Von Groß Zicker aus bietet sich ein Spaziergang in die **Zickerschen Alpen** an, eine mit Heide und Trockenrasen bewachsene Hügelkette mit schönem Ausblick vom 66 m hohen Bakenberg. Der ausgeschilderte Rundweg ist 8 km lang, mit Pausen brauchen Sie dafür ca. 2,5–3 Stunden.

Kurverwaltung Gager
✉ Zum Hövt 15a, 18586 Gager
☎ 038308 82 10; www.mein-moenchgut.de
🕐 Mai–Mitte Sept. Mo–Fr 9–18, Sa, So 9–12, Mitte Sept.–April Mo, Mi, Fr 8–12, Di bis 17, Do bis 15 Uhr

28 Middelhagen

Das hübsche Dorf nennt romantische Fischerkaten und ein bekanntes **Schulmuseum** in der ehemaligen Dorfschule von 1825 sein Eigen. Jeden Mittwoch um 10 Uhr dürfen während der Sommermonate Freiwillige die enge Schulbank drücken und wie zu alten Zeiten mit Schiefertafel und Kreide pauken. Hinterher erhalten Sie sogar ein Zeugnis! Für Schulkinder ist es sicher spannend, zu sehen, wie ihre Großeltern Schule erlebt haben. Interessant sind auch die ehemaligen Wohnräume des Dorflehrers, die ebenfalls besichtigt werden können. Neben dem Schulhaus ragt die um 1455 errichete St.-Katharina-Kirche in den Himmel. Rügens ältester Schnitzaltar, der um 1480 geschaffene Katharinenaltar, befindet sich darin. Er kam vermutlich erst nach dem Dreißigjährigen Krieg von Stralsund nach Middelhagen. Auffällig hebt sich der hölzerne Glockenturm vom Backsteingemäuer ab. Er kam erst später hinzu: Die Zisterziensermönche, denen die Kirche zu Beginn unterstand, wollten keinen Turm.
189 E3

Schulmuseum
☎ 038308 21 53 🕐 Mai, Sept. u. Okt. Di–So 10–16, Juni, Juli u. Aug. Di–So 10–17, Okt. Di–So 10–15 Uhr; hist. Schulstunde Di u. Mi 10 Uhr
Museum: 3 €; hist. Schulstunde: 7 €

St.-Katharina-Kirche
☎ 038308 82 48 🕐 Ostern–Okt. Mo–Sa 10–17, So 13–17 Uhr, Winter zu Veranstaltungen frei

Kurverwaltung Middelhagen
✉ Dorfstr. 4, 18586 Middelhagen
☎ 038308 21 53; www.middelhagen.de 🕐 Mai, Sept. u. Okt. Mo–Fr 9–16, Juni–Aug. Mo–Fr 9–17, So 10–13, Nov.–April Mo–Fr 9–14 Uhr

29 Moritzdorf

Das Dörfchen ist unter anderem beliebt wegen seiner Ausflugsgaststätte Moritzburg (► 89), die tatsächlich wie eine Burg über dem Dörfchen thront. Von Ostern bis Oktober tummeln sich hier viele Radwanderer auf dem Weg von der Granitz ins Mönchgut oder umgekehrt. Von oben haben Sie eine traumhafte Aussicht auf das Boddengewässer **Having** sowie nach Baabe und zum Selliner See. Eine Fähre setzt Radfahrer und Spaziergänger über

So idyllisch kann Schule sein

Mit der Ruderfähre kommt man ans Ziel

zum **Baaber Bollwerk**, wo auch Schiffe zu Rundfahrten um die Insel Vilm starten (➤ 91).
189 E3

30 Seedorf

Am schönsten ist es in dem idyllischen Weiler, wenn die Sonne untergeht. Glühend rot verschwindet sie hinter den Wipfeln der Bäume am anderen Ufer des kleinen Kanals, der den Neuensiener See mit dem Boddengewässer Having verbindet. Eine Holzbrücke führt auf die andere Seite. Von dort geht ein Spazierweg zu den 3 km entfernten Großsteingräbern (➤ rechte Spalte). Am südlichen Ortsende haben Sie einen wundervollen Ausblick über das Wasser zum Reddevitzer Höft. Viele Radwanderer und Segler tummeln sich sommers im Ort und essen einen Happen, etwa in der gemütlichen Gaststätte Seeblick (➤ 88) direkt im Naturhafen des Ortes. Hier gibt es leckere Fischgerichte wie Dorsch, Zander und eine kräftige Fischsuppe.
189 E3

ABSEITS DER TOURISTENWEGE

Setzen Sie mit der Fähre von Moritzdorf über zum Baaber Bollwerk und wandern Sie zum rund 3 km entfernten **Herzogsgrab**. Die 4000 Jahre alte Grabkammer hatte Platz für rund 40 Tote! In den 1920er-Jahren wurden Tongefäße, Schmuck und Werkzeug gefunden; die Grabbeigaben können Sie im Kulturhistorischen Museum in Stralsund bestaunen (➤ 152).

31 Lancken-Granitz

Einige der beeindruckendsten **Großsteingräber** Rügens befinden sich am südwestlichen Ende des kleinen Dorfs. Rund 1 km vom Dorfkern entfernt türmen sich vier als »Ziegensteine« oder »Siegessteine« betitelte Gräber aus der Zeit um 2300 v. Chr. Sie sind von allen Hünengräbern auf Rügen am besten erhalten. Und sie dürfen auch von innen betrachtet werden. Kriechen Sie einfach hinein! Im Dunkeln können Sie über das Schicksal unserer Ahnen sinnieren und an heißen Sommertagen die kühle Luft genießen.

Trotz des oftmals heftigen Durchgangsverkehrs der Urlauber auf dem Weg in die Seebäder hat sich der Ort Lancken-Granitz seinen dörflichen Charme bewahrt. Bauernhäuser mit Fachwerk und Reetdach sind noch zahlreich vorhanden. Die auf einem Hügel stehende **Backsteinkirche** wurde im 15. Jh. erbaut. Die achtseitige Kanzel mit sternförmigem Schalldeckel stammt aus dem Jahr 1598. Ein besonderer Blickfang und beliebtes Fotomotiv ist die rund 800 m lange **Kastanienallee**, die von Lancken-Granitz in Richtung Jagdschloss führt.
189 D4

Kirche
038303 22 69 April–Sept. tägl. 10–20 Uhr, Okt.–März nur zu Veranstaltungen frei

Imposant: die Großsteingräber bei Lancken-Granitz

Wohin zum ... Übernachten?

Preise
für ein Doppelzimmer pro Nacht (in der Hauptsaison deutlich höher):
€ unter 60 € **€€** 60–130 € **€€€** über 130 €

MÖNCHGUT UND SELLIN

Cliff-Hotel €€€

Dort, wo einst hohe Parteikader der SED Ferien machten, lassen sich heute Feriengäste auf Fünf-Sterne-Niveau verwöhnen. Das klotzige Hotelhochhaus mit 247 Zimmern ist zwar von außen nicht gerade ein Inbegriff gelungener Architektur, doch von den oberen Zimmern haben Sie einen fantastischen Ausblick über fast ganz Rügen. Das Spa mit großzügigem Schwimmbad kann sich ebenfalls sehen lassen. Versuchen Sie es doch einmal mit einer Kreidekur – eine Wohltat nicht nur für die Haut.

189 E4 Cliff am Meer, 18586 Sellin
038303 80; www.cliff-hotel.de

Hotel Hanseatic €€€

Kennzeichen des Hotels ist der Aussichtsturm mit dem Turmcafé (► 81). Hotelgäste können verschiedene günstige Arrangements buchen, etwa das dreitägige Freundinnen-Paket oder ein Paket aus Übernachtung und Kitesurfkurs. Die Wellnesslandschaft mit orientalisch anmutendem Schwimmbad lässt keine Wünsche offen, das Gleiche gilt für das Hotelrestaurant. Skurril: Der Seeblick vom Zimmer aus wird pro Tag mit 10 € extra berechnet.

189 F3 Nordperdstr. 2, 18586 Göhren
038308 5 15; www.hotel-hanseatic.de

Hotel Moritzdorf €–€€

Schön gelegenes Hotel direkt gegenüber dem Baaber Bollwerk. Hier können Sie in solide ausgestatteten Zimmern mit Seeblick vergleichsweise günstig urlauben. Ausflüge zum Herzogsgrab, nach Baabe oder Seedorf sind bequem zu Fuß oder mit dem Fahrrad möglich. Das Restaurant bietet regionale Küche in gutbürgerlichem Ambiente. Auch eine kleine Familiensauna befindet sich in dem reetgedeckten Hotel.

189 E4 Moritzdorf 15, 18586 Sellin
038303 1 86; www.hotel-moritzdorf.de

Küstenkoje €€

Quasi am Ende der Welt steht dieses hübsche Ferienhaus unterhalb des ehemaligen Radarhügels von Klein Zicker. Der idyllisch gelegene Bungalow bietet auf 55 m² außergewöhnlichen Komfort wie Fußbodenheizung, Handtuchwärmer und sogar eine eigene Sauna. Zum Strand sind es 50 m. Ein idealer Ort für Surfer und Wanderer.

189 E2 Dörpstrat 23, 18586 Klein Zicker
038308 3 48 69; www.kuestenkoje.de

Roewers Privathotel €€€

Restaurierte Bäderarchitektur und zeitloses Design vereint diese Anlage in insgesamt fünf verschiedenen Häusern, die unterirdisch miteinander verbunden sind. 54 exklusive Suiten und Zimmer im lichten klassischen Stil machen Entspannung zum Vergnügen für Jung und Alt. Highlight ist das wunderschöne Spa mit Saunen und Whirlpools. Ein Sonnendeck und eine Liegewiese finden sich ebenfalls auf dem Areal.

189 E4 Wilhelmstr. 34, 18586 Sellin
038303 12 20; www.roewers.de

Taun Hövt €€

Idyllisch eingebettet zwischen Bodden und Zickerschen Bergen liegt diese reetgedeckte Anlage mit neun Apartments, umgeben von Feldern und Wiesen. Die Unterkünfte unterschiedlicher Größe sind geschmackvoll eingerichtet und in warmen Farben gestaltet. Neben der Küchenzeile mit Ceranfeldherd stehen ein Flachbild-TV und ein CD-Player zur Verfügung, falls das Wetter mal nicht mitspielen sollte.

189 E2 ✉ Boddenstr. 61, 18586 Groß Zicker ☎ 038308 54 20; wwww.taun-hoevt.de

BINZ

Upstalsboom Hotel Meersinn €€€

Das im modernen asiatischen Stil eingerichtete Bio-Hotel verwöhnt die Augen mit klaren Formen und dezenten Farben. Hier kommen Körper und Geist aufs Angenehmste zur Ruhe. Internetzugang auf allen Zimmern lässt aber auch Workaholics genügend Spielraum für die Erledigung von Unerlässlichem. Die ungewöhnlich lichte Architektur und der schöne Wintergarten helfen, jede Schlechtwetterperiode zu durchstehen. Zum Binzer Strand brauchen Sie fünf Minuten zu Fuß.

189 D4 ✉ Schillerstr. 8, 18609 Binz ☎ 038393 66 30; www.meersinn.de

Grand Hotel Binz €€€

124 exklusive Suiten und Zimmer mit erlesenem Interieur bieten Komfort der Spitzenklasse. Balkon oder Terrasse sind ebenso selbstverständlich wie der herrliche Ostseeblick. Die ausgedehnten Wälder der Granitz liegen quasi nebenan, der Strand wartet direkt vor der Tür. Ein gut 1000 m² großes Beauty-Spa verwöhnt u. a. mit Schwimmbad, Hamam und Fitnesscenter.

189 D4 ✉ Strandpromenade 7, 18609 Binz ☎ 038393 1 50; www.grandhotelbinz.com

IFA-Rügen Hotel €€

Familienfreundliches Hotel mit Indoor-Spielplatz für Kinder und einem hübschen Erlebnisbad mit Wasserrutsche und Grotte. Tagsüber gibt es einen Kinderclub, in dem die Kleinen betreut werden. Die Zimmer sind geschmackvoll im nordischen Stil eingerichtet. Etliche Zimmer haben auch eine Küchenzeile mit Herd und Kühlschrank. Von den Apartments unter dem Dach haben Sie teilweise einen schönen Ausblick auf die Ostsee. Drei Restaurants sowie eine Cocktailbar (► 92) sorgen am Abend für Abwechslung.

189 D4 ✉ Strandpromenade 74, 18609 Binz ☎ 038393 90; www.ifa-ruegen-hotel.com

Kurhaus Binz €€€

Luxushotel, das wie einst in den 1920er-Jahren das Herz von Binz ausmacht. Während Passanten das gelungen restaurierte Haus direkt an der Seebrücke von außen bestaunen, genießen Hotelgäste Komfort auf höchstem Niveau. Fürs leibliche Wohl sorgt ein Spitzenrestaurant mit angeschlossenem Steakhaus. Eine schöne Wellnesslandschaft, 137 Zimmer, Suiten und Residenzen sind klassisch gehalten und lassen ein bisschen Schlossromantik aufkommen. Neu ist der private Strandzugang.

189 D4 ✉ Strandpromenade 27, 18609 Binz ☎ 038393 66 50; www.travelcharme.com

Villa Haiderose €€–€€€

Einen herrlichen Ostseeblick haben Sie von den liebevoll eingerichteten Wohnungen der Jugendstilvilla. Je nach Lust und Laune können die Gäste mit Blick aufs Meer frühstücken oder in der originell eingerichteten Kapitänskajüte in Büchern schmökern und essen. Der hauseigene Wellnessbereich bietet u. a. Kosmetikbehandlungen und Sauna. Familiär geführtes Haus.

189 D4 ✉ Strandpromenade 14, 18609 Binz ☎ 038393 51 39; www.villahaiderose.de

Wohin zum ... Essen und Trinken?

Preise
für ein Hauptgericht (ohne Getränke):
€ unter 10 € **€€** 10–20 € **€€€** über 20 €

MÖNCHGUT UND SELLIN

Ambiance €€€

»Das Beste von Rügen« bietet Küchenchef Dirk Bretschneider im Feinschmeckerrestaurant von Roewers Privathotel. Exklusive international geprägte Küche steht auf der Speisekarte, wobei eine regionale Note nicht zu übersehen ist. So gibt es feine Gerichte wie Ostseesteinbutt mit Bouillabaisse-Gemüse oder Mecklenburgischen Hirsch. Das Restaurant Clou direkt daneben offeriert zur Mittagszeit kleine Gerichte, die auch auf der Terrasse zur Wilhelmstraße serviert werden.

189 E4 Wilhelmstr. 34, 18586 Sellin 038303 12 20 tägl. 18–22 Uhr; Clou 12–22 Uhr

Café Klatsch €

Die Zwillingsschwestern Andrea und Dorina Franz haben sich mit diesem Café einen Traum erfüllt. »Wie bei Muttern« heißt ihr Motto in puncto Backen – zehn bis zwölf Kuchen und Torten stehen in dem hell und freundlich gestalteten Café täglich zur Auswahl.

189 F4 Am Kurpark 2, 18586 Baabe 0172 3 02 70 58; www.baabe-cafeklatsch.de Di–So 11.30–18 Uhr

Fürst Jaromar €€

Fleisch aus artgerechter Tierhaltung, fangfrischer Fisch und mediterrane Salate zeichnen die gute Restaurantküche des Hotels Fürst Jaromar aus. Die schlichte, behagliche Atmosphäre gefällt konservativen wie progressiver gestimmten Gästen gleichermaßen. Bei Sonnenschein wird das Essen auch im Sommergarten serviert; dort haben Sie einen herrlichen Blick auf das Boddengewässer und die Zickerschen Berge.

189 F2 Hauptstr. 1, 18586 Thiessow 038308 3 45; www.jaromar.de tägl. 17.30–23 Uhr

Gasthof Zur Linde €–€€

Familiär geführtes Restaurant mit solider Küche. Hier wurde u. a. die Fernsehserie *Ein Bayer auf Rügen* gedreht. Das gemütliche, rustikale Ambiente verleitet Radwanderer länger zu pausieren, als geplant. Probieren Sie einmal das leckere selbst gebraute Bio-Bier oder den Kaffee aus eigener Röstung!

189 E3 Dorfstr. 20, 18586 Middelhagen 038308 55 40; www.zur-linde-ruegen.de tägl. ab 12 Uhr; Mitte Nov.–Mitte Dez. u. Jan. geschl.

Gaststätte Seeblick €€

Fernab vom Trubel der Seebäder liegt am kleinen Hafen von Seedorf die Pension und Gaststätte Seeblick. Große Fenster bieten Ausblick in die Natur. Freunde würzig zubereiteten Fischs kommen hier auf ihre Kosten, es gibt ihn im Salat, als Suppe, gebraten oder als Fischplatte.

189 E4 Neuensien 9a, 18586 Sellin 038303 8 65 97; www.ferienpension-seeblick.de Mitte März–Okt. tägl. ab 11.30 Uhr

Kliesow's Reuse €€

Sehr gutes Restaurant mit regionaler Küche und Fischküche im ältesten Dorf des Mönchguts.

Der mehr als 430 Jahre alte Hof wurde zum Gasthof umgebaut. In der Scheune speisen Sie in urig-rustikaler Atmosphäre.
189 E3 Dorfstr. 23a, 18586 Middelhagen/Alt Reddevitz
038308 21 71; www.kliesows-reuse.de
Mi–Mo ab 10 Uhr

Kolonialstübchen €
Das gemütliche Café lockt zum Frühstücken oder für einen Nachmittagstee. Neben diesem Pausenangebot gibt es aber auch anderes zu entdecken, denn verkauft werden im Kolonialstübchen in Sellin rund 300 Sorten Tee, edle Pralinen, Essig, Öl, Wohnaccessoires und vieles mehr.
189 E4 August-Bebel-Str. 5, 18586 Ostseebad Sellin 038303 95 80 29; www.kolonialstuebchen.de Di–So 9–18 Uhr

Moritzburg €–€€
Die freundliche Ausflugsgaststätte oberhalb der Gemeinde Moritzdorf bietet nicht nur einen herrlichen Fernblick über das weite Land, sondern neben Kaffee, Kuchen und Torten auch eine grundsolide Küche. So stehen auf der Speisekarte kräftige Suppen, deftige Fischgerichte oder Pellkartoffeln mit Quark. Genau das Richtige für hungrige Radler oder Wanderer, die hier eine Pause einlegen.
189 E4 Moritzdorf 14, 18586 Sellin
038303 9 58 84; www.moritzburg-ruegen.de
Mai–Aug. tägl. 10.30–20.30, März, April, Sept. u. Okt. bis 19 Uhr

Restaurant im Hanseatic €€–€€€
Auch nach dem Wechsel des Küchenchefs hat das Restaurant seinen exzellenten Ruf bewahrt. Andreas Knott setzt mit klaren und schnörkellosen Gerichten auf eine junge, ausgewogene und moderne Küche, die überwiegend regionale Produkte verarbeitet. Hin und wieder kann man im Rahmen einer »Küchenparty« einen Blick hinter die Kulissen werfen.
189 F3 Nordperdstr. 2, 18586 Göhren
038308 5 15; www.hotel-hanseatic.de
Di–Sa 18–21 Uhr

Strandcafé Thiessow €
Eine herrliche Terrasse mit Windschutz und Meerblick lädt zur gemütlichen Kaffeepause am Strand ein. Waffeln mit heißen Kirschen sind die Spezialität des Hauses. Fangfrischer Ostseefisch wird ebenfalls freundlich serviert. An stürmischen Tagen ist es auch im Haus drinnen sehr nett. Dann speisen Sie an Holztischen, die mit frischen Blumen dekoriert sind.
189 F2 Strandpromenade 1, 18586 Thiessow 038308 83 45
Ostern– Okt. tägl. ab 11.30 Uhr

BINZ

Freustil €€–€€€
Sterneküche ohne Star-Allüren: Erst 2013 eröffnet, wurde das neue Restaurant von Spitzenkoch Ralf Haug gleich mit einem Michelin-Stern geadelt. Das Ambiente unter dem Dach des Hotels Vier Jahreszeiten hat einen skandinavischen Touch, dazu passt der angenehm legere Dresscode. Ralf Haug setzt auf leichte regionale Küche mit originellen Kreationen. Abends gibt es zwei Menüs, mittags eine kleine Karte zu durchaus sympathischen Preisen.
189 D4 Zeppelinstr. 8, 18609 Binz
038393 5 04 44; www.freustil.de Juni–Okt. Di–So 12–15, 18–24, Okt.–Mai Di. geschl.

Strandhalle Binz €€
Ein hoher, heller Raum, gemütliche Wohnzimmermöbel, eine bunt gemischte Dekoration mit Bildern und Antiquitäten: Das Ambiente der Strandhalle Binz ist einladend und originell. Die Küche auch: Gerichte wie Birnen-Sellerie-Cremesuppe und der Nachtisch »Scheiterhaufen« wurden mit der Zeit legendär.
189 D4 Strandpromenade 5, 18609 Binz
038393 3 15 64; www.strandhalle-binz.de
tägl. 12–22 Uhr

Wohin zum … Einkaufen?

MÖNCHGUT UND SELLIN

Bio-Apfelsaft aus dem 100-jährigen Obstgarten bietet das **Naturparadies Teutenberg** (Alt Reddevitz 35, Tel. 038308 24 19, tägl. 9–20 Uhr, www.natur-paradies.de) in Alt Reddevitz. Auch Obstwein, Löwenzahngelee und frische Früchte gibt es im Hofladen. Ganz in der Nähe, in der **Pokenstuw** (Alt Reddevitz 19a, Tel. 038308 66 80, Ostern–Okt. und 27.12.–Anfang Jan. Mo–Fr 8–17, Sa 8–11 Uhr), können Sie Wurst und Käse, Sanddornprodukte, Keramik und Schafwolle kaufen. Für eine Rast eignet sich die Terrasse mit Boddenblick. Frischen und geräucherten Fisch gibt es bei **De Seedörper** (Tel. 038303 8 79 74, Mai–Okt. Mo–Sa 9–18, Nov.–März 9–12 Uhr) in Seedorf am Seglerhafen. Brände und Whisky produziert die **Mönchguter Hofbrennerei zur Strandburg** auf dem Reddevitzer Höft (Alt Reddevitz 36, Tel. 038308 3 41 05, www.hofbrennerei-strandburg.de). Im Hofladen gibt es zudem Kuchen und leckeres Griebenschmalz.

Das **Einkaufszentrum Seepark** (www.seepark.com) am südlichen Ortsausgang von Sellin hat Souvenirshops, Boutiquen, Drogerien und andere Geschäfte.

Bernstein vom Fachmann kaufen Sie in Sellin beim **Goldschmiedemeister Jürgen Kintzel** (Granitzer Str. 43, Tel. 038303 8 53 63, Mo–Fr 10–12/14–17, Sa 10–12 Uhr). Hinter dem Geschäft befindet sich das Bernsteinmuseum (➤ 77).

Die **Räucherei Kuse** (Am Fischerstrand, Tel. 038393 29 70, tägl. ab 9 Uhr) am südlichen Ende der Strandpromenade verkauft Fisch, auf Brötchen und geräuchert.

BINZ

Binz ist für Einkaufslustige eine gute Adresse. Dort bietet die kleine Einkaufsstraße, die zur Seebrücke führt, so ziemlich alles, was des Urlaubers Herz begehrt. Damen können bei **Anette Köllmann Mode** (Schillerstr. 4, Tel. 038393 66 36 44, www.annette-koellmann.de, Mo–Sa 10–18 Uhr) Freizeitmode und Taschen von Liebeskind und anderen Marken erstehen. Herren werden fündig bei **Dohrmann Mode** (Hauptstr. 20, Tel. 038393 3 04 07, www.dohrmann.ag, Mo–Sa 10–18 Uhr). Für beide sind die kreativen Dessous und Bademoden bei **Wäsche de Luxe** (Zeppelinstr. 8, Tel. 038393 22 49, www.waesche-deluxe.de, tägl. 10–18 Uhr, im Winter unregelmäßig).

Im **Design House Binz** gibt es u. a. Bernsteinschmuck, Geschenkartikel, Vasen und Designerlampen. Der Laden gleicht ein wenig einem Museum für ungewöhnliche Gebrauchsgegenstände. (Hauptstr. 6, Tel. 038393 4 38 01, www.design-house-binz.de, April–Okt. tägl. 10–18, Winter 11–17 Uhr).

Das größte **Angelfachgeschäft** Rügens gibt es in Prora. Petrijünger finden alles für den großen und kleinen Fang. Sie können auch Angeltouren auf Hochsee buchen und erhalten Infos und Equipment für das Angeln rund um Rügen sowie Camping- und Outdoor-Ausrüstung (Proraer Chaussee 50, Tel. 038393 24 06, www.angeln-ruegen.de, Mo–Fr 9–18, Sa 9–16, Sommer auch So 13–17 Uhr).

In der Nähe befindet sich der **Keramikladen Narrenkeramik** (Margaretenstr. 22, Tel. 038393 3 37 26, Mo–Fr 14.30–17.30, April–Okt. Sa 11–13 u. 14–17 Uhr): Nackte Engel in allen Größen sind zur Adventszeit Spezialität des Ateliers von Kathrin Grünke. Ganzjährig gibt es sinnliche Vasen, Serviettenringe mit erotischen Anspielungen und originelles Geschirr.

Wohin zum ... Ausgehen?

AUSSTELLUNGEN

In der **Galerie Jahreszeiten** in Binz (Margaretenstr. 20, Tel. 038393 43 63 12, www.galerie-jahreszeiten.de, April–Okt. Di–So 10–18 Uhr, Nov.–März Di–So 10–16 Uhr) werden Kunstwerke der Malerin Karen Utermann verkauft. Ihre kraftvoll leuchtenden Blumenaquarelle gibt es auch auf Postkarten und Kalendern.

Im **Mühlenpark Altensien** (Am Pferdehof, kein Tel., Mai–Sept. tägl. 10–17 Uhr) wird in einer Ausstellung im Gerätehaus der Bockwindmühle Altensien die Mühlengeschichte Rügens wieder lebendig. Die Mühle wurde 2006 nach alten Vorlagen neu errichtet. Ein Bäcker aus Sellin backt nach alten pommerschen Rezepten an bestimmten Mühlentagen knusprig-kräftiges Brot (Termine siehe www.ostseebad-sellin.de).

20 Rügener Künstler stellen Bilder, Skulpturen und Keramiken in der **Bildergalerie** in Prora (Objektstr. Block 3/TH 2, Tel. 038393 3 26 96, April–Sept. tägl. 9–19, Okt.–März 10–15 Uhr) aus. Die können Sie käuflich erwerben oder einfach nur anschauen.

SCHWIMMEN

Das **Erlebnisbad AHOI! RÜGEN** (Badstr. 1, Tel. 038303 12 30, www.ahoi-ruegen.com, März–Okt. tägl. 10–22, Nov.–Feb. 14–21 Uhr, Eintritt ab 10 €) in Sellin bietet Spaß für die ganze Familie. Highlight: die 106 m lange Rutsche Black Hole mit Licht- und Toneffekten. Außerdem gibt es ein 30 °C warmes Abenteuerbecken, einen Wildwasserkanal und Sprudelliegen. Sechs Saunen, u. a. eine Kaminsauna und ein Sanarium, bieten Entspannung. Im Angebot sind auch diverse Tagespecials mit Massagen, Kreidepackungen und Erfrischungscocktail.

In Binz lockt das **Vitamar** (Strandpromenade 74, Tel. 038393 90, tägl. 7.30–20, Sauna bis 22 Uhr, Eintritt ab 4 €) im Ferienpark des IFA Rügen mit Rutsche, Strömungskanal und schönem Saunabereich im Untergeschoss.

WASSERSPORT

Kurse im Kitesurfen bietet **ProBoarding** in Klein Zicker von April bis Oktober (Termine tel. erfragen). Eintägige Kurse (ab 100 €, 4 Std.) weisen in die Kunst des Drachen–Surfens ein. Neu ist die Sportart **Stand Up Paddling** aus Hawaii: Dabei steht man auf einem Surfbrett und paddelt. Ein zweistündiger Kurs kostet ca. 40 € (Dörpstrat 35, Klein Zicker, Tel. 038308 8 59 16, www.proboarding.de).

Am Campingplatz Baabe (Tel. 0172 3 25 7762, www.windrider.de) können Sie **Segeln** lernen. In der Kiteschule Casa-Atlantis (Tel. 0173 2 18 61 11, www.kitesurfen-rügen.de) in Baabe wird Ihnen u. a. das **Kitesurfen** beigebracht.

SCHIFFSAUSFLÜGE

Ausflugsfahrten ab Binz, Sassnitz, Sellin und Göhren bietet die **Reederei Adler-Schiffe** (Tel. 038392 31 50, www.adler-schiffe.de) an; täglich geht es zu den Kreidefelsen. Das **Fahrgastschiff Lamara** (Tel. 038303 90 99 51, www.ms-lamara.de) fährt täglich ab Baaber Bollwerk rund um die Insel Vilm. Auf einem Zeesboot, einem traditionellen Fischerboot mit braunen Segeln, kann man im Hafen von Gager zum Segeltörn aufbrechen. Die **Godewind FZ 86** (Tel. 0170 2 82 23 44, www.zeesboot godewind-moenchgut.jimdo.com) kann für Segeltörns gebucht werden, die Crew bietet aber auch eine Sportbootausbildung und maritime Knotenschule an. Von Vitte auf Hiddensee aus kann man auf dem **Zeesboot Maria Theresa** mitsegeln. Im Angebot sind auch Angelausflüge während der Heringssaison ab Ende März (Tel. 0172 3 82 64 04, www.hiddensee-segeln.de).

Nach Peenemünde auf Usedom fährt die *MS Hanseat* der **Boddenreederei Rügen** (Tel. 038308 83 89, Mai–Sept., www.boddenreederei-ruegen.de) mehrmals wöchentlich ab Gager. Sie können auch eine **Yacht chartern** und damit auf große Tour rund um die Insel gehen. **MV-Maritim** bietet einen Überblick über die verfügbaren Angebote (www.mv-maritim.de).

NACHTLEBEN

Das **Globetrotter** (Katharinenstr. 5, Di–So ab 19 Uhr, Winter Di. u. Mi. geschl., Tel. 038308 2 54 14, www.globetrotterbar.de) in Göhren ist ein angesagter Ort für Barhopper. Die große Cocktailkarte enthält Drinks mit afrikanischer, mexikanischer, kanadischer und karibischer Note. Eine große Rum- und Whisky-Auswahl sowie 300 weitere Spirituosen machen die Entscheidung schwer.

Auch in der Cocktailbar der **Villa Salve** (Strandpromenade 41, Tel. 038393 22 23, www.salve-binz.de, tägl. ab 18 Uhr) an der Binzer Strandpromenade ist zu später Stunde noch einiges los. Der Barkeeper unterhält seine Gäste mit Charme und Witz. 100 m weiter lockt die **Cocktailbar** (Strandpromenade 74, tägl. ab 19 Uhr, saisonbedingte Änderung möglich) des IFA-Rügen Hotels mit leckeren Drinks und edlen kubanischen Zigarren.

Die Cocktailbar **Loev** im Stil der 1920er-Jahre (Hauptstr. 22, Binz, Tel. 038393 3 90, www.loev.de, tägl. ab 14 Uhr) mit Livekonzerten ist im Seebad Binz eine gute Adresse, wenn es um Drinks, Blues und Jazz geht. Tagsüber kann man hier auch auf der Terrasse sitzen und Kaffee trinken.

Für sein niveauvolles Programm bekannt ist das **Varieté Boddenbarsch** im Saal des Hotel Kurhaus, (Strandpromenade 27, Eingang Schillerstr., Tel. 038393 66 55 23; zwischen Weihnachten und Neujahr, Sommervarieté: Juli bis Sept.). Politisch-satirisches Kabarett bietet das Ensemble des **Kabarett-Theaters Lachmöwe** (Strandstr. 24–28, Tel. 038303 9 90 75, www.kabarett-theater-lachmoewe.de) im Sommerhalbjahr und zum Jahreswechsel in Baabe. Das kleine Kellertheater mit gastronomischem Angebot befindet sich unter dem Strandhotel.

Ebenfalls bis zum Morgengrauen wird in Proras **M3 Miami** (Strandstr. 51, Tel. 038393 3 26 45, Fr, Sa ab 22 Uhr, www.m3-prora.de) gefeiert, Rügens größter Disco mit bis zu fünf Tanzflächen. Von Techno bis Oldies bieten die Veranstalter für jede Altersgruppe etwas. Schauen Sie am besten auf der Website vorbei. Ein großer Biergarten gehört zum Areal.

FÜHRUNGEN

Eine Nachtwanderung durch die Granitz sowie naturkundliche und historische **Erkundungstouren** bietet René Geyer an (Tel. 0173 9 89 8031, www.naturgeyer.de). Führungen durch das **Biosphärenreservat Südost-Rügen** finden während der Sommersaison von April bis September mittwochs ab 10 Uhr statt, sonntags ab 13 Uhr; zu sehen gibt es das Hügelgräberfeld aus der Bronzezeit bei Blieschow und das Großsteingrab bei Lancken-Granitz (► 85). Treffpunkt ist die Raststätte Zum Jagdschloss an der Kleinbahnhaltestelle Garftitz. Mo, Do, Fr um 10 und Sa um 13 Uhr startet in der Sommersaison die Kräuterwanderung. Treffpunkt ist das Ende der Boddenstraße am Schlagbaum in Groß Zicker.

Zentralrügen

Kleine Erlebnisse

Alleenstraße

Viele Nebenstraßen in Rügens Hinterland sind prächtige Alleen, so z. B. die Strecke von der Granitz nach **Putbus** (➤ 98).

Kräuterblüte

Spazieren Sie einmal im Frühjahr durch den **Putbuser Schlosspark** (➤ 99) – dann erstrecken sich hier weiße Teppiche mit blühendem Bärlauch.

Baumsenioren

Staunen Sie auf der Insel **Vilm** (➤ 113) über die gewaltigen Eichen und Buchen: Seit dem 16. Jh. wurde hier kein Baum gefällt.

Erste Orientierung

Der Reiz des Muttlandes, wie die Rügener den Inselkern nennen, offenbart sich eher auf den zweiten Blick. Statt Sandstränden und Seebadtrubel bietet sich Naturliebhabern ein weites Feld zum Radfahren oder Ausspannen in ländlicher Idylle und – jede Menge Kultur.

Dort, wo sich Fuchs und Hase Gute Nacht sagen auf Rügen, haben sich viele Künstler und Kunsthandwerker niedergelassen. Sie beleben das Zentrum der Insel mit Kulturveranstaltungen, Märkten und Ausstellungen. Gingst im Westen etwa hat sich mit einem viel beachteten Markt, kleinen Werkstätten und einem bekannten Historischen Handwerksmuseum zum Zentrum des Kunsthandwerks gemausert. In Putbus wiederum ist es die fürstliche Architektur des 19. Jhs., die Besucher begeistert. Auch hier spielt die Kultur eine große Rolle, trifft man doch in Putbus das einzige Theater Rügens und etliche Museen an. Des Weiteren gibt es in Zentralrügen viele Kirchen aus dem Mittelalter, die mit ihrer mittelalterlichen Backsteingotik faszinieren und so manchen kostbaren Altar beherbergen – beispielsweise in Waase auf Ummanz. Es verwundert also nicht, dass es viele Gäste aus den Seebädern magisch ins Zentrum der Insel zieht, wo sie die Kreativität und Historie der Rügener hautnah erleben. Das lohnt sich nicht nur bei Regenwetter!

Auf der Krimlindenallee bei Putbus

Idyllischer Anblick: die Kirche von Ummanz

TOP 10

Nicht verpassen!

Nach Lust und Laune!

In zwei Tagen

Sehenswertes Kunsthandwerk, kostbar ausgestattete Kirchen und Wissenswertes über das Leben im Mittelalter erwarten Interessierte in Bergen, Garz, Gingst und auf Ummanz. Putbus, die »weiße Stadt am Meer«, fasziniert mit klassischer Architektur, einem bildschönen Theater und einem idyllischen Schlosspark.

Erster Tag

Vormittags

In 32 **Bergen** (rechts; ➤ 101) schauen Sie sich zunächst einmal die Umgebung von oben an. Vom Ernst-Moritz-Arndt-Turm aus haben Sie einen tollen Ausblick. Besuchen Sie anschließend die Marienkirche und den angrenzenden Klosterhof mit seinen Kunsthandwerker-Ateliers. Auch dem Stadtmuseum sollten Sie unbedingt einen Besuch abstatten. Hinterher wissen Sie alles über die Ranen und deren Tempelburgen und Kampf gegen die Christianisierung. Im Kaufmannshof (➤ 117) können Sie Mittag essen.

Nachmittags

Fahren Sie nach 9 **Putbus** (➤ 98) und machen Sie eine Rundtour durch den Ort. Lassen Sie die prachtvolle Architektur auf sich wirken! Spazieren Sie ein wenig durch den wundervollen Schlosspark und trinken Sie einen Kaffee auf der Terrasse des Puppen- und Spielzeugmuseums im ehemaligen Affenhaus. Danach geht es weiter nach 33 **Garz** (➤ 104), wo Sie auf den Slawenwall steigen. Die Anlage wird Sie beeindrucken.

Abends

Übernachten können Sie in Samtens im Störtebeker Sporthotel (➤ 120), dem größten Sportzentrum Rügens mit Hotel. Dort können Sie in der Sauna entspannen, schwimmen oder Tennis spielen und sich – falls noch nötig – die richtige Bettschwere holen.

Zweiter Tag

Vormittags

In 34 **Gingst** (links; ➤ 106) angekommen, besuchen Sie zuerst den Rügenpark und schauen sich Miniaturen berühmter Bauwerke an. Auch Rügen ist im Spielzeugformat dargestellt. Dann können Sie der Museumsscheune mit dem Historischen Handwerkermuseum einen Besuch abstatten. Sehen Sie sich unbedingt das gruselige Dentistenkabinett an! Danach gehen Sie garantiert gerne zu Ihrem modern ausgestatteten Zahnarzt. Machen Sie einen Abstecher nach 35 **Ummanz** (➤ 108), wo Sie sich die Kirche in Waase anschauen sollten. Im Restaurant Holzerland können Sie frischen Fisch essen. Mieten Sie dort ein Ruderboot und schippern Sie ein wenig den Focker Strom entlang. Oder wie wäre es mit einer kurzen Siesta am Sandstrand von Suhrendorf? Folgen Sie einfach der kleinen Landstraße entlang des Focker Stroms, sie führt Sie direkt dorthin.

Nachmittags

Fahren Sie nach 36 **Ralswiek** (➤ 110) und machen Sie einen Spaziergang zum Schloss hinauf. Genießen Sie auf der schönen Restaurantterrasse die Aussicht auf die Naturbühne und den Großen Jasmunder Bodden (unten). Vielleicht haben Sie ja bereits Karten für die Abendvorstellung der Störtebeker-Festspiele gebucht? Dann vertreiben Sie sich die Zeit mit einem Spaziergang im Landschaftspark rund ums Schloss. Oder schauen Sie sich die kleine schwedische Holzkirche am Ortsrand an. Sie ist ein idealer Ort, um ein wenig Ruhe zu finden vor dem grandiosen Seeschlacht-Spektakel am Abend. Um 18.30 Uhr fängt das Vorprogramm der Festspiele an.

9 Putbus

Prachtvolle Architektur des Klassizismus, ein Schlosspark ohne Schloss, das einzige Theater Rügens und einige interessante Museen machen Putbus zum absoluten Muss eines Rügen-Aufenthalts. Statt Rohrdächern und Fischerkaten können Sie hier die fürstliche Atmosphäre der einstigen Residenzstadt genießen.

Repräsentative Gebäude fassen den Circus ein

»Weiße Stadt am Meer« wird Putbus genannt. Zu Recht, denn selbst an grauen Tagen strahlen die weißen Fassaden der Villen und Gebäude. Wenn Sie von Bergen aus nach Putbus hineinfahren, führt die Straße direkt auf einen kreisrunden Platz zu. Hier können Sie gleich anhalten, denn der sogenannte **Circus** ist es wert, in Ruhe betrachtet zu werden. Streng geometrisch angeordnet, ziehen sich die weißen Häuser aus dem 19. Jh. rund um den Platz. Das große Gebäude auf der Westseite war 1836 das erste Gymnasium auf Rügen, das Pädagogium. In der Mitte des Platzes erinnert ein rund 21 m hoher Obelisk an die Ortsgründung 1810 durch Fürst Wilhelm Malte zu Putbus. Er hatte die Idee, Putbus nach dem Vorbild Heiligendamms zu einem Badeort zu machen. Die Inschrift des Obelisken – »Was des Volkes Hände schaffen, ist des Volkes eigen« – wurde jedoch erst 1969 zu DDR-Zeiten eingemeißelt. Da war das einst prachtvolle Schloss rund 300 m weiter südlich längst gesprengt. 1964 hatte der Bezirksrat den Abriss beschlossen.

Schlosspark ohne Schloss

Heute erinnert im idyllischen Schlosspark nur noch die Terrasse am Schwanenteich an das herrschaftliche Gebäude, das nach einem Brand des alten Schlosses 1872 entstanden war. Statt wie früher auf das Schloss zu schauen, blickt die Statue des Fürsten Wilhelm Malte I. nun in die Weite des schönen Schlossparks Richtung **Christuskirche**. 1844–1846 erbaut, diente deren Gebäude zunächst als Kursalon, in dem getanzt, gefeiert und gespielt wurde; 1891 ließ es der damalige Schlossherr Malte II. zu Putbus dann zur Kirche umbauen.

Die Orangerie ist Teil der barocken Schlossanlage

In der restaurierten **Orangerie** von 1853 an der Nordseite des Parks ist heute die Touristeninformation untergebracht. Auch eine Ausstellung über die Geschichte des Schlosses und ein Café befinden sich hier. Rechts vom Eingang wurde ein Platz geschaffen, der zum Boulespielen einlädt. Im Park und in der Schlosskirche finden regelmäßig **Musikfestspiele** statt. Nachwuchsmusiker sowie Profiorchester aus Mecklenburg-Vorpommern geben jedes Jahr zu Pfingsten ihr Bestes. Im Süden des Schlossparks steht das 1830 erbaute Affenhaus. Heute ist dort ein **Puppen- und Spielzeugmuseum** untergebracht.

Entlang der Alleestraße

Werfen Sie einen Blick auf den schönen Putbusser Markt mit Rügens einzigem **Theater** (1819–21). Es ist im klassizistischen Stil gebaut, wunderschön restauriert und bietet ein ambitioniertes Programm. Ein interessantes **Uhrenmuseum** lädt in der Alleestraße 13 zu einem Besuch ein. Gegenüber befindet sich das zum Landschaftspark gehörende Wildgehege. Auf 8 ha tummeln sich Hirsche und Rehe.

Ein Denkmal erinnert an den Fürsten Wilhelm Malte I.

RASENDER ROLAND

Die denkmalgeschützte Schmalspurbahn, die heute noch von Putbus Richtung Göhren (► 80) zuckelt, hat Fürst Malte II. zu Putbus auf den Weg gebracht. Weil immer mehr Badegäste lieber an der Ostsee statt in Putbus Urlaub machen wollten, ließ er die Bahn zunächst bis nach Binz (► 68) bauen, wo er sogenannte Badekarren für seine Gäste aufstellen ließ. Kurz vor der Einweihung der Bahn 1895 starb der Fürst.

KLEINE PAUSE

Mit Blick auf den Rosengarten des Schlossparks speist man im **Restaurant Rosencafé** (Bahnhofstr. 1, Tel. 038301 88 72 90, Sommer tägl. 10–20, sonst 12–18 Uhr, www.rosencafe-putbus.de), das Kuchen und Torten, aber auch Snacks und Fischgerichte serviert.

Von links nach rechts: Theatersaal im klassizistischen Stil; altes Stadtbild im neuen Glanz

188 B3

Touristeninformation Putbus
in der Orangerie (Alleestr. 35), 18561 Putbus 038301 4 31; www.putbus.de April u. Sept. Mo–Sa 10–16, Mai–Aug. Mo–So 10–17, Okt.–März Mo–Fr 10–16 Uhr

Puppen- und Spielzeugmuseum
Kastanienallee 038301 6 09 59; www.puppenmuseum-putbus.de
Mai–Sept. tägl. 10–18, Okt.–April 10–17 Uhr 6 €

Theater Putbus
Markt 13 038301 80 80; www.theater-vorpommern.de
Theaterkasse Di–Fr 10–13, 16–18 Uhr 10–45 €

Historisches Uhrenmuseum
Alleestr. 13 038301 6 09 88; www.uhrenmuseum-putbus.de
Mai–Okt. tägl. 10–18, Nov.–April 11–16 Uhr 5 €

BAEDEKER TIPP

- Die **Kleinbahn** (Tel. 038301 88 40 12) fährt Sie im Sommer fünfmal täglich (11.11–19.11 Uhr) vom Bahnhof des *Rasenden Rolands* bequem nach Lauterbach. (► 112); von hier fahren Ausflugsdampfer zur Insel Vilm (► 113).
- Die private **Galerie Circus Eins** zeigt wechselnde Ausstellungen moderner Kunst (Circus 1, www.circus-eins.de, April–Okt. tägl. 11–17, Nov.–März Do–So 11–17 Uhr), die **Orangerie** Werke aus der Sammlung der Kulturstiftung Rügen (Alleestraße 35, Tel. 038301 88 97 97, www.kulturstiftung-ruegen.de, Di–So 11-18 Uhr).
- In der **Alten Schmiede** im Schlosspark wird die Geschichte des abgerissenen Schlosses in einer Ausstellung thematisiert. Gezeigt werden u. a. historische Aufnahmen und Schlossfundstücke (Alte Schmiede, Tel. 038301 89 83 36, www.residenzstadt-putbus.de, Mai–Okt. tägl. 11–17 Uhr).

32 Bergen

Rügens Hauptstadt sieht aus wie eine Bilderbuchstadt: klein, sauber und reich an reizvoller Bausubstanz. In dem rund 14 000 Einwohner zählenden Städtchen geht es zudem recht beschaulich zu. Zentrum ist der Marktplatz, daneben ziehen Marienkirche und Klosterhof Besucher an.

Das Benedix-Haus in der Nähe der St.-Marien-Kirche

Die meisten Besucher hat Bergen an Regentagen. Dann kommen die Urlauber von der Küste, um ein bisschen Stadtluft zu schnuppern und um shoppen zu gehen. Wer etwas Besonderes sucht, der wird z. B. im Klosterhof ganz in der Nähe des Marktplatzes fündig. Dort können Sie Kerzenziehern, Korbflechtern und anderen Kunsthandwerkern über die Schulter schauen und deren Produkte gleich erwerben. 1193 wurde die Klosteranlage zusammen mit der Marienkirche geweiht. Damals lebten 20 Nonnen aus dem dänischen Roskilde hier. Nach der Reformationszeit wurde das Kloster in ein sogenanntes Jungfräuleinstift für höhere Töchter umgewandelt. Ebenfalls im Klosterhof ist das Stadtmuseum untergebracht. Eine interessante Ausstellung informiert über die historische Entwicklung Rügens bis zum 19. Jahrhundert. Wer sich für den

NACHTJACKENVIERTEL

So wird der Teil der Bergener Altstadt zwischen Weiden-, Wasser- und Gadmundstraße genannt. Hierhin gingen die Frauen frühmorgens zum Wasserholen, als es noch kein fließendes Wasser in den Wohnungen gab, meistens nur bekleidet mit einer Jacke über dem Nachthemd – daher der Name.

Svantevit-Kult der Ranen interessiert, bekommt hier wichtige Hinweise zu Gräbern und Tempelburgen auf Rügen.

Ein Grabstein im Backsteingemäuer neben dem Portal der **St.-Marien-Kirche** stammt vermutlich aus einer slawischen Tempelburg und wurde als Zeichen des endgültigen Sieges über die Heiden in die Kirche gemauert. Andere Quellen wiederum besagen, dass hinter dem Grabstein Fürst Jaromar I., der Bauherr dieser Kirche, begraben liegen soll. Rügens älteste Kirche hat jedoch auch im Inneren Interessantes zu bieten, z. B. Malereien aus dem 13. Jh., die vor rund 100 Jahren hinter mehreren Farbschichten wiederentdeckt wurden. Das hübsche Fachwerkhaus neben der Kirche diente einst als Pfarrwitwenhaus, in dem mittellose Ehefrauen von verstorbenen Pastoren wohnen durften. Es wird heute von Kirchenmitarbeitern genutzt.

Die Kanzel der St.-Marien-Kirche

Um den Marktplatz

Auf dem Marktplatz hinter der schönen Hauptpost aus Backstein von 1891 fällt ein großer Granitstein ins Auge. Gefunden wurde er 1996 bei Ausgrabungsarbeiten für den Neubau des Ratskellers. Es ist ein sogenannter **Stapelstein**, auf dem im Mittelalter freitags zwischen Sonnenauf- und -untergang Recht gesprochen wurde. Der 35 t schwere Stein soll an dieses Stück Rechtsgeschichte erinnern. Gegenüber vom Stapelstein steht eines der ältesten Fachwerkhäuser Rügens, das **Benedix-Haus** aus dem 16. Jahrhundert. Sein Name geht auf die Bäckerfamilie zurück, die das Haus zuletzt bewohnte. Heute befinden sich im Erdgeschoss die Touristeninformation und ein Standesamt. Auf der anderen Seite des Marktplatzes steht das **Rathaus** der Stadt Bergen. Bis zur Wende 1989/90 wurde das Gebäude aus dem Jahr 1860 als Poliklinik genutzt.

Das friedliche Bergen aus der Vogelperspektive betrachtet

1877 wurde der Aussichtsturm auf dem Rugard, dem höchsten Berg der Umgebung, eingeweiht

Ernst-Moritz-Arndt-Turm

Ab 1869 wurde der **Aussichtsturm** als Denkmal für den Dichter, Historiker und Politiker Ernst Moritz Arndt errichtet. Sieben Jahre dauerten die Bauarbeiten an dem 27 m hohen Turm, der auf dem 90 m hohen Rugard steht. Kein Wunder, wurde doch der Turm komplett aus Spenden der Bevölkerung finanziert. Selbst Kaiser Wilhelm I. soll 1000 Taler gestiftet haben. Von oben haben Sie einen fantastischen Ausblick über Rügen. Auf dem Rugard stand übrigens früher eine Tempelburg der Ranen.

KLEINE PAUSE

Gemütlich und gut speisen Sie im Traditionsrestaurant des Hotels **Am Rugard** (Rugardweg 10, März–Dez. tägl. ab 11 Uhr, Winter unregelmäßig, Tel. 03838 2 01 90). Die Küche Rügens in ihrer ganzen Bandbreite wird auch im Biergarten serviert.

---

188 A/B4–5

Touristeninformation
Markt 23, 18528 Bergen 03838 8 28 61 86; www.stadt-bergen-auf-ruegen.de Mo–Fr 10–18, Juli u. Aug. auch Sa 10–13 Uhr

Schauwerkstatt im Klosterhof
Billrothstr. 20b 03838 82 83 56 Sommer Di–Fr 11–18, Winter Di–Fr 11–16 Uhr frei

Stadtmuseum
Im Klosterhof 03838 25 22 26; www.stadtmuseum-bergen-auf-ruegen.de Mai–Okt. Di–Sa 10–16.30, Nov.–April Di–Fr 11–15, Sa 10–13 Uhr 2 €

St.-Marien-Kirche
Kirchplatz 03838 25 35 24 April–Okt. Mo–Sa 10–16 Uhr, So nur Gottesdienst, im Winter im Gemeindebüro melden frei

Ernst-Moritz-Arndt-Turm
Rugardweg 10 03838 2 01 90 März–Okt. tägl. 10–18 Uhr, im Winter erhalten Sie den Schlüssel für den Turm im Hotel 1,50 €

BAEDEKER TIPP

Einen schönen Spaziergang durch Wald und Wiesen können Sie auf dem 2,5 km langen **Naturlehrpfad** rund um den Rugard machen. Dort werden heimische Gewächse und Tiere beschrieben.

33 Garz

Die älteste Stadt Rügens erinnert mit ihrer bäuerlichen Bebauung eher an ein Dorf. Doch am südlichen Ortsrand wird es interessant: Dort stehen noch die Reste der 1199 zerstörten Wallburg Charentia. Auch das Ernst-Moritz-Arndt-Museum ist einen Besuch wert.

Schon 1319 erhielt Garz das Stadtrecht und einige Jahrhunderte lang galt der 7000-Einwohner-Ort als wichtiges Handelszentrum und Inselhauptstadt. Beeindruckend sind die Reste der riesigen **Wallburg Charentia**, die 1199 im Zuge der Christianisierung zerstört wurde. Sie wurde im 10.–12. Jh. n. Chr. so erbaut, dass die Landseite durch riesige Wälle gesichert war, während sie zur Seite des Garzer Sees hin offen blieb. Von hier aus organisierten die Ranen-Fürsten ihr Reich. Aber auch Tempel soll es im Inneren gegeben haben. Das Backsteingebäude in Sichtweite des Slawenwalls beherbergt eine Ausstellung über die Geschichte des Orts und über das Leben des Publizisten, Schriftstellers und Professors Ernst Moritz Arndt, der hier ganz in der Nähe, in Groß Schoritz, geboren wurde und auf Rügen seine Kindheit verbrachte. Das Heimatmuseum ist das älteste auf Rügen und wurde 1929 gegründet.

Hinter Bäumen versteckt: St. Petri

DER STOLZ DER STADT

Geboren am 26. Dezember 1769 in Groß Schoritz bei Garz, erlebte **Ernst Moritz Arndt** als Kind hautnah das Elend der leibeigenen Bauern. Dies gab den Ausschlag für seinen lebenslangen Kampf für Menschenwürde und Gerechtigkeit. Nach seinem Theologiestudium und seiner Tätigkeit als Hauslehrer führten ihn Reisen quer durch Europa, die ihn auch mit den Lehren Jean-Jacques Rousseaus vertraut machten. Arndt publizierte eine Schrift gegen die Leibeigenschaft und musste daraufhin nach Schweden fliehen. In späteren Jahren setzte er sich vehement für ein vereinigtes Deutsches Reich ein. 1817 wurde Arndt als Professor nach Bonn berufen, nach der Revolution 1848 wurde er Abgeordneter der Deutschen Nationalversammlung. Neben seiner politischen Arbeit verfasste Arndt auch Gedichte und Geschichten über Rügen. Er starb mit 91 Jahren in Bonn.

Garz

Malerisch thront die spätgotische **Backsteinkirche St. Petri** aus dem 14. Jh. auf einem Hügel an der Straße Richtung Zudar. Im Inneren gibt es einen reich verzierten Taufstein aus dem 13. Jh., Taufengel und Kanzel stammen aus dem 18. Jahrhundert. Den Altaraufsatz schuf 1724 der Stralsunder Bildhauer Elias Keßler. Ein Patronatsstuhl erinnert an Ernst Moritz Arndt. In der katholischen **Herz-Jesu-Kirche** (1913) an der Straße Richtung Karnitz sollten Sie das lebensgroße romanische Kruzifix anschauen. Die Wundmale sind aus Bernstein.

Das Heimatmuseum ist heute dem berühmten Sohn der Stadt gewidmet

KLEINE PAUSE

»Futtern wie bei Muttern« lautet das Motto im Gasthaus **Zur Post** (Lange Str. 12, Tel. 038304 3 33, tägl. ab 12 Uhr, www.ruegen-gasthaus-zur-post.de). Geboten wird gutbürgerliche Küche in rustikalem Ambiente.

187 F3

Ernst-Moritz-Arndt-Museum
An den Anlagen 1
038304 1 22 12
Mai–Okt. Di–Sa 10–16 Uhr, Nov.–April Mo–Fr 11–15 Uhr 2 €

St.-Petri-Kirche
Wendorfer Str. 16
038304 2 57
Mai–Okt. tägl. 10–18 Uhr, im Winter Schlüssel beim Pfarramt abholen
frei

Herz-Jesu-Kirche
Bergener Str.
03838 20 39 51
Mai–Okt. Mo–Fr 10–18 Uhr
frei

BAEDEKER TIPP

Im **Geburtshaus Ernst Moritz Arndts** (Dorfstr. 22, Tel. 038304 5 15, Öffnungszeiten auf Anfrage, www.ernst-moritz-arndt-gesellschaft.de) im 4 km entfernten Groß Schoritz finden Lesungen und Konzerte statt.

34 Gingst

Einst galt der Ort als Zentrum des Handels und des Handwerks. Historische Handwerkerstuben, eine Buchbinderei mit Druckwerkstatt und eine Töpferwerkstatt setzen diese Tradition heute fort. Der Rügenpark mit seinem Rummel und den Miniaturen berühmter Bauwerke ist weit über die Inselufer hinaus bekannt.

Prachtvoller Altar der St.-Jacobi-Kirche

Allmächtig ragt die **Dorfkirche St. Jacobi** über das hübsch restaurierte Gingst auf. Aus dem 14. Jh. stammen eigentlich nur noch die Backsteinmauern, denn diverse Brände und Einsturzschäden haben dem Gotteshaus im Laufe der Jahrhunderte ordentlich zugesetzt. Im Sommer finden hier jeden Dienstagabend Konzerte statt. Wenn Sie die Kirche anschauen wollen und sie geschlossen ist, klingeln Sie an der Tür des Gemeindehauses nebenan. Dann kommt ein Kirchenmitarbeiter mit einem großen Schlüssel und lässt Sie zum Seiteneingang hinein. Innen beeindruckt die große Orgel von 1790, aber auch die kunstvolle Kanzel von 1743 und der 33 Jahre jüngere Hauptaltar. Achten Sie auch auf die beiden Sonnenuhren links neben dem Seiteneingang. Die kleine stammt noch aus dem Mittelalter!

Am westlichen Ortsausgang tobt das Leben im **Rügenpark**: Spaß und Unterhaltung mit Superrutsche, Pferdereitbahn, Jetscooter und Wildwasserrondell auf 40 000 m² Fläche! Kern des Parks ist die Sammlung von originalgetreuen Miniaturen berühmter Bauwerke. Auch die Insel Rügen können Sie im kleinen Maßstab bewundern.

Pfarrhaus neben der Kirche

Schusterstube aus früherer Zeit

Museumshof

Harte Zeiten waren das noch vor 100 Jahren. Wer Zahnweh hatte, dem drohte die gruselige Dentistenwerkstatt. Riesige Zangen und Haken halfen, den faulen Zahn zu ziehen, gegen den Schmerz gab's einen guten Schluck Alkohol. Eindrücklich zeigen die **Historischen Handwerkerstuben** in der Gingster Museumsscheune den Alltag aus dieser Zeit: Handwerksgeräte, Spielzeug, Kochtöpfe, Kleider und Möbel erlauben eine kleine Zeitreise.

Im Hof hinter der Scheune finden im Sommer verschiedene Veranstaltungen – Konzerte, Feste und auch ein Biomarkt – statt. Produkte aus der Region gibt es zudem im Kunsthandwerksladen in der Museumsscheune.

KLEINE PAUSE

Ein gemütliches Café mit Antiquitäten finden Sie in der **Museumsscheune** (Tel. 038305 53 99 93, Karl-Marx-Straße 19a, www.museumscafe-gingst.de, im Winter geschlossen).

---

183 D1

St.-Jacobi-Kirche
Am Markt · 038305 3 28 · April Mo–Sa 8–18, So 10.30–18, Okt. tägl. 9–17 Uhr, im Winter Schlüssel zwischen 8–15 Uhr im Gemeindebüro nebenan holen · frei

Rügenpark
Mühlenstr. 22b · 038305 5 50 55; www.ruegenpark.de · März–Mitte Juli Di–So 10–18, Mitte Juli–Anfang Sept. tägl. 10–19, Sept., Okt. Di–So 10–17 Uhr · 9,40 €

Historische Handwerkerstuben
Karl-Marx-Str. 19/20 · 038305 3 04; www.historische-handwerkerstuben-gingst.de · Mai–Okt. tägl. 10–17, im Winter auf Anfrage · 3 €

BAEDEKER TIPP

Auf dem Marktplatz vor der Kirche findet jedes Jahr am zweiten Augustwochenende ein sehr beliebter **Kunsthandwerkermarkt** statt.

35 Ummanz

»Kleine Schwester Rügens« wird die Insel im Westen genannt. Schon seit über 100 Jahren sorgt eine Brücke für die Familienzusammenführung. Und dennoch: Ummanz hat sich einen ganz eigenen Charme bewahrt. Weite Felder, winzige Ortschaften und viel Ruhe und Einsamkeit prägen das Eiland.

Kostbarer Schnitzaltar der St.-Marien-Kirche in Waase

Wenn man über die 250 m lange Brücke auf die Insel fährt, fällt als Erstes die **St.-Marien-Kirche** ins Auge. 1440 erbaut, steht das Backsteingebäude wie ein Torhaus am Rand des kleinen Dorfs Waase. Ringsum ducken sich urige Backsteingebäude mit dem Gemeindezentrum und der Touristeninformation. Highlight im Innern der Kirche ist der gotische Schnitzaltar, 1520 in Antwerpen angefertigt, der eigentlich für die Nikolaikirche in Stralsund (► 142) vorgesehen war. Dort wollte man ihn aber um 1700 nicht mehr haben und verschenkte ihn kurzerhand nach Ummanz. Beachten Sie auch die Wandmalereien aus der Zeit um 1470.

Nur gut 560 Einwohner hat Ummanz, hinzu kommen noch die rund 30 Pferde in den Ställen der bekannten **Haflingerzucht Ummanz** (► 120) und jede Menge Kraniche während der Vogelzugzeit im Frühjahr und Herbst. Im Inselshop-Fröhlich (Mo–Do 8–12/14–17, Fr 8–12 u. 14–18,

DER ZUG DER KRANICHE

Ein tolles Schauspiel ist es, wenn sich auf Ummanz im Frühjahr und Herbst Zigtausende Kraniche auf den Feldern niederlassen, um sich für den Weiterflug zu sammeln. Das Gebiet des **Nationalparks Vorpommersche Boddenlandschaft** (► 8) ist in Europa der wichtigste Rastplatz für die großen Vögel! Einen prima Ausguck hat die Nationalparkverwaltung bei **Tankow** im Nordosten von Ummanz geschaffen. Wichtig: Verhalten Sie sich ruhig und tragen Sie unauffällige Kleidung. Termine zu ornithologischen Führungen u. Ä. erfahren Sie bei der Ummanz-Information.

Pferde der berühmten Ummanzer Haflingerzucht auf der Weide

Sa 7–10 Uhr), schräg gegenüber der Kirche in Waase, kaufen die Einheimischen ihre Brötchen – die gibt es auf Ummanz sonst nämlich nirgendwo. Auch Hotels und Pensionen finden Sie nicht ohne Weiteres: So liegt die Pension Haide-Hof (➤ 116) so abgelegen, dass man auf halbem Weg überlegt, ob er richtig ist. Auch das malerische **Freesenort**, eine Ansammlung denkmalgeschützter Fischer- und Bauernkaten, können Sie leicht verfehlen: Die Abzweigung von der Landstraße wird nur durch ein altes Holzschild und einen Wegweiser für Radfahrer angezeigt.

Freunde von Natur und Einsamkeit werden Ummanz lieben, Sonnenanbeter kommen ebenfalls auf ihre Kosten. Ummanz besitzt nämlich in Suhrendorf am Westufer einen der wenigen **Sandstrände** der Boddenküste. **Windsurfer** haben im flachen Gewässer beste Voraussetzungen (➤ 120).

KLEINE PAUSE

Eine Brise vom Meer umweht die Hängematten, daneben stehen Liegestühle: Das Baumhausrestaurant im Surfhostel in Suhrendorf (Suhrendorf 8, 038305 550 18, www.surfen-auf-ruegen.de) lädt zum Chillen und Verschnaufen ein. Die TIKI Bar schenkt den passenden Sundowner aus, zum Essen gibt es frische Salate und Pizza aus dem Steinofen.

---

182 C1

Ummanz-Information

Neue Str. 63a, 18569 Waase ☎ 038305 5 34 81
April–Sept. Mo–Fr 9–16, Okt.–März Mo–Fr 10–15 Uhr

St.-Marien-Kirche

☎ 038306 7 52 31 April–Okt. Mo 12–14, Di–Fr 11–15, Sa u. So 14–15 Uhr
frei

BAEDEKER TIPP

Der Campingplatz in Suhrendorf belegt einen großen Teil des Strandbereichs. Wer nicht aufpasst, wird aufgefordert, für die Strandbenutzung ein **Tagesticket für den Campingplatz** zu kaufen. Gehen Sie also lieber nicht über das Caravangelände zum Strand, sondern auf einem der Wege daneben.

36 Ralswiek

Bekannt ist der Ort am Großen Jasmunder Bodden wegen der sommerlichen Störtebeker-Festspiele (➤ 12). Auch das prachtvolle Schloss Ralswiek auf dem Hügel und die markante Holzkapelle am Ortsausgang machen Ralswiek zu einem besonderen Ort.

Das Schloss von Ralswiek wurde Ende des 19. Jhs. im Stil der französischen Loire-Schlösser erbaut

Der Weg nach Ralswiek ist voller Überraschungen. Eben noch fuhr man an weiten, flachen Feldern vorbei, da wird es plötzlich hügelig und die Straße verläuft durch dichten Wald. Und da ist es schon: Ralswiek – die **älteste Siedlung** auf Rügen. Auf den ersten Blick ist davon nicht viel zu spüren, denn in anderen Dörfern stehen weit ältere Häuser als hier. Doch nirgendwo sonst auf Rügen fanden Archäologen so viele Relikte aus alter Zeit: Reste von vier altslawischen Eichenbooten aus dem 9. Jh. etwa. Bis zu 13 m lang und 3,50 m breit waren die Schiffe. Sogar ein Silberschatz mit arabischen Silbermünzen wurde 1974 ausgebuddelt! Damit galt es als bewiesen, dass die Slawen bis in arabische Länder unterwegs gewesen sein mussten, um Handel zu treiben.

Für Störtebeker-Fans und andere

War Ralswiek früher einer der wichtigsten Häfen auf Rügen, spielt heute eher der Parkplatz eine Rolle: Gleich busweise kommen die Besucher der Störtebeker-Festspiele in den Ort. Immerhin bieten die Sitzbänke vor der Freilichtbühne rund 2000 Plätze – und meistens bleibt keiner frei. Kein Interesse an dem beeindruckenden Schauspiel

mit über 150 Mitwirkenden, einer Schiffsschlacht auf dem Bodden und Feuerwerk? Dann besuchen Sie Ralswiek am besten vormittags oder im Winter. Dann liegt der Ort recht verschlafen da und ein Spaziergang hinauf zum Schloss führt Sie durch die Stille einer großen Idylle. Rund um das 1894 im Neorenaissancestil erbaute Schloss liegt nämlich ein hübscher Waldpark mit seltenen Gewächsen. Zunächst residierte hier Graf Douglas. Seit 2002 ist im wunderschön restaurierten Schloss ein Hotel (► 116) untergebracht.

Bevor Sie Ralswiek verlassen, sollten Sie es nicht versäumen, noch einen Blick in die kleine **Holzkapelle** am Ortsrand zu werfen. Sie stammt ursprünglich aus Schweden und wurde 1907 im Auftrag von Graf Douglas gebaut.

Aus dem hohen Norden importiert: Holzkapelle

KLEINE PAUSE

Im Gasthaus **Zum Störti** (Am Bodden 100, Tel. 03838 31 10 18, www.gasthaus-zum-stoerti.de, tägl. ab 8 Uhr, im Winter ab 11.30 Uhr) geht es vor und nach den Festspielaufführungen hoch her. Spät am Abend kehren die Schauspieler ein, um sich nach der Bühnenschlacht zu stärken. Ruhiger ist es mittags. Solide, bürgerliche Küche.

Flugschau auf der Festspielbühne

184 B1

Störtebeker-Festspiele
Am Bodden 100, 18528 Ralswiek
03838 31 10-0; www.stoertebeker.de
Mitte Juni–Anfang Sept. Mo–Sa 20 Uhr
ab 12,50 €

Schwedenkapelle
03838 23 10 00
Mai–Sept. So (14-täglich) 19 Uhr Gottesdienst

BAEDEKER TIPP

- Wenn Sie keine Karte für die Störtebeker-Festspiele ergattern konnten, nehmen Sie einen **Drink auf der Terrasse des Schlosshotels**. Von dort können Sie teilweise sehen und hören, was auf der Naturbühne vor sich geht.
- Um 11 Uhr und um 18 Uhr gibt es im Sommer auf der Naturbühne eine beeindruckende **Flugschau mit Adlern, Falken und Bussarden**. Die Abendvorstellung kann man nur mit einer Eintrittskarte für die Festspiele besuchen.

Nach Lust und Laune!

Klassizistische Säulenvorhalle des Badehauses Goor

37 Zirkow

Der denkmalgeschützte Dorfkern mit rohrgedeckten Bauernhäuschen, der mittelalterlichen Kirche und dem Museumshof ist quasi ein einziges Freilichtmuseum. Der Museumshof wiederum umfasst ein komplett erhaltenes Gehöft von 1720 mit Wohnhaus, Stallungen, Scheune und Schuppen. Die Einheimischen sind berühmt fürs Feiern. Oster- und Weihnachtsmarkt, Bauernolympiade und das Fest der Freiwilligen Feuerwehr sind Publikumsmagneten.

Während der Erdbeerernte von Mai bis August herrscht Hochsaison in **Karls Erlebnisdorf** bei Zirkow. Die Früchte des Familienbetriebs werden in alle Himmelsrichtungen verschickt. Für Kinder ist der Freizeitpark paradiesisch: Abenteuerspielplatz, Traktorbahn, Kartoffelsack-Rutsche, Bauernhof, Indoor-Spielplatz und Schauwerkstätten garantieren eine Menge Spaß.

188 C4

Museumshof Zirkow
Binzer Str. 43 a ☎ 038393 3 28 24
Mai–Okt. Di–Sa 10–17, Nov.–April Mo–Fr 10–16 Uhr 2 €

Karls Erlebnisdorf
Binzer Straße 32, 18528 Zirkow
☎ 038202 40 50; ww.karls.de
tägl. 8–19 Uhr frei

38 Lauterbach

Einst galt das kleine Dorf als Vorort von Putbus. Gäste der Fürstenfamilie verlustierten sich im eleganten Badehaus Goor von 1817 (heute ein Hotel), das östlich des Orts liegt, und unternahmen Schiffsausflüge zur nahen Insel Vilm (➤ 113). Die Lauterbacher selber lebten lange Zeit überwiegend vom Fischfang. Erst in letzter Zeit kam

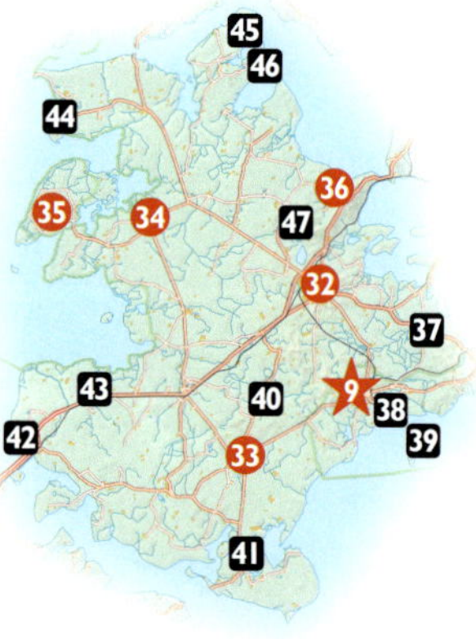

das Gastgewerbe hinzu. Eine neue Marina, Ausflugsdampfer (► 120) im Hafen und das Räucherschiff *Berta* (► 119) zeugen vom steten Besucherstrom während der Sommermonate. Einen schönen Badestrand hat das benachbarte Neuendorf.

188 C3

39 Vilm

Jeden Morgen gehen die Angestellten des Bundesamtes für Naturschutz an Bord des Fährboots *INA* im Lauterbacher Hafen. Sie sind auf dem Weg zur Arbeit auf der Insel Vilm und die Einzigen, die die Insel überhaupt regelmäßig betreten dürfen. Der Naturschutz hat auf dem Eiland oberste Priorität. Zu DDR-Zeiten pflegte Erich Honecker auf dieser Insel Urlaub zu machen, der Zutritt war strengstens untersagt. Heute darf Vilm bei Konzerten und Ausstellungen (Termine: Tel. 038301 8 61 12) und von Frühling bis Herbst im Rahmen von täglich stattfindenden Führungen (► 120) besucht werden.

188 C3

40 Schloss Karnitz

Ein Jagdschloss im Tudorstil ist das Herzstück des Orts Karnitz, 6 km nördlich von Garz. Bauherr war 1839 Graf Guido von Usedom. Das Schloss gilt als kleine Schwester des Jagdschlosses Granitz; beide Schlösser wurde beinahe zur gleichen Zeit errichtet. Im Schloss wohnten bis vor Kurzem noch Dorfbewohner. Im ehemaligen Schlosspark wird heute Golf (► 22) gespielt. Von Karnitz aus lassen sich schöne Spaziergänge unternehmen, etwa auf dem 7 km langen Rundweg um den **Kniepower See**.

187 F3

41 Zudar

Die südliche Halbinsel mit ihrem beschaulichen Angerdorf wurde bereits 1166 erstmals urkundlich erwähnt. Zahlreiche Hügel- und Hünengräber können hier bewundert werden, einen herrlichen Ausblick bis hinüber nach Greifswald und nach Swinemünde haben Sie vom **Aussichtsturm am Schoritzer Wiek** – der Aufstieg lohnt sich! Die Vogelkundler zieht es zur kleinen Insel **Tollow** im Maltziener Wiek. Der schöne, 6 km lange Strand sorgt für Badefreuden.

187 F1

42 Altefähr

Ein wunderbarer Blick auf Stralsund bietet sich von der Pier aus, an der zahlreiche Ausflugsdampfer und von Mai bis September auch eine Personenfähre anlegen. Wie ein riesiger Adler über seinem Nest thront die aus dem 15. Jh. stammende Kirche **St. Nikolai** auf dem Hügel vor dem Hafen. Als Erstes fällt an dem Backsteinbau die merkwürdig an den Turmrand geschobene Uhr auf. Sie wurde 1912 mitsamt dem neuen Turm montiert. Der Vorgänger war 1803 während des Besuchs des schwedischen Königs Gustav IV. infolge eines Sturms zusammengebrochen. Bekannt ist Altefähr auch durch das Sundschwimmen (► 22): Seit 1928 schwimmen alljährlich Hunderte von Teilnehmern durch den **Strelasund** zwischen Stralsund und Altefähr.

186 B3

Schloss Karnitz kann nur von außen besichtigt werden

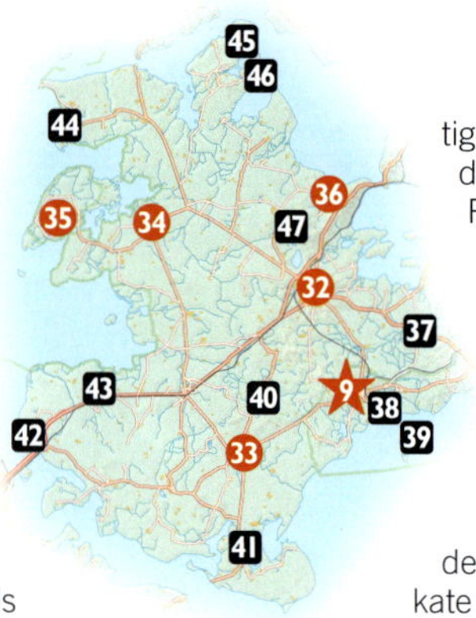

St. Nikolai
☎ 038306 7 52 31 🕑 Juni–Aug. tägl. 15–17 Uhr; Sept.–Mai Schlüssel beim Küster holen, Adresse siehe Schaukasten; Konzerte Juni–Aug. Fr um 19.30 Uhr ✋ frei

43 Rambin

Rambin, eines der ältesten Dörfer Rügens, wurde erstmals 1246 erwähnt. Trotz des starken Durchgangsverkehrs auf der B 96 von Stralsund nach Sassnitz hat sich Rambin seinen dörflichen Charme bewahrt. Machen Sie einen kurzen Stopp und schauen Sie sich die Klosteranlage am nördlichen Ortsausgang an. In der Kapelle und dem verwunschenen Klosterpark finden im Sommer manchmal Ausstellungen statt. Die Gebäude haben eine lange Geschichte: 1334–1773 diente die Kapelle als Spital, danach wurden darin Wohnungen eingerichtet. Die Kirche **St. Johannes** im Dorfkern stammt aus dem 14. Jahrhundert. Ungewöhnlich sind die gewölbeartige Holzdecke und die üppig verzierte Rokokokanzel. Mit regionalen Spezialitäten eindecken können Sie sich täglich auf dem Rügener Bauernmarkt in der Alten Pommernkate (Hauptstr. 2a, Tel. 038306 6 26 30, www.altepommernkate.de; ➤ 119).
✚ 186 C3

St. Johannes
☎ 038306 7 52 31 🕑 Schlüssel beim Küster holen, Adresse siehe Schaukasten ✋ frei

44 Schaprode

Schaprode ist mehr als nur ein Fährhafen für die Insel Hiddensee. Zu den Parkplätzen außerhalb des Orts, angelegt für die Inselbesucher, führt eine Umgehungsstraße. So hat sich der Dorfkern seine Ruhe und seinen Charme bewahrt. Fachwerk-Fischerhäuser und die Pfarrkirche **St. Johannes** auf einer kleinen Anhöhe geben ein hübsches Ensemble ab. Die Kirche ist wahrscheinlich die drittälteste Rügens und entstand zu Beginn des 13. Jahrhunderts. Allerdings stammen aus dieser Zeit nur noch

ABSEITS DER TOURISTENWEGE
In **Bessin** (✚ 186 C3), 4 km westlich von Rambin, befindet sich in idyllischer Lage eine hübsche achteckige **Backsteinkapelle** von 1482 (Tel. 038306 7 52 31, jederzeit zugänglich, Eintritt: frei). Ein Abstecher dorthin lohnt sich! Im Sommer finden hier häufig Konzerte und Ausstellungen statt.

Kunst im Rambiner Klosterpark

Schaprode vom Wasser aus gesehen

der romanische Chor und Teile der Ostwand. Das kreuzrippengewölbte Kirchenschiff kam erst im 15. Jh. hinzu. Auffällig ist die spätgotische Triumphkreuzgruppe auf dem Lettnerbalken (1500). Ein Sühnestein, die *Mordwange Schaprode*, aus dem Jahr 1368 erinnert an die Ermordung des Reinhard von Platen, Mitglied eines bekannten Adelsgeschlechts auf Rügen.

182 C2

St. Johannes
038309 13 63 Mai–Sept. tägl. 8.30–18.30 Uhr, im Winter nach Vereinbarung
frei

45 Lebbin

Eine der schönsten Landschaften auf Rügen hat diese Landzunge zu bieten: keine Sandstrände, stattdessen erwarten Sie hier eine hügelige Idylle und wunderbare Ausblicke auf die Boddengewässer. Auf dem Hoch Hilgor, einem 43 m hohen Hügel hinter dem Dörfchen **Neuenkirchen**, steht der hölzerne Grümbke-Turm mit fantastischem Blick über die Landschaft; er wurde jüngst saniert.

183 F3

46 Liddower Haken

Ähnlich idyllisch wie Lebbin, ist auch der Liddower Haken eine Oase für Menschen auf der Suche nach unverfälschter Natur, nach Ruhe und Gelassenheit. Am Gutshaus Liddow, einem Adelsgut aus dem 17. Jh., führt eine Brücke hinüber auf die Landzunge nach Lebbin. Das Gut diente schon mehrfach als Kulisse für Fernsehfilme und Serien wie *Ein Bayer auf Rügen*.

183 F3

Kultur-Gut Liddow
Liddow Nr. 1, 18569 Neuenkirchen
038309 8 80 20 Veranstaltungen und Ausstellungen tel. erfragen

47 Woorker Berge

Schon von Weitem fallen die 14 baumbewachsenen, jeweils 6 m hohen und 30 m durchmessenden Hügelgräber nahe der Landstraße zwischen Patzig und Woorke ins Auge – wie riesige Maulwurfhügel ragen sie aus der Landschaft. Der Name der bronzezeitlichen Anlage leitet sich vom slawischen Wort für Hügelchen, Woorke, ab.

Ganz in der Nähe der Woorker Berge liegt das prächtige **Gut Kartzitz**. Es ist einzige erhaltene Barockanlage Rügens aus dem 18. Jahrhundert. Das umfassend restaurierte Herrenhaus beherbergt heute Ferienwohnungen.

184 B1

Gut Kartzitz
Kartzitz, Am Park 6 03838 31 59 30
Besichtigung nach tel. Vereinbarung

Wohin zum ... Übernachten?

Preise
für ein Doppelzimmer pro Nacht (in der Hauptsaison deutlich höher):
€ unter 60 € **€€** 60–130 € **€€€** über 130 €

Boldevitzer Herrenhaus €€

25 Ferienwohnungen mit Vier-Sterne-Ausstattung befinden sich in dem denkmalgeschützten Ensemble aus drei liebevoll restaurierten Bauernkaten und einem Herrenhaus aus dem 17. Jahrhundert. Ein Kamin- oder Kachelofen gehört zu jedem Apartment. Großer Park mit Teich, Tennisplätzen und Reithalle für sportliche Naturen – angeschlossen ist ein Reiterhof.

187 E5 Dorfstr. 16, 18528 Boldevitz
03838 31 39 76; www.ruegenkaten.de

Haide-Hof €€

Abgelegene kleine Pension im Nordwesten von Ummanz. Alle acht Zimmer haben Dusche und WC, das beste Surfrevier Rügens ist nur einen Steinwurf entfernt. Fahrräder werden verliehen. Zum Frühstück gibt es Honig aus der hauseigenen Imkerei. Tipp: Hier wird auch betreutes Heilfasten angeboten.

182 C1 Haide 15, 18569 Ummanz
038305 5 53 60; www.haide-hof.m-vp.de

Hotel Badehaus Goor €€€

Das Badehaus des Fürsten Wilhelm Malte zu Putbus wurde restauriert und um einen modernen Anbau ergänzt, hinter dem sich ein Vier-Sterne-Wellnesshotel mit geschmackvoll eingerichteten Zimmern verbirgt. Es liegt umgeben von alten Bäumen direkt am Greifswalder Bodden – mit Blick zur Insel Vilm. Zum Spa gehören ein Pool und mehrere Saunen.

188 C3 Fürst-Malte-Allee 1, 18581 Lauterbach 03801 8 82 60; www.hotel-badehaus-goor.de

Im Jaich €€–€€€

Die 22 schwimmenden Ferienhäuser direkt am Bodden ziehen vor allem Segler und andere Wassersportler an. In den Luxusapartments mangelt es an nichts und von der Terrasse können Sie direkt ins Wasser springen. An Land stehen 14 Pfahlhäuser und 20 Apartments zur Verfügung. Im Winter gehen die Gäste hier auch gerne Schlittschuh laufen.

188 C3 Am Yachthafen 1, 18581 Lauterbach 038301 80 90; www.im-jaich.de

Schlosshotel Ralswiek €€–€€€

Wohnen wie einst Graf Douglas können Sie im hübsch restaurierten Schloss über Ralswiek. Der Originalzustand des Interieurs im Stil des Jugendstilpioniers Henry von der Velde wurde weitgehend wiederhergestellt. Mit Schwimmbad, Sauna und exzellentem Restaurant.

184 B1 Parkstr. 35, 18528 Ralswiek
03838 2 03 20; www.schlosshotel-ralswiek.de

Wreecher Hof €€–€€€

Komfortabel ausgestattete Suiten in verschiedenen Größen finden Sie im Putbusser Ortsteil Wreechen. Dort hat sich ein kleines Hoteldorf mit sieben rohrgedeckten Häusern erfolgreich etabliert. Zur Anlage gehören ein Schwimmbad, Saunabereich und eine Wellnessabteilung. Das Hotelrestaurant KOX-orange ist für seine gute Küche bekannt.

188 B3 Kastanienallee 1, 18581 Putbus-Wreechen 038301 850; www.wreecher-hof.de

Wohin zum ...
Essen und Trinken?

Preise
für ein Hauptgericht (ohne Getränke):
€ unter 10 € **€€** 10–20 € **€€€** über 20 €

BERGEN UND UMGEBUNG

Gastwirtschaft am Markt €–€€
Burger und Steaks für Fleischliebhaber, viele Salate und fleischlose Gerichte für Vegetarier – das Bibo, wie die Gastwirtschaft am Markt auch heißt, serviert in freundlichem Ambiente Mahlzeiten für jeden Geschmack. Jeden Mittag gibt es zwei preisgünstige Tagesgerichte.
188 B5 Markt 14, 18528 Bergen auf Rügen 03838 25 22 59; www.biboergosum.de Mo 11–16, Di–Fr ab 11, Sa ab 18 Uhr

Kaufmannshof €–€€
Die Einrichtung eines alten Kaufmannsladens macht das Restaurant zu einem echten Hingucker, die Schubladenschränke an den Wänden tragen zur urigen Atmosphäre bei. Dazu gibt es moderne Küche mit regionalen Zutaten. Das Restaurant gehört zum Romantik-Hotel Kaufmannshof. Integriert in das Hotel ist der Kaufmannsladen der alteingesessenen Kaufmannsfamilie Hermerschmidt, die auch das Restaurant betreibt. Zudem lockt ein schöner Biergarten!
188 B5 Bahnhofstr. 6–8, 18528 Bergen 03838 8 04 50; www.kaufmannshof.de tägl. 6–22 Uhr

PUTBUS UND UMGEBUNG

Jägerhütte €
Leckere Wildspezialitäten werden auf den Tisch des forsthausähnlichen Hauses gebracht. Familie Thiele serviert zwischen Geweihen und ausgestopften Raubvögeln. Nach dem Essen können Sie ganz entspannt im weitläufigen Englischen Landschaftspark des verschwundenen Schlosses Putbus (► 98) herrlich spazieren gehen und den Wildpark besuchen.
188 B3 Alleestr. 33, 18581 Putbus 038301 5 10; www.jaegerhuette-putbus.de Mai–Sept. tägl. 11.30–14.30 u. ab 17.30, Okt.–April nur Fr–So

Nautilus €–€€
Originelles Erlebnisrestaurant mit maritimer Note. Frei nach Jules Verne sieht es hier aus wie in einem fantastischen U-Boot, das die Welt 20 000 Meilen unter dem Meer erkundet. Die bequemen roten Bänke, genietete Wandverkleidungen aus Messing und Kupfer sowie Signallampen als Beleuchtung machen das Lokal zu einem sehr gemütlichen Ort. Außerdem gibt es ein großes Meerwasseraquarium mit Korallen und exotischen Fischen. Sie sollten aber nicht nur die Einrichtung bewundern, finden Sie doch auf Ihrem Teller verschiedenste leckere Speisen aus Kapitän Nemos Kombüse vor: Die regionale Küche mit Einsprengseln aus den Töpfen der Welt bietet immer neue Überraschungen.
188 B3 Dorfstr. 17, 18581 Neukamp 038301 8 30; www.ruegen-nautilus.de tägl. ab 11.30 Uhr

Radlerrast Altkamp €
Auf dem umgebauten, sehr ruhig gelegenen Bauernhof kann man nicht nur romantisch-urig im Heu übernachten, sondern auch ganz einfach als fahrender oder wan-

dernder Gast auf ein Bier, Kaffee oder Würstchen mit Kartoffelsalat einkehren und sich Kraft für die nächste Etappe holen – oder einfach dableiben! Für alle Kinder dürften die Ponys auf der Weide interessant sein, auch ein Spielplatz sorgt für Abwechslung.
188 A3 Altkamp 1, 18581 Putbus, Ortsteil Altkamp 038301 88 99 12 April–Okt. 11–21 Uhr

The Four Seasons €€
Feine französische Küche mit regionalen Einflüssen und Zutaten wird ganz in der Nähe des Hafens von Lauterbach serviert. In hellem Ambiente im Haus des Hotels Lauterbach genießen Gäste dazu internationale Weine. Während der Sommermonate kann auch auf der schönen Terrasse mit weitem Blick über das Meer getafelt werden – so lässt es sich leben!
188 B3 Neuendorf 14, 18581 Putbus 038301 88 99 70 tägl. 12–21.30 Uhr

SÜDRÜGEN

Lindenkrug €–€€
Äußerlich wirkt das lang gestreckte Gebäude nicht besonders einladend. Doch die Küche versöhnt mit der langweiligen Architektur. Rügens Spezialitäten werden in dem familiär geführten Gasthaus großgeschrieben. Herzhafte Fischgerichte, aber auch Wild aus den Wäldern der Umgebung kommen frisch auf den Tisch. Die Einrichtung ist ländlich-rustikal. Ein Sommergarten lädt zum Speisen unter freiem Himmel ein. Gut für eine Rast auf dem Weg durch den Süden Rügens.
187 E2 Lindenstr. 27–28, 18547 Poseritz 038307 2 51; www.lindenkrug-poseritz.de tägl. ab 11 Uhr

NORDWESTRÜGEN

Alte Schule €–€€
In der alten Dorfschule von Gagern lädt ein gemütliches Kaminrestaurant zum Essen ein. Am schönsten ist es hier, wenn draußen der Sturm um die Häuser pfeift und drinnen ein Feuer prasselt. Vor allem Radwanderer und Besucher des nahe gelegenen Gutsparks Pansevitz (► 164) wissen die Gastfreundschaft des Familienbetriebs zu schätzen. Gute, regional orientierte Küche mit frischen Zutaten.
183 E1 Schulstr. 1, 18569 Gagern 038305 3 66 tägl. ab 17 Uhr

Fähreck €
Einheimische wie Zugereiste schwören auf das selbst gemachte Eis, das es auch auf die Hand zum Mitnehmen gibt. Die gutbürgerliche Küche kann sich ebenfalls sehen lassen.
183 D2 Dorfstr. 25, 18569 Trent 038309 13 51 Di–So 11–22 Uhr, Jan., Feb. geschl.

Schillings Gasthof €€–€€€
In dem Familienbetrieb direkt im Hafen von Schaprode wird regional und saisonal gekocht: Fisch direkt vom Kutter, Fleisch von Rindern und Schnucken, die auf der Insel Öhe weiden. Behagliche Wohnzimmer-Atmosphäre rundet das stimmige Bild ab.
182 C2 Hafenweg 45, 18569 Schaprode 038309 12 16; www.schillings-gasthof.de tägl. ab 12 Uhr

Zur Alten Schmiede €€
In idyllischer Lage werden Gäste auf das Trefflichste verwöhnt. Das Restaurant des gleichnamigen Hotels ist über Rügens Inselrand hinaus bekannt. Regionale Gerichte, eine schöne Sonnenterrasse und der Charme eines geschmackvoll ausgebauten Landhauses locken auch Hiddensee-Urlauber auf dem Weg zum Schaproder Fährhafen an.
182 C2 Poggenhof 25, 18569 Schaprode, Ortsteil Poggenhof 038309 7 05 00; www.ruegen-schmiede.de Juni–Aug. tägl. 12–22, April, März, Sept u. Okt. bis 20 Uhr

Wohin zum ... Einkaufen?

BERGEN UND UMGEBUNG

Schönes Geschirr, Kerzenständer und Gartenkeramik mit vielen rügentypischen Stranddistel- und Sanddornmotiven bietet das **Keramik-Stübchen** (Birkenweg 20, Tel. 03838 2 45 26, Mo–Sa 10–18 Uhr).

Genähtes Papierdesign, u. a. Grafiken und Karten, verkauft **Nahtwerk** (Gutshaus Jarnitz, Dorfstr. 18, Tel. 03838 4 04 2240; www.nahtwerk.de, Di–Do 11–15 Uhr sowie nach tel. Vereinbarung) in Jarnitz bei Ralswiek.

Die **Rugard Apotheke** hat u. a. Stutenmilchkosmetik von Pferden aus der Haflingerzucht Ummanz (➤ 37) im Angebot.

PUTBUS UND SÜDRÜGEN

Einzigartigen Schmuck können Sie bei **Silke Tolk-Ninnemann** (Silmenitz 2, Tel. 038304 5 56; www.email-kunst-ruegen.de, nach tel. Vereinbarung) in Garz erwerben. Sie kombiniert verschiedenste Materialien zu immer neuen Ketten.

Der Laden **»Ein Tag am Meer«** (038301 88 83 09, Mo–Fr 10–16 Uhr) hat Kunst und Alltagsgegenstände aus Treibholz und Abfall von den Stränden der Insel im Angebot.

Antiquarische Postkarten und alte Bücher finden Sie im Antiquariat **»Das Wort«** in Putbus. Die Besitzerin Bärbel Plümecke gibt auch gerne Auskunft über die Gegenwart und Vergangenheit des Orts (Alleestr. 9, Tel. 038301 89 83 23, Di–Fr 11–17, Sa 11–15 Uhr).

In Rambin im **Rügener Bauernmarkt** (Hauptstr. 2a, Tel. 038306 6 26 30, tägl. 7–19 Uhr) bekommen Sie alles, was für Rügen typisch ist: Sanddornprodukte, Kunsthandwerk, Räucherfisch u. v. m. Ein großer Kinderspielplatz, ein Café, Räucherfisch und Fischbrötchen sorgen dafür, dass man schnell länger bleibt als geplant (Frühstück tägl. ab 7 Uhr, Laden tägl. 8–19 Uhr, www.altepommernkate.de).

GINGST UND UMMANZ

Die besten Sanddornmarmeladen gibt es in Klein Kubitz bei **Silke Stephan** (Dorfstr. 21a, Tel. 038305 5 51 80; www.sanddornhexe-inselruegen.de, nach tel. Vereinbarung). Sie vertreibt ihre Produkte unter dem Label *Sanddornhexe*. Ihre Liköre und Marmeladen gibt es auch im Laden der Museumsscheune Gingst (➤ 107).

Bekannt für kreatives Design ist **Ummanz Keramik** (Pappelweg 1, Tel. 038305 81 11, April–Okt. Mo–Sa 10–18, So 11–17.30 Uhr) in Waase. Töpfermeisterin Susan Schmorell fertigt auch nach individuellen Wünschen.

In der **Ersten Rügener Edeldestillerie** (Lieschow 17, Tel. 038305 5 53 00, Mo–Fr 10–16 Uhr) in Lieschow bei Ummanz erhalten Sie Obstbrände und Liköre.

Gartenfiguren und Fayencen, Gebrauchsgeschirr und Keramik: Roswitha Burgmann-Seewald stellt an der Drehscheibe kreative Töpferwaren her, die sie in ihrem **Töpferladen** in Gingst verkauft. Ihr Mann Lothar Seewald bietet ein feines Sortiment von Biowaren an (Am Markt 4, 18569 Gingst, Tel. 038305 6 00 86, www.toepferei-regionalwaren.de, Mo–Fr 10–18, Sa 10–14 Uhr, Winter Mo geschl.).

Gleich nebenan setzt **Der Buchladen** u. a. auf Literatur über die Insel Rügen und auf Kinder- und Jugendbücher. Es gibt auch Papierkunst, Spielwaren und Weltmusik (Am Markt 5, 18569 Gingst, Tel. 038305 53 59 16, www.der-buchladen-ruegen.de, Mo–Fr 10–18, Sa 10–12 Uhr, Jan. geschl.).

Wohin zum ... Ausgehen?

AUSFLUGSTIPPS

Viel Spaß für die ganze Familie verspricht ein Besuch bei **Bauer Lange** (Hof Nr. 37, Tel. 038305 5 51 17, www.bauerlange.de) in Lieschow bei Ummanz. Legendär sind die alljährlich stattfindenden Dumperrennen im Juli und Oktober mit den gleichnamigen Landfahrzeugen, die in der DDR im Einsatz waren. Ein Hofladen und ein Café sorgen für das leibliche Wohl.

Interessante Einblicke in die Welt der Müller verschafft das **Mühlenmuseum** (Dorfstr. 3, Tel. 03838 31 36 65, Mo–Do 9–15 Uhr, Eintritt: 2 €) in Patzig nördlich von Bergen. Noch bis 1992 wurde hier mit einer Motormühle Mehl für die Bäckereien der Umgebung gemahlen.

20- bis 90-minütige **Inselrundflüge** können Sie vom Flugplatz in Güttin (Tel. 038306 12 89; www.flugplatz-ruegen.de, tägl. ab 10 Uhr) aus unternehmen.

Zu **Touren auf die Insel Vilm** (➤ 113) starten Ausflugsdampfer im Lauterbacher Hafen (Reederei Lenz, Tel. 038301 6 18 96). Eine Exkursion auf die Insel mit fachkundiger Führung findet von März bis Oktober ein- bis zweimal täglich für maximal 30 Personen statt.

REITEN

Die **Haflingerzucht Ummanz** (Neue Straße 30a, Tel. 0172 3 01 56 19) in Waase mit 10 Pferden bietet Kinderreiten samt Tagesbetreuung, Geländeritte, Kutsch- und Kremserfahrten und Voltigieren an. Letzteres auch für Menschen mit Behinderung.

Beim **Hof Viervitz** (Viervitz 3a, Tel. 038393 1 45 50; www.hof-viervitz.de), einem Western- und Englisch-Reithof in Zirkow, können Sie Reitunterricht nehmen. Reiterferien für Kinder, Ausritte und Kinderreiten gibt es ebenfalls.

25 Mecklenburger Warmblüter, Haflinger und deutsche Reitponys stehen auf dem **Reiterhof Wiktor** (Zubzow, Tel. 038309 13 57; www.reiterhof-wiktor.com) in Trent bereit für Geländeritte, Reitunterricht und Dressurreiten. Dazu gehören u. a. eine Reithalle sowie ein Dressur- und ein Springplatz.

SPORT & SPIEL

Im Sport- und Freizeitzentrum **Störtebeker Sporthotel** (Bergenerstr. 1, 18573 Samtens) können Sie Tennis (vier Felder), Badminton (fünf Felder) oder Squash (vier Courts) spielen. Zudem gibt es sechs Kegel- und Bowlingbahnen und eine 260 m² große Kletterfläche, angeboten werden darüber hinaus Yoga-, Aerobic- und Kampfsportkurse, Billard, eine Sauna und ein Erlebnisbad. Auch ein Restaurant gibt es (Tel. 038306 22 20, nach tel. Anmeldung).

Windsurfen lernen können Sie in Suhrendorf (Windsurfing Rügen, Ostseecamp, Tel. 038305 8 22 40) am Strand der Insel Ummanz (➤ 109). Dort befindet sich das größte stehtiefe Surfrevier Deutschlands – ideal für Anfänger! Aber auch Fortgeschrittene werden von erfahrenen Surflehrern u. a. in die Kunst des Kitesurfens eingeweiht. Die Surfschule ist außerdem Betreiber des Rügen Surf Hostel in der Nähe.

Kinder ab drei Jahren dürfen auf der **Gokart- und Buggy-Bahn** in Bergen (B 196 Abzweig Buschvitz, Ortsteil Zittwitz, Tel. 03838 20 94 85; www.ruegenkartbahn.de, tägl. ab 10 Uhr) auf Elektroautos herumkurven; Buggys werden an Kinder ab sechs, Go-Karts ab acht Jahren verliehen.

Hiddensee

Kleine Erlebnisse

Tour im Nationalpark

Begleiten Sie einen Ranger auf Hiddensee nach **Altbessins** (➤ 132) und erleben Sie den Prozess der Landbildung.

Malervilla

Mieten Sie eine edle Wohnung in der **Lietzenburg**, der Jugendstilvilla des Malers Oskar Kruse (www.hiddenseeservice.de; ➤ 128).

Puppenmuseum

Ein moderner Holzbau ist das Zuhause der Homunkulus-Figurensammlung – den Hauptdarstellern der **Seebühne** (www.homunkulus.de; ➤ 136).

Erste Orientierung

17 km lang und selten breiter als 3 km – das ist eine der schönsten Inseln Deutschlands. Weit und breit gibt es kaum abwechslungsreichere Landschaft auf so kleinem Raum. Von der Steilküste des Hochlands im Norden bis zu den flachen Salzwiesen im Süden fasziniert dieses autofreie Kleinod.

Wenn Sie von Bord der Fähre steigen, werden Ihnen als Erstes die Bollerwagen zum Gepäcktransport und die eine oder andere Kutsche auffallen – sie warten auf Tagesbesucher oder holen Hotelgäste auf Bestellung vom Hafen ab. Autos sind selten auf Hiddensee. Nur die Feuerwehr hat eines, die Polizei und eine Handvoll Betriebe. Und dann gibt es auch noch einen Bus, der regelmäßig zwischen den drei Dörfern Kloster, Vitte und Neuendorf verkehrt. Wegen seiner faszinierenden Landschaft mit der Hochebene Dornbusch im Norden, den Stränden auf der Westseite und der Dünenheide im Zentrum hat Hiddensee seit jeher Künstler und Naturliebhaber angezogen. Als bekanntester Sommerfrischler kam der Dramatiker Gerhart Hauptmann in den 1920er-Jahren auf die Insel. Da Hiddensee Teil des Nationalparks Vorpommersche Boddenlandschaft ist, gibt es strenge Auflagen, was Bebauung und Nutzung der Landschaft betrifft. Manche Gegenden, z. B. die Landspitzen Bessin im Norden und der Gellen im Süden, sind sogar ganz gesperrt, um Flora und Fauna ungestört zu lassen. Zelten und Feuermachen ist überall auf der Insel streng verboten und Hunde müssen stets an der Leine laufen.

Klein, aber fein: der Sandstrand bei Kloster

Selbst Radeln ist auf Hiddensee nicht überall erlaubt

TOP 10

6 Dornbusch ➤ 126

Nicht verpassen!

48 Kloster ➤ 128
49 Neuendorf ➤ 130

Nach Lust und Laune!

50 Vitte ➤ 132
51 Dünenheide ➤ 132
52 Süder-Leuchtturm ➤ 133

An einem Tag

Mit einzigartiger Fauna und Flora und herrlichen Stränden lockt die lang gestreckte Insel, die schwärmerisch auch »Capri von Pommern« tituliert wird. Warum, das erleben Sie auf den Wegen durch den Dornbusch zum Wahrzeichen, dem Leuchtturm von 1888. Anschließend empfiehlt sich ein Blick ins Gerhart-Hauptmann-Haus und in das Heimatmuseum in Kloster.

9:00

Fahren Sie mit dem Schiff von Schaprode nach 48 **Kloster** (➤ 128) und genießen Sie die 45-minütige Überfahrt an Deck. Vom Hafen in Kloster sind es rund 15 Minuten bis zum Weststrand.

10:00

Nehmen Sie ein kleines Sonnenbad, bevor Sie von dort den Steiluferweg Richtung 6 **Dornbusch** (➤ 126) erklimmen. An zwei Stellen führen vom Strand aus Treppen hinauf. Marschieren Sie weiter Richtung Leuchtturm. Von oben haben Sie einen herrlichen Ausblick über Hiddensee und Rügen bis fast nach Stralsund (unten).

11:00

Zurück können Sie den Weg über Grieben (unten; ➤ 127) nehmen; gehen Sie einfach am Leuchtturm links ins Tal hinunter. Nach ca. 15 Minuten sind Sie in Hiddensees kleinstem Ort. Kehren Sie im Gasthaus Zum Enddorn ein und erholen Sie sich von der Wanderung bei einem Fischessen oder löschen Sie Ihren Durst in der Bilderkneipe Enddorn (➤ 134) nebenan mit einer großen Apfelsaftschorle.

13:00

Spazieren Sie in 15 Minuten nach 48 **Kloster** (➤ 128) zurück und besichtigen Sie das Gerhart-Hauptmann-Haus. Dann fahren Sie am besten mit einer Pferdekutsche über Vitte bis nach 49 **Neuendorf** (oben, zwischen Neuendorf und Vitte; ➤ 130) im Süden der Insel. Sie können aber auch den montags bis freitags regelmäßig verkehrenden Inselbus dorthin benutzen. Lassen Sie sich einmal durch das Dorf kutschieren und staunen Sie über die merkwürdig großzügige Anordnung der reetgedeckten Häuser. Steigen Sie danach am Strand aus und legen Sie dort eine Siesta ein. Vielleicht haben Sie Lust auf ein Bad?

15:00

Wer genug Sonne getankt hat, fährt mit dem Bus zurück bis nach 50 **Vitte** (➤ 132) oder geht die rund 5 km dorthin immer am Strand entlang. In Vitte kehren Sie in die Hiddenseeklause (➤ 135) ein. Dort gibt es hervorragenden Milchkaffee und selbst gebackenen Kuchen.
Oder Sie nehmen im Fischbistro (➤ 135) am Hafen ein verspätetes Mittagessen ein. Später können Sie einen Rundgang durch Hiddensees »Hauptstadt« machen und sich am Seglerhafen z. B. die beiden Bauhaus-Häuser von Max Taut anschauen. Gegenüber der Blauen Scheune finden Sie im Souvenirshop Eisbär und Meer (➤ 136) alles, was Ihre Lieben daheim erfreuen könnte, z. B. Fischerhemden, Bernstein und Produkte aus Sanddorn.

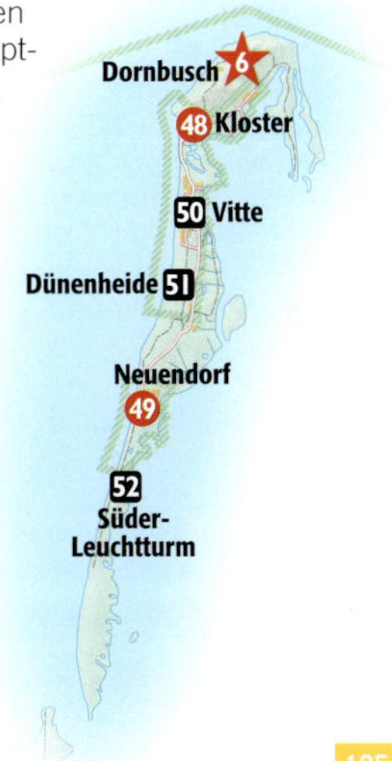

17:00

Je nachdem, wie zeitig Ihr Schiff von Vitte aus zurückfährt, können Sie noch ein paar Stündchen am Strand verbringen. Vielleicht möchten Sie aber auch mit Ihren Kindern eine Theatervorstellung in der Seebühne (➤ 136) besuchen.

6 Dornbusch

Ein wunderschönes Hochland mit Wald-, Wiesen- und Steilküstengebiet erstreckt sich nördlich von Kloster bis an den Nordrand von Hiddensee. Hier steht das Wahrzeichen der Insel, der 1888 erbaute Leuchtturm.

Den Leuchtturm erblickt man schon von Weitem

Vom Schlusswiek, einem 72 m hohen Hügel, sendet das Leuchtfeuer Dornbusch, so der offizielle Name, seine Lichtzeichen bis zu 45 km weit und hilft den Schiffen auf der Ostsee bei der Orientierung. Auch Wanderern gilt der Leuchtturm, der 27 m weit in den Himmel ragt, als Ziel und Wegmarkierung. Steigen Sie unbedingt zur Aussichtsplattform in 20 m Höhe hinauf. Einen solch herrlichen Ausblick bis nach Stralsund und über die Insel Rügen haben Sie sonst nirgendwo!

Fantastisches Hochland, so weit das Auge reicht

Wege durch den Dornbusch gibt es etliche. Der Hauptweg führt von Kloster aus steil bergan, vorbei an grasenden Kutschpferden. Links und rechts des Weges wuchern Dornenbüsche, was den Namen dieses Inselgebirges erklärt. Vor allem Sanddorn wächst hier, aber auch Vogelbeere und gelb blühender Ginster. Für die rund 500 m bis zum ersten Aussichtspunkt brauchen Sie schon ein bisschen

GRIEBEN
Wie Perlen reihen sich die paar Häuschen entlang der Dorfstraße des ältesten eigenständigen Dorfs auf Hiddensee aneinander. Es wurde 1279 erstmals schriftlich erwähnt. Urlauber schätzen seine vergleichsweise ruhige Lage am Bodden. Während die drei anderen Inseldörfer im Sommer etwas betriebsamer werden, sorgen hier höchstens Wanderer und Radler für ein bisschen Trubel. Zwei Reetdachhäuser stammen noch aus dem 18. Jahrhundert.

Kondition. Dort lädt ein Plateau mit Holzplastiken zum Verschnaufen ein. Der Blick gen Süden über die Insel ist großartig! Keine 10 m weiter geht der Hauptweg rechts um die Kurve. Er führt zur Steilküste und zum Gasthaus Zum Klausner. Wenn Sie zunächst den Leuchtturm besichtigen wollen, nehmen Sie an der Kurve den Weg geradeaus. Hinter der nächsten Hügelkuppe ist der Wald plötzlich zu Ende und der Leuchtturm liegt direkt vor Ihnen: umgeben von weitem, kargem Hochland, dessen Gras eine Herde Schafe kurz hält.

Steiler Aufstieg zur Aussichtsplattform

Haben Sie sich entschieden, die 102 Stufen bis zur Aussichtsplattform hinaufzusteigen? Keine Sorge, Sie schaffen es, zumal alle 20 Stufen ein Klappstuhl bereitsteht. Die letzte Etappe ist allerdings ein bisschen strapaziös, denn oben wird es richtig steil. Und ziehen Sie den Kopf ein: Die Tür zur Plattform ist nur 1,65 m hoch! Doch dann wartet auch schon die Belohnung: eine wunderbare Aussicht.

KLEINE PAUSE

Das Gasthaus **Zum Klausner** (im Dornbuschwald, Tel. 038300 66 10, www.klausner-hiddensee.de, tägl. ab 11.30 Uhr) hat im Dornbusch ein Monopol, denn es ist das einzige. Steht Ihnen der Sinn nach Kuchen oder Dorsch? Auf der Terrasse hören Sie unten das Meer rauschen – das Gasthaus steht direkt an der Steilküste.

Blick vom Leuchtturm Richtung Rügen

182 B4

Leuchtturm Dornbusch
038300 5 04 56 · April Do–Sa 11–15, Mai–Okt. tägl. 10.30–16 Uhr · 3 €

BAEDEKER TIPP

- Wer schlecht zu Fuß ist, sollte sich eine **Pferdekutsche** organisieren (► 136). Damit werden Sie bis vor die Tür des Klausner-Wirts gefahren. Von dort sind es noch 500 m bis zum Leuchtturm.
- Jeden Freitag starten **geführte Wanderungen** entlang des Steilufers im Dornbusch. Wer teilnimmt, sollte gut zu Fuß sein – drei Stunden sind Sie mindestens unterwegs. Treffpunkt ist um 17.30 Uhr am Heimatmuseum Kloster. Termine erfahren Sie bei der Touristeninformation Hiddensee oder unter www.seebad-hiddensee.de.

48 Kloster

Das Dorf im Norden der Insel gilt mit Kirche, Heimatmuseum und Gerhart-Hauptmann-Haus als kulturelles Zentrum Hiddensees. Früher machten hier viele Künstler Urlaub.

Von Engeln beschützt: die Inselkirche

Idyllisch schmiegt sich das Dorf an die dicht bewachsenen Hügel des Dornbuschs. Bäume überragen die skandinavisch anmutenden Häuser, während ohne Unterlass die Pferdehufe der Kutschen klappern. Wenn dann auch noch die Kirchenglocke schlägt, könnte man glatt meinen, dies sei ein Dorf in den Bergen. Das Meer hält sich hier nämlich gut versteckt: auf der Westseite hinter den Dünen und Steilklippen des Dornbuschs, im Osten hinter den Weiden der Boddenlandschaft. Kloster ist wegen seiner geschützten Lage so ziemlich der einzige Ort auf Hiddensee, in dem Sie auch bei kräftigen Windstärken die Hauptstraße noch gerade entlanggehen können! Dort kommen Sie in jedem Fall an Hiddensees einziger **Kirche** mit dem Grab des berühmten Dramatikers Gerhart Hauptmann vorbei. Die Kirche mit rosenverzierter Decke steht tagsüber offen. Das Gotteshaus stammt aus dem 15. Jh. und ist das letzte Zeugnis des Klosters, das dem Dorf den Namen gab. Vom 13. bis 16. Jh. war der Zisterzienserorden hier mit zwölf Mönchen vertreten. Die Reformation machte dem Kloster ein Ende, der Bau verfiel und wurde im Dreißigjährigen Krieg endgültig zerstört.

Künstlertreff und Dramatikerheimat

Viele Künstler und Kulturschaffende hat es einst nach Kloster gezogen. Neben Gerhart Hauptmann besaßen die Stummfilmdiva Asta Nielsen und Gret Palucca, die Tanzpädagogin aus Dresden, Häuser auf Hiddensee und trafen sich in Kloster u. a. in der 1904 erbauten Jugendstilvilla Lietzenburg des Holzhändlers und Malers Oskar Kruse.

Das **Gerhart-Hauptmann-Haus** ist heute ein sehr interessantes Museum mit der Originaleinrichtung des Autors. Weinkeller, Bibliothek, Terrasse und Park vermitteln eine Ahnung davon, dass Hauptmann auf Hiddensee zu leben und zu genießen wusste. Eine Ausstellung im Haus informiert über Hauptmanns Wirken, seine Theaterstücke und Bücher. 2014 wurde eine Dauerausstellung zur Literaturlandschaft Hiddensee eröffnet. Sie ist den Büchern und Schriftstellern gewidmet, die mit der Insel verbunden sind.

Am westlichen Ortsausgang hält **Hiddensees Heimatmuseum** die Stellung in der alten Seenotstation. Dort können Sie sich u. a. informieren über die Zeichen an den Eingängen

alter Hiddenseer Häuser, die sogenannten Hausmarken (► 17). Sie waren übrigens nicht nur auf Hiddensee üblich, um den Besitz zu kennzeichnen. Interessant ist auch das Modell der einstigen Klosteranlage im Obergeschoss und die Replik des Hiddenseer Goldschmucks aus dem 10. Jh., der 1872 entdeckt wurde (► 27). Im Untergeschoss ist eine schöne Bernsteinkollektion zu sehen.

Heute ein Museum: das Gerhart-Hauptmann-Haus

KLEINE PAUSE

Ein Kuriosum ist das Lokal **Zum kleinen Inselblick** (Birkenweg 2, Tel. 038300 6 80 01, April–Okt. Mi–Mo 12–23.30 Uhr). Hier können Sie nicht nur eine ausgezeichnete Aalsuppe essen, sondern auch die Einrichtung kaufen.

---

182 B3

Inselkirche
038300 3 28; www.kirche-hiddensee.de tägl. 8 Uhr–Einbruch der Dämmerung frei

Gerhart-Hauptmann-Haus
Kirchweg 13 038300 3 97; www.hauptmannhaus.de
Mai–Okt. Mo–Sa 10–17, So 13–17 Uhr, sonst kürzer 6 €

Heimatmuseum
Kirchweg 1 038300 3 63; www.heimatmuseum-hiddensee.de
April tägl. 10–15, Mai–Okt. tägl. 10–16, Nov.–März Do–Sa 11–15 Uhr 5 €

BAEDEKER TIPP

Besuchen Sie eines der **Sommerkonzerte** im Wohn- und Arbeitszimmer Gerhart Hauptmanns. Auch regelmäßig stattfindende Lesungen haben ein ganz besonderes Flair (Programminfo: Tel. 038300 3 97).

49 Neuendorf

Sandwege statt Straßen und jede Menge Platz zwischen den Rohrdachhäusern machen Neuendorf zu einem ganz besonderen Ort. Ein eigener Hafen hält die Verbindung mit dem Festland aufrecht.

Im ersten Augenblick werden Sie sich in Neuendorf wie auf einem Campingplatz fühlen. Alle Häuser sind in geraden Reihen mit Ausrichtung nach Süden gebaut. Zwischen den einzelnen Reihen gibt es keine Straßen, stattdessen Wiesen von der Breite eines Fußballfelds. Weder Zäune noch Gärten grenzen die weiß getünchten Häuser voneinander ab. So dürfte Neuendorf eines der kleinsten Dörfer auf größtmöglicher Fläche in Deutschland sein. Rund 300

Am Neuendorfer Hafen halten auch die Rügen-Fähren

Insulaner wohnen hier, im Sommer sind es ungefähr noch mal so viele Urlauber, die Neuendorfs Abgeschiedenheit schätzen. Hier gibt es keine Strandpromenade mit Eisverkäufern, stattdessen Ruhe und Einsamkeit hinter den Dünen. Viermal am Tag legt die Fähre von Schaprode im Hafen an und sorgt für ein bisschen Betrieb auf den Trampelpfaden zwischen den Häusern. Feriengäste kommen und gehen, der Postbote kurvt mit seinem Fahrrad von Haus zu Haus. Das ist dann aber auch schon alles.

Einmalige Dorfanlage und schöner Strand

Wegen der nicht vorhandenen Straßen wurde das rund 300 Jahre alte Neuendorf

SPIELE FÜR GROSS UND KLEIN

Eine Augenweide ist der Neuendorfer **Kinderspielplatz** am nördlichen Ortsrand mit originell gestalteten Spielgeräten des Zwickauer Künstlers Jo Harbort. Während die lieben Kleinen herumturnen, können Sie nebenan Ihren Partner auf einem **Großschachplatz** an der frischen Luft matt setzen oder beim Boule Annäherungsversuche starten.

unter Denkmalschutz gestellt. An vielen rohrgedeckten Häusern sind noch Hausmarken (➤ 17) zu sehen, die einst als eine Art Familienwappen dienten. Ganz besonders stolz sind *de Süder*, wie die Bewohner genannt werden, auf ihren Strand. Der ist nämlich breiter als derjenige in Kloster und Vitte. Spaziergänge zum rund 2 km weiter südlich gelegenen Süder-Leuchtturm Luchte (➤ 133) oder durch die angrenzende Dünenheide (➤ 132) im Norden bescheren allen Naturliebhabern unvergleichliche Erlebnisse.

Ein idyllisches Ausflugsziel ist der Leuchtturm im Süden

Eine Hand voll Häuser

Am ältesten sind die Häuser in **Plogshagen** ganz im Süden. Diese winzige Ortschaft besteht aus wenigen Häusern und wurde schon 1236 gegründet, zur selben Zeit also wie das Zisterzienserkloster im Norden Hiddensees.

Hinter Plogshagens Häusern fällt eine Art Deich auf. Dieser Damm wurde gebaut, nachdem eine Sturmflut vor 130 Jahren die Insel hier in zwei Hälften geteilt hatte. Das ist übrigens auch der Grund, weshalb etliche Häuser auf kleinen Sandhügeln stehen. So manches Hochwasser hat nämlich den Bewohnern schon nasse Füße im Wohnzimmer beschert: Hier liegt Hiddensee nur knapp über dem Meeresspiegel.

KLEINE PAUSE

Gute regionale und überregionale Küche mit mediterranen Einflüssen wird in der Gaststätte der Pension **Stranddistel** serviert (Plogshagen 15, Tel. 038300 393, tägl. Frühstück 8–11 Uhr, warme Küche ab 12; im Winter sollten Sie die Öffnungszeiten tel. erfragen).

Schilfrohr wird zum Dachdecken genutzt

182 B2

BAEDEKER TIPP

- Eine unterhaltsame **Führung** durch Neuendorf und andere Orte bietet die Verlegerin Ute Fritsch (Tel. 0170 4 12 5277, www.kuenstlerinsel-hiddensee.de) regelmäßig im Sommer an. Thema sind u. a. prominente Urlauber und Inselbewohner.
- Neuendorfer Fischer betreuen ehrenamtlich das kleine **Fischereimuseum** (Pluderbarg 7, Mai–Okt. Mo–Sa 14–17 Uhr, Spende erbeten) in einem ehemaligen Reusenschuppen. Die Zeitzeugen erzählen von ihrem Beruf und spinnen Seemannsgarn.

Nach Lust und Laune!

50 Vitte

Das kulturelle wie auch verwaltungstechnische Zentrum Hiddensees ist gleichzeitig auch das betriebsamste und größte Dorf der Insel. 600 Einwohner verdienen ihr Geld mit Pensionen, Hotels, Kutschpferden und Souvenirshops. Hier steht auch der einzige größere Supermarkt. Sogar ein kleines Theater hat Vitte: die Seebühne (➤ 136). Während der Sommersaison verkehrt etwa neunmal täglich das Fährschiff zwischen Vitte und Schaprode und bringt neue Waren und Urlauber. Berühmt ist die Blaue Scheune (Norderende 175), ein auffällig blau gestrichenes Bauernhaus aus dem 18. Jh., das privat genutzt wird. Auch das rund gebaute Haus der ehemaligen Stummfilmdiva **Asta Nielsen** am nördlichen Dorfrand (Zum Seglerhafen) zieht viele Bewunderer an. Es wurde Anfang der 1920er-Jahre vom Bauhaus-Architekten Max Taut entworfen. Ebenfalls nach Plänen von Max Taut wurde das **Haus Weidermann** nebenan erbaut; es ist auch als Henny-Porten-Haus bekannt. Der Besitzer Karl Weidermann war ein Verehrer der bekannten Schauspielerin und benannte das Haus mit dem markanten asymmetrischen Dach nach ihr. Ein weiteres Wahrzeichen des Orts ist die Windmühle neben dem Nationalparkhaus. Sie ist in Privatbesitz. Lesungen, Konzerte, Diavorträge und auch Kabarett finden während des ganzen Jahres im **Henni-Lehmann-Haus** statt. Dort befindet sich auch die interessante Inselbibliothek (Tel. 038300 607 60). Benannt ist das Haus nach der gleichnamigen Malerin, Schriftstellerin und Gründerin des Hiddenseer Künstlerinnenbunds (1867–1937).

182 B3

Der Linienverkehr der Reederei Hiddensee bringt Sie auch direkt nach Vitte

Touristeninformation
✉ Achtern Diek 18a, 18565 Vitte
☎ 038300 60 86 85; www.seebad-hiddensee.de
Jan.–März Mo–Fr 9.30–15.30, April–Mai Mo–Fr 9–16, Sa 9–13, Juni–Okt. Mo–Fr 9.30–17.30 (ab Mitte Okt. mit einstündiger Mittagspause), Sa u. So 9–15.30 (ab Sept. bis 13), Nov.–Dez. Mo–Fr 9.30–15.30 Uhr

Henni-Lehmann-Haus
✉ Wiesenweg 2 ☎ 038300 6 07 60
Veranstaltungen tel. erfragen

51 Dünenheide

Zwischen Vitte und Neuendorf erstreckt sich dieses wunderschöne, 250 ha große Naturschutzgebiet. Es eignet sich ideal für Wanderungen (➤ 168) und Tierbeobachtungen.

NATIONALPARKHAUS

Da Hiddensee mitten im Nationalpark Vorpommersche Boddenlandschaft liegt, wurde 1998 am Ortsausgang von Vitte Richtung Kloster ein Nationalparkhaus (Norderende 2, Tel. 038300 68041, April–Okt. tägl. 10–16, März 10–15 Uhr) eingerichtet. Dort können Sie sich über die geschützte Natur informieren. Von hier starten ganzjährig naturkundliche Wanderungen über die Insel. Außerdem gibt es Abendvorträge.

Hier können Sie beispielsweise verschiedene Dünenarten kennenlernen: Grau- und Gelbdünen etwa sind bewachsen mit Silbergras, Heide und Sträuchern. Ein Naturlehrpfad erklärt, wie sich das Biotop aus Dünen, Tieren und Pflanzen im Gleichgewicht hält. Kreuzottern gibt es hier etliche, weshalb Sie unbedingt festes Schuhwerk tragen sollten. Die seltenen Tiere stehen unter Naturschutz und dürfen auf keinen Fall getötet werden! Beachten Sie, dass die Dünenheide auf der östlichen Seite der Straße nach Neuendorf geschütztes Gebiet und daher hier das Betreten verboten ist. Auf der Ostseeseite können Sie sich frei bewegen und Heidekraut pflücken.

182 B2–3

ABSEITS DER TOURISTENWEGE

1 km südlich des Leuchtturms beginnt das Vogelschutzgebiet Gellen. Kraniche, Wildgänse, Enten- und Watvögel brüten hier, ferner vom Aussterben bedrohte Vogelarten wie die Zwergseeschwalbe. Im gesamten Gellen gilt: Betreten verboten!

52 Süder-Leuchtturm

Am Südende der Insel blinkt ein zweites Leuchtfeuer, der 10 m hohe Süder-Leuchtturm von 1905. Seit 1306 schon wird an dieser Stelle den Schiffen auf dem Weg von und nach Stralsund der Weg gewiesen. In früheren Zeiten stellten Mönche des Zisterzienserklosters hier in der Nähe eine sogenannte Luchte auf, die mit Holz und Teer befeuert wurde. Ein knapp 2 km langer Spaziergang führt von Neuendorf her; beachten Sie auch die schönen Salzwiesen unterwegs, die regelmäßig vom Meerwasser befeuchtet werden. Vor allem Badegäste zieht es zum breiten schönen Strand am Süder-Leuchtturm.

182 B4

LEHRREICHE WANDERUNGEN

Das Nationalparkamt veranstaltet naturkundliche Wanderungen durch die Dünenheide. Treffpunkt an der Gaststätte **Heiderose** (► 135; April–Okt. jeden Di 10 Uhr, Dauer: ca. 2 Std., Infos: Tel. 038300 6 80 41).

Eine schöne Heidelandschaft erstreckt sich zwischen Vitte und Neuendorf

Wohin zum ... Übernachten?

Preise
für ein Doppelzimmer pro Nacht (in der Hauptsaison deutlich höher):
€ unter 60 € **€€** 60–130 € **€€€** über 130 €

KLOSTER UND GRIEBEN

Enddorn €€

Idyllischer geht es kaum. In diesem Hotel direkt am Bodden finden Sie selbst im Hochsommer Abgeschiedenheit und Ruhe. Das Hochland des Dornbuschs liegt direkt vor der Tür, ebenso die Weite des Naturschutzgebiets Bessin. Die 22 Doppel-, Einzel- und Mehrbettzimmer sind zweckmäßig eingerichtet, manche haben eine kleine Terrasse. Im Winter geschl.

182 C4 Dorfstr. 6, 18565 Grieben
038300 4 60; www.enddorn.de

Hitthim €€

Am Hafen liegt diese schöne Fachwerkvilla, 1907 auf dem Grundstück eines alten Klosters erbaut. Einige der 25 stilvoll eingerichteten Zimmer und angeschlossenen Ferienwohnungen haben einen Balkon. Am schönsten sind die Zimmer mit dem Blick über den Hafen. Im Hotelrestaurant wird feine regionale Kost, u. a. mit frischem Ostseefisch, serviert. Zum Weststrand benötigen Sie nur zehn Minuten zu Fuß.

182 B3 Hafenweg 8, 18565 Kloster
038300 66 60; www.hitthim.de

Wieseneck €€

Mitten im Ort liegt diese traditionsreiche Pension mit Restaurant. Wen das Hufgeklapper der zahlreichen Kutschen nicht stört und wer gerne in Gesellschaft ist, wird sich wohlfühlen. Eine schöne Terrasse bietet idyllische Ausblicke zum Bodden. Gute, solide Hausmannskost wird im Restaurant aufgetischt. Die insgesamt 17 Zimmer sind mit Dusche/WC, TV und Telefon ausgestattet.

182 B3 Kirchweg 18, 18565 Kloster
038300 3 16; www.wieseneck-hiddensee.de

VITTE

Godewind €€

Gleich mehrere Häuser mit insgesamt 15 Ferienwohnungen und 31 Hotelzimmern gehören zur Anlage mitten in Vitte. Ländlich eingerichtet, bietet das Areal bäuerliches Flair; teilweise haben die Räume Dachschrägen. Ein gemütliches Restaurant im Hauptgebäude mit Biergarten bietet regionale Gerichte. Zum Strand und zum Fährhafen sind es zu Fuß nur ein paar Minuten.

182 B3 Süderende 53, 18565 Vitte
038300 66 00; www.hotelgodewind.de

NEUENDORF

Windflüchter €€

Direkt am Neuendorfer Ostseestrand gelegen. Hier finden Sie alles, was einen idealen Inselurlaub ausmacht: Wellenrauschen im Ohr, Salzgeruch in der Nase und viel Ruhe, um auszuspannen. In den geschmackvoll eingerichteten Apartments unterm Reetdach können Sie es auch bei schlechtem Wetter aushalten. Machen Sie es sich mit einem guten Buch gemütlich, während die Regenwolken vorbeiziehen.

182 B2 Pluderbarg 1, 18565 Neuendorf 038300 3 64; appartementhaus-windfluechter.m-vp.de

Wohin zum ...
Essen und Trinken?

Preise
für ein Hauptgericht (ohne Getränke):
€ unter 10 € **€€** 10–20 € **€€€** über 20 €

KLOSTER

Weinrestaurant Hedins Oe €€
Eines der besseren Lokale der Insel mit gehobener Küche und ausgesuchten Weinen. Fisch wird hier auf landestypische Art zubereitetet. Die Beratung bezüglich der Weinauswahl ist gut, aber es gibt natürlich auch Bier. Das Lokal ist auch Café und Kunstgalerie mit monatlich wechselnden Ausstellungen.
182 B3 Mühlberg 43, 18565 Kloster 038300 2 73; www.hedinsoe.de Sommer tägl. 12–20 Uhr

VITTE

Annemarie's Fischkist €
Für alle, die auf die Schnelle gut und günstig essen möchten, ist dieser Imbiss die richtige Adresse. Fischbrötchen, Rührei, Räucheraal und Aalsuppe können Sie draußen an kleinen Tischchen im Stehen essen oder mit an den Strand nehmen.
182 B3 Süderende 61, 18565 Vitte 038300 2 65 Sommer tägl. ab 14, Nebensaison ab 16 Uhr

Fischbistro €
Das Bistro liegt unmittelbar am Hafen, der Fisch wird folgerichtig quasi fangfrisch direkt vom Kutter serviert. Der geräucherte Fisch stammt aus eigenem Rauch, die Fischbrötchen sind lecker. Maritime Einrichtung mit Fischköpfen an den Wänden. Im Sommer werden auch Cocktails angeboten.
182 B3 Achtern Dieck 20, 18565 Vitte 038300 6 07 47 April–Okt. tägl. ab 10 Uhr

Heiderose €–€€
Mitten in der Dünenheide gelegen, ist das Restaurant mit dem schönen Biergarten ein idealer Ausflugsgasthof. Hier kann man unter Obstbäumen Grillspezialitäten genießen. Brot aus dem eigenen Steinbackofen und selbst geräucherter Fisch schmecken nach einer Radtour nochmal so gut.
182 B3 In den Dünen 127, 18565 Vitte 038300 6 30 März–Nov. tägl. ab 11.30 Uhr

Hiddenseeklause €
Gemütliches kleines Café-Restaurant mit Bistromobiliar und feinen Fischgerichten. Hier kehren viele Tagesausflügler kurz vor der Abfahrt der Fähre ein, um bei Milchkaffee oder frisch gezapftem Pils schnell noch ein paar Ansichtspostkarten zu schreiben. Nach den Vorstellungen in der Seebühne (► 136) schauen auch die Theaterbesucher und Schauspieler vorbei.
182 B3 Wallweg 2–4, 18565 Vitte 038300 5 04 00 Mai–Okt. tägl. ab 11 Uhr, Nov.–April tägl. 11.30–16 Uhr

NEUENDORF

Gasthaus & Café Rosi €
Im Gasthaus Rosi kocht der Chef noch selbst. Seine Spezialität sind Fleischgerichte vom Lavasteingrill. Auf der Karte stehen aber auch Gerichte mit Matjes. Als Dessert ist der Hiddenseer Sturmsack zu empfehlen, eine Art Windbeutel.
182 B2 Pappelallee 11, 18565 Neuendorf 038300 5 01 68; www.cafe-rosi.de Mitte März–Okt. Di–So ab 11 Uhr

Wohin zum ... Einkaufen?

SOUVENIRS

Fischerhemden, Mützen, Seemannspullover, Silberschmuck u. a. gibt es beim **Eisbär** (Norderende 178a, Tel. 038300 6 05 34, www.eisbaer-hiddensee.de, Ostern–Okt. u. Jahreswechsel tägl. 10–18 Uhr) gegenüber der Blauen Scheune in Vitte. Souvenirs wie Hiddensee-Memo oder Bernsteinkisten erhalten Sie in der **Insel-Information** in Kloster am Hafen und im Haupthaus in Vitte (➤ 132). Auch online können Sie Souvenirs einkaufen unter www.seebad-hiddensee.de. In der **Bernstein-Werkstatt** (Mühlberg 17, Tel. 038300 6 04 94, tägl. 10–17 Uhr) können Sie dabei zuschauen, wie aus dem Rohmaterial Schmuck wird, und selbst gefundene Steine verarbeiten lassen.

Wohin zum ... Ausgehen?

FAHRRADVERLEIH

Im Sommer sollten Sie die Räder besser vorbestellen. Im Winter ist es ratsam, ebenfalls vorher anzurufen, da manche Verleihstationen geschlossen sind. In Kloster am Hafen gibt es den **Fahrradverleih Mirko Pehl** (Hafenweg Nr. 4, Tel. 038300 4 37). In Vitte verleiht und repariert **Fahrrad-Müller** (Wallweg 1, Tel. 038300 4 64) Fahrräder. In Neuendorf können Sie beim **Freizeitcenter Elisabeth Leschner** (Schaulbarg Nr. 7, Tel. 038300 4 77) Drahtesel leihen. Außerdem verleihen fast alle größeren Hotels eigene Fahrräder. Die Leihgebühr für ein Fahrrad beträgt überall 5–10 € pro Tag. Tipp: Testen Sie noch vor Ort Bremsen und Gangschaltung.

KUTSCHFAHRTEN

Kutsch- und Kremserfahrten bietet der **Fuhrmannshof Neubauer** (Hafenweg 10, Tel. 0171 1 89 28 07) in Kloster an, auch Waren- und Gepäcktransport. Der **Fuhrmannshof & Fahrradverleih Hiddensee** (Achtern Diek 27, Tel. 038300 6 80 15) übernimmt in Vitte Transporte aller Art. In Neuendorf bietet der **Fuhrmannshof Mach** (Dörpstraat 23, Tel. 038300 5 01 96) Kutschfahrten an.

SCHIFFSAUSFLÜGE

Die gängigen Schiffsverbindungen von allen drei Dörfern auf Hiddensee können Sie über Tel. 03831 2 68 10 und 038300 2 10 erfragen (www.reederei-hiddensee.de).

Sie können aber auch eines der drei Wassertaxis der Reederei Hiddensee GmbH (Achtern Diek 4, 18565 Vitte, Tel. 038300 2 10) buchen. Die Überfahrt nach Schaprode oder Stralsund kostet so zwar mehr, ist aber auch schneller.

Ein Erlebnis sind die Tagestörns mit dem Zeesboot ***Sophia Theresa*** (Tel. 0172 3 82 64 04, www.hiddensee-segeln.de).

KULTURLEBEN

Die **Seebühne** (Wallweg 2, Tel. 038300 6 05 93, www.theater.hiddenseebuehne.de) ist ein kleines kulturelles Schmuckkästchen. Neben Kindertheater am Nachmittag gibt es Theater- und Filmveranstaltungen am Abend. Filmfreunde besuchen das wiedereröffnete **Zeltkino** mit rund 90 Plätzen (Kontakt über Hiddenseer Hafen- und Kurbetrieb, Tel. 038300 6 42 99, www.zeltkino-hiddensee.de, Spielzeit April–Okt., Eintritt 4–6,50 €).

Stralsund

Kleine Erlebnisse

Rätsel-Tour

Spielerisch die Stadt kennenlernen können Familien bei der **Backstein-Rallye** der Stralsunder Touristeninformation (➤ 158).

Lange Zoonacht

Beobachten Sie die nachtaktiven Tiere des Tierparks im Rahmen der **langen Zoonacht** im August – Lagerfeuer inklusive (➤ 152).

Bismarck-Hering

Kosten Sie frischen Bismarckhering am Ort seiner Erfindung, z. B. bei **Fischhandel Henry Rasmus** in der Heilgeiststraße 10.

Erste Orientierung

Vor 500 Jahren war Stralsund eine der reichsten Städte im Ostseeraum. Das sieht man noch heute: Beeindruckende Architektur der Backsteingotik wie die riesigen Kirchen und ein prachtvolles Rathaus zeugen von der einstigen Macht der Hansestadt.

Seitdem Stralsunds Altstadt nach der Wende restauriert wurde, schwärmen nicht nur Architekturfans von der einzigartigen Atmosphäre in der historischen Seehandelsstadt. Auch international wird Stralsund hoch geschätzt – gemeinsam mit Wismar gehört Stralsund seit 2002 zum Welterbe der UNESCO! Benannt nach der *insula strala*, der heutigen Insel Dänholm, über die auch der Rügendamm führt, trägt Stralsund einen spitzen Pfeil im Wappen. Sowohl im Germanischen als auch im Slawischen bedeutet *stral* »Spitze« oder »Pfeil«. Spitzenleistungen haben die Stralsunder bis heute im Schiffsbau und Seehandel erbracht.

Direkt gegenüber von Rügen gelegen, ist Stralsund schon immer eng verbunden gewesen mit der großen Insel. Heute machen immer mehr Rügenurlauber auf dem Weg zum Ostseestrand Halt in der Stadt und sind begeistert: von der Gastfreundschaft der Stralsunder und der wunderbaren Altstadt mit ihren historischen Backsteinbauten.

Vor einer solchen Kulisse legt jeder gerne an

Nach Lust und Laune!

54 Schill-Gedenkanlage ➤ 150
55 Stadtbefestigung mit Knieper- und Kütertor ➤ 150
56 Johanniskloster ➤ 150
57 St. Jakobi ➤ 151
58 Heilgeistkloster ➤ 151
59 Schiffer-Compagnie ➤ 152
60 Kulturhistorisches Museum ➤ 152
61 Tierpark ➤ 152
62 Hansedom ➤ 153
63 Welterbe-Ausstellung ➤ 153

TOP 10

5 Alter Markt ➤ 142
8 Meeresmuseum · Ozeaneum · Nautineum ➤ 145

Nicht verpassen!

53 St. Marien ➤ 148

An einem Tag

Stralsund, das »Venedig des Nordens«, gehört zu den beeindruckendsten Reisezielen an der deutschen Ostseeküste. Seine glanzvolle Vergangenheit lässt sich am Stadtbild ablesen, während man in spannenden Meeresmuseen viel Wissenwertes über Ostsee und Ozeane erfährt. Zur Einstimmung empfiehlt sich St. Marien, die größte Backsteinkirche im Ostseeraum, mit einer wunderbaren Barockorgel und einem goldglänzenden Mariakrönungsaltar.

10:00

Besuchen Sie die Kirche 53 **St. Marien** (➤ 148) und staunen Sie über die Pracht der Barockorgel von Friedrich Stellwagen und den Marienkrönungsaltar aus dem 15. Jahrhundert. Steigen Sie auch auf den 104 m hohen Aussichtsturm. Von oben haben Sie einen wunderbaren Blick auf die Stadt und den Strelasund. Hinterher können Sie sich viel leichter orientieren.

11:00

Genehmigen Sie sich einen Kaffee in der Brasserie (oben; ➤ 149) am Neuen Markt. Bei schönem Wetter können Sie im lauschigen Hof draußen sitzen. Sollte gerade Markttag sein (dienstags und freitags), schlendern Sie an den Marktständen vorbei und genießen Sie die Atmosphäre des Bauernmarkts mit den Spezialitäten aus der Region.

12:00

Gehen Sie über die Mönchstraße, den Apollonienmarkt und die Ossenreyerstraße durch die Fußgängerzone bis zum 5 **Alten**

Markt (➤ 142). Stellen Sie sich dort am besten in die Mitte des Marktplatzes und lassen Sie die einmalige Backsteinarchitektur auf der Südseite auf sich wirken. Schauen Sie auch ins Innere des Rathauses mit seinen interessanten Wandelgängen. Man kann sich gut vorstellen, wie hier früher Händler ihre Ware feilboten.

13:00

Zu Mittag essen können Sie auf der Nordseite des Alten Marktes im Wulflam-Haus. Probieren Sie in den Wulflamstuben (➤ 156) typisch pommersche Gerichte wie eine der Fischspezialitäten oder Brotpudding. Wenn Sie es moderner lieben, setzen Sie sich – ebenfalls direkt am Alten Markt – auf die schöne Terrasse des Café-Restaurants Zum Goldenen Löwen (➤ 144). Hier bekommen Sie nicht nur frische sommerliche Salate und andere leichte Kost, sondern auch einen guten Cappuccino.

14:00

Werfen Sie einen Blick in die Kirche St. Nikolai neben dem Rathaus und besichtigen Sie den barocken Hauptaltar und die astronomische Uhr im Innern. Von St. Nikolai geht es zu Fuß in höchstens zehn Minuten weiter zum Katharinenkloster, in dem sich u. a. das Meeresmuseum befindet. Auch zum Ozeaneum am Hafen ist es nicht weit. Schauen Sie sich unterwegs eines der beiden Stadttore der massiven **55 Stadtbefestigung** (➤ 150) an. Sie zeigen, wie stark die Stadt sich im Mittelalter gegen Feinde zu wappnen wusste.

15:00

Für den Besuch im 8 **Meeresmuseum** oder im **Ozeaneum** (weißes Gebäude oben; ➤ 145) sollten Sie zwei Stunden einplanen. Anschließend gehen Sie die Böttcherstraße vom Museum aus bis zum Café Kelm (➤ 155). Gönnen Sie sich einen leckeren Eisbecher und lassen Sie die vielen Eindrücke des Tages ein wenig auf sich wirken. Später können Sie – je nach Lust und Laune – noch einen Spaziergang durch die Gassen der Stadt machen und z. B. das **56 Johanniskloster** (➤ 150) besichtigen.

5 Alter Markt

Rathaus, St. Nikolai und Wulflam-Haus machen den Alten Markt zu einem der schönsten Plätze des Nordens. Besonders das Rathaus mit seinen Spitzgiebeln und Verbindungsgängen ist ein beeindruckendes Gebäude der norddeutschen Backsteingotik.

Ziergiebel wie hier auf dem Rathaus sind typisch für die Backsteingotik

Stellen Sie sich am besten auf die nördliche Seite des Markts – von hier können Sie **Rathaus** und St.-Nikolai-Kirche, beide aus dem 13. Jh., in ihrer ganzen Pracht bewundern. Die Schmuckwand, die das Rathaus zum Norden und Osten hin abschließt, ragt stolz mit Zierfenstern, hinter denen nichts als der blaue Himmel hervorlugt, in die Höhe. Solche Ziergiebel wurden im 14. Jh. auch in anderen Hansestädten an die Rathäuser angebaut, doch in Stralsund ist die Architektur besonders prachtvoll ausgefallen. Die Wappen aller Hansestädte wurden über den Fenstern im ersten Stock angebracht, um an den Bund der Hanse zu erinnern. Da das Rathaus zeitweise auch als Kaufhaus diente, gab es in den Gängen im Innern des Gebäudekomplexes Verkaufsstände. Die Nischen für die Stände zwischen den Säulen sind noch zu sehen. Erbaut wurde diese Ladengalerie 1680.

Mächtiges Gotteshaus

Ein Verbindungsgang führt zu **St. Nikolai**. Diese Kirche, benannt nach dem hl. Nikolaus, dem Schutzpatron der Seefahrer, wurde erstmals 1276 schriftlich erwähnt und gilt als älteste Pfarrkirche Stralsunds. Mit ihrem 86 m langen und bis zu 29 m hohen Innenraum ist sie genau wie die Marienkirche ein riesiges Gotteshaus, das die Patrizier und Räte Stralsunds als Zeichen ihres Wohlstands im 13. Jh. errichten und mit einer Doppelturmanlage versehen ließen. Auffällig ist, dass den 102 m hohen südlicheren der beiden Türme ein Kupferhelm schmückt, der nördlichere dagegen besitzt nur ein Flachdach – die bei einem Brand im Jahr 1662 zerstörte Haube wurde nicht wieder aufgebaut.

Kostbare Kirchenschätze

Interessant ist im Inneren vor allem der Barockaltar von Andreas Schlüter mit dem Schnitzrelief *Das Auge Gottes* und einer Darstellung des Abendmahls. Die astronomische Uhr von1394 auf der Rückseite des Hochaltars gilt als die älteste ihrer Art weltweit. Auf dem Ziffernblatt können Sie die Stellung von Sonne, Mond und Fixsternen sowie die Tageszeit ablesen. Auch das barocke Taufgehäuse von Elias Keßler beeindruckt: Die Ornamente an den Ecken stehen für Glaube, Liebe, Hoffnung und Geduld. Auf dem Baldachin ist Johannes der Täufer abgebildet.

Seit 1971 wird die Kirche restauriert und instand gesetzt. Heute erstrahlt das Mittelschiff wieder in der reichen Architekturfarbigkeit von 1350. Von 2003 bis 2006 wurde die bedeutende Orgel des Berliner Orgelbauers C. A. Buchholz von 1841 komplett auf den Originalzustand mit mechanischer Traktur zurückgeführt und restauriert.

Häuser mit uralten Backsteingiebeln

Das **älteste Haus der Stadt** steht in der Mühlenstraße, fast direkt am Alten Markt. Es stammt aus dem späten 13. Jahrhundert. Vor allem der imposante Pfeilergiebel, einer der ältesten erhaltenen Giebel der Backsteingotik, beeindruckt. 2003 wurde das Haus nach jahrzehntelangem Leerstand umfassend saniert. Erhalten blieben ein Backofen aus dem 17. Jh. und zwei Längsgalerien in der Diele.

Im Innenhof des Stralsunder Rathauses

Zwei Häuser weiter steht das gotische **Dielenhaus**, ein wunderschönes Backsteingebäude aus dem 15. Jh. mit verziertem Giebel. Es war ein typisches Kaufmannshaus mit breitem Eingang zum bequemen Beliefern mit neuen Waren. Das Haus wird überwiegend für Ausstellungen genutzt – Infos hierzu direkt vor Ort.

KLEINE PAUSE

Den schönsten Blick auf das Rathaus und St. Nikolai haben Sie von der Terrasse des **Goldenen Löwen** (Alter Markt 1, tägl. 10–24, Sommer ab 9 Uhr) aus. Hier gibt es Kaffee in vielerlei Varianten und eine kreative Speisekarte, u. a. mit Fisch- und Wildgerichten.

WULFLAM-HAUS

Gegenüber vom Rathaus steht das prachtvolle Wulflam-Haus aus dem 14. Jahrhundert. Es ist benannt nach den einstigen Besitzern, der Bürgermeisterfamilie Wulflam. Auch hier ziert ein wunderschöner Giebel das schmale Backsteinhaus. Die Ornamente ähneln denen in der Schmuckwand des Rathauses. Im Erdgeschoss ist heute ein altdeutsches Gasthaus untergebracht, die Wulflamstuben (► 156). Auch wenn Sie dort nichts essen möchten, lohnt sich ein Blick in die hofartige Diele des Hauses. So wie hier sah es früher in den meisten Häusern der Hansestädte aus.

---

190 B4

St. Nikolai
Alter Markt 03831 29 71 99; www.nikolai-stralsund.de April u. Okt. Mo–Sa 10–18, So 12–16, Mai u. Sept. Mo–Sa 9–18, So 12–16, Juni–Aug. Mo–Sa 9–19, So 12–16, Nov.–März Mo–Sa 10–16, So 13–16 Uhr 2 €

Dielenhaus
Mühlenstr. 3 03831 25 36 17 März–Dez. tägl. 10–17 Uhr frei

BAEDEKER TIPP

In der St.-Nikolai-Kirche finden vor allem in den Sommermonaten Konzerte statt, von Chorauftritten über Orgelwerke bis zu klassischen Konzerten. Genauere Informationen erteilt die Gemeindeverwaltung (Tel. 03831 29 22 86, www.nikolai-stralsund.de).

8 Meeresmuseum · Ozeaneum · Nautineum

In keiner anderen Stadt in Deutschland können Sie so viel über die Meere und ihre Bewohner erfahren wie in Stralsund. Gleich drei Museen befassen sich mit der Wissenschaft der Ozeane.

Nur einer von vielen Hinguckern im Meeresmuseum: das 15 m lange Skelett eines Finnwals

Am ältesten ist das 3500 m² große **Meeresmuseum** im ehemaligen Dominikanerkloster St. Katharinen. Neben einer Fischereiausstellung mit Modellen der verschiedenartigsten Fangflotten und -schiffe präsentiert es die Bewohner von Nord- und Ostsee, Mittelmeer und Tropischem Ozean. Seine preisgekrönte Arbeit insbesondere für Jugendliche und Kinder macht das Museum zum Publikumsmagneten. Interessant ist etwa die Meeresbodendarstellung des Atlantiks im Erdgeschoss: ein großes Gebirge mit tiefen Tälern, die Inseln der Azoren schauen als Wipfel heraus.

Highlights des Meeresmuseums

Absolut einzigartig in Deutschland ist das 350 000 l fassende **Schildkrötenaquarium**, in dem verschiedene Suppen- und Karettschildkröten leben. Die knapp 1 m langen Tiere scheinen in dem als Korallenriff gestalteten, 4 m tiefen Wasserbecken zu schweben. Beheimatet sind Suppenschildkröten in warmen Gewässern, u. a. im Pazifik, Atlantik und im Mittelmeer. Karettschildkröten leben in der Karibik und im Indischen Ozean. Die riesige präparierte Lederschildkröte im 2. Obergeschoss wurde 1965 lebend vor Stralsund

Gotteslachs und Mondfisch unter gotischen Bögen

gefangen. Sie ist die Einzige dieser Art, die jemals in der Ostsee gesichtet wurde. Auch die präparierte Riesenkrake und die Japanische Riesenkrabbe sind beeindruckend. Die Krabbe mit ihren bis zu 3 m langen spinnenartigen Beinen lässt selbst nervenstarken Menschen einen Schauder über den Rücken laufen. Ein 15 m langes Finnwal-Skelett und ein 5 m hohes Korallenriff aus dem Roten Meer sind weitere Attraktionen und in einer eigenen Abteilung zeigen zahlreiche **Aquarien** Fische aus den Tropen und dem Mittelmeer. Schauen Sie sich vor allem die putzigen Seepferdchen und natürlich die Kraken an.

Sehenswert ist auch die **Architektur** des ehemaligen Klosters, dessen Gebäude seit der Reformation weltlich genutzt werden, einst u. a. als Gymnasium und Waisenhaus. Unter gotischen Bögen führt Sie die Ausstellung durch über 750 Jahre alte Hallen und Gänge. Im Katharinenkloster befindet sich auch das Kulturhistorische Museum (► 152).

Ozeaneum

Ein Meereskundemuseum der Superlative ist 2008 auf der Hafeninsel entstanden. Sie können auf einer Fläche von 8700 m² die Unterwasserwelt der Nord- und Ostsee und des nordatlantischen Polarmeers erleben. Das größte Aquarium, ein Schwarmfischbecken, fasst 2,6 Mio. l Wasser! Tausende Heringe und Makrelen ziehen an den Besuchern vorbei. Im Nordseeaquarium werden die Lebensräume der Nordsee, des Nordatlantiks und des Polarmeers präsentiert. Helgoland ist ein Tunnelaquarium gewidmet, in dem neben Tangfeldern auch Taschenkrebse und Riesenkrabben zu sehen sind. Weiterer Höhepunkt ist ein Gezeitenbecken, das im 30-Minuten-Takt Ebbe und Flut simuliert. Eines der weltweit längsten Korallenriffe – länger als das Great Barrier Reef – liegt in den Gewässern des Atlantiks und erstreckt sich von Norwegen bis Marokko: Seine Tiefseekorallen werden im Ozeaneum ebenfalls präsentiert.

Nautineum Dänholm

Die Außenstelle des Meeresmuseums auf der Halbinsel Dänholm, bis mind. 2017 geschlossen, informiert über

Ausstellungshalle »Riesen der Meere« im Ozeaneum

Meeresforschung, Fischerei, Walfang und Seezeichen. Hier befindet sich auch das begehbare 14 m lange **Unterwasserlabor Helgoland**, ein Meilenstein deutscher Meeresforschungstechnik. In der **Bootshalle** sind historische Kutter und Arbeitsboote sowie Fanggeräte zu sehen.

GORCH FOCK 1

Seit 2004 liegt die über 70 Jahre alte Gorch Fock 1 im Hafen von Stralsund. Der Dreimaster ist ein Vorgänger des Bundesmarine-Schulschiffs Gorch Fock. Bei der Besichtigung besonders interessant sind die Offiziersunterkünfte, Kombüse und Kapitänssalon (190 C4, An der Fährbrücke, April–Okt. tägl. 10–18, Nov.–März 10–16 Uhr, Eintritt 4,90 €).

KLEINE PAUSE

Das modern eingerichtete Selbstbedienungsrestaurant **Tartaruga** im Meeresmuseum direkt am Rand des Schildkrötenbassins sorgt für eine entspannte Rast nach dem Museumsbesuch.

Meeresmuseum

190 A3 Katharinenberg 14/20 03831 2 65 02 10; www.meeresmuseum.de Juni–Okt. tägl. 10–17, Nov.–Mai Di–So 10–17 Uhr 10 €

Ozeaneum

190 C4 Hafenstraße 11 03831 2 65 06 10; www.ozeaneum.de Juni–Sept. tägl. 9.30–20, Okt.–Mai tägl. 9.30–18 Uhr 17 €

Nautineum Dänholm

186 C2 Dänholm-Süd 03831 28 80 10 bis mind. 2017 geschl. Bus 2, Haltestelle Dänholm frei

BAEDEKER TIPP

- Montags, mittwochs und freitags können Sie im Meeresmuseum immer um 13 Uhr **Fütterungen** von Schildkröten, dienstags und freitags um 14 Uhr Fütterungen von Haien beiwohnen.
- Das Meeresmuseum bietet ein buntes Programm verschiedener **Führungen** an: Jeden Donnerstag um 11 Uhr findet z. B. eine kommentierte Tauchshow bei den Meeresschildkröten statt. Weitere Infos gibt es auf der Internetseite des Museums.
- Preisgekrönt ist das **Programm für Kids** mit Mitmachangeboten, Rallyes, Quizbögen und Arbeitsblättern (www.kindermeer.de).

53 St. Marien

104 m ragt der mächtige Kirchturm über der Stadt auf. Auch innen imponiert die Kirche durch ihre Größe: Mit 96 m Länge, 41 m Breite und 33 m Höhe im Mittelschiff ist sie die größte Backsteinkirche im Ostseeraum. Von der Aussichtsplattform haben Sie einen tollen Blick über die Stadt.

Schriftlich erwähnt wurde St. Marien erstmals 1298. In ihrer jetzigen Form existiert die Kirche aber erst seit 1478, da das alte Gebäude unter seinem eingestürzten Turm begraben wurde. Über 90 Jahre lang bauten die Stralsunder damals am neuen Gotteshaus! Der Turm hatte bis zu einem Brand durch Blitzeinschlag 1641 sogar eine Höhe von 151 m. Die barocke Turmhaube in der heutigen Höhe stammt von 1708.

Beeindruckend ist auch die Weite des Kirchenschiffs – zumal selbst bei bewölktem Himmel so viel Licht durch die vielen jeweils 105–115 m² großen Fenster einstrahlt, dass es innen taghell ist. Die Schätze der Kirche können Sie auf diese Weise in ihrer ganzen Schönheit betrachten.

Schätze im Inneren

Besonders beeindruckend ist die imposante **Barockorgel** mit den riesigen Herolden und Engeln, die über dem Kirchenschiff thront. Jede Figur ist ca. 2 m groß! Erbaut wurde das gewaltige Instrument 1653–1659 von Friedrich Stellwagen, einem damals berühmten Orgelbauer. Rund 3500 Pfeifen sorgen für den richtigen Klang, die größte Pfeife misst 10 m, die kleinste gerade einmal 1 cm. Das aufwendig restaurierte Instrument ist die größte Mitte des 17. Jhs. gebaute Orgel, die in Europa heute noch besteht.

Ein weiteres Highlight ist der **Marienkrönungsaltar** aus dem 15. Jahrhundert. Er stammt ursprünglich aus einer mecklenburgischen Dorfkirche, wurde eingelagert und 1992–1999 restauriert.

Die vier **Kronleuchter** im Mittelschiff stammen aus dem 15./16. Jahrhundert. Den größten ziert ein Pelikan, der sich die Brust aufreißt, um seine Jungen mit seinem Blut zu nähren – Symbol für Jesu Hingabe an die Menschen.

Der Flügelaltar erstrahlt in goldfarbenem Glanz

St. Marien in Stralsund: ein Meisterwerk der Backsteingotik

Interessant sind auch die **Grabkapellen** und **Wandmalereien** in den Seitenschiffen. Viele Bildnisse stammen aus dem 15. Jahrhundert. Am nördlichen Chorumgang befindet sich die 1659 angelegte Begräbniskapelle des Grafen Küssow, nebenan die Bruderschaftskapelle, die einst als Sakristei diente und heute als Winterkirche der Gemeinde genutzt wird. Betrachten Sie die Malerei an der Gewölbedecke: ein schreiender Mann, dessen Mund als Öffnung in die Mauer eingemeißelt wurde.

Ein paar Schritte weiter, sozusagen am Bug des Kirchenschiffs, sehen Sie das einzige Buntglasfenster der Kirche; es wurde erst 1913 eingesetzt. Wenn Sie um den Marienaltar herumgehen, gelangen Sie zum Grabmal des schwedischen Grafen Lilljenstedt. Es gilt als bedeutendstes Marmorbildnis der Barockzeit in Pommern.

KLEINE PAUSE

In der **Brasserie** (Neuer Markt 2, tägl. ab 9 Uhr) am Neuen Markt können Sie bei Kaffee, Salaten und Tagesgerichten angenehm verweilen. Flinker Service, moderate Preise und schöner Hofgarten.

---

190 A2 Neuer Markt 03831 29 89 65 April–Okt. tägl. 9–18, Nov.–März Mo–Fr 10–12, 14–16, Sa–So 10–12 Uhr Kirche: frei; Turm: 4 €

BAEDEKER TIPP

- Die Turmhalle dient regelmäßig als Ausstellungsraum. Jedes Jahr im Herbst finden die Friedrich-Stellwagen-Orgeltage statt. Infos und Termine unter www.st-mariengemeinde-stralsund.de.
- Alle 14 Tage wird von Juni bis September mittwochabends um 20 Uhr ein **Orgelkonzert** (8 €) gegeben (www.stellwagen.de).

Nach Lust und Laune!

54 Schill-Gedenkanlage
Ein erfolgloser, aber tapferer Kämpfer war Ferdinand Baptista von Schill, der die Stadt 1809 aus den Fängen der Truppen Napoleons befreien wollte und dabei starb. Der kleine Park mit Denkmal (1909) ganz in der Nähe des Kniepertors eignet sich ideal für ein Mittagspäuschen auf der Parkbank. Herrlich ist der Blick aufs Wasser des Strelasunds. Eine **Schill-Gedenkplatte** befindet sich übrigens an der Stelle vor dem Haus in der Fährstraße 21, wo der Held der Stadt niedergeschossen wurde.

190 B5 Knieperwall

55 Stadtbefestigung mit Knieper- und Kütertor
Eine beeindruckende Stadtmauer und zwei Stadttore zeigen noch, wo die Stadt früher ihre Grenzen hatte. Das **Kniepertor** im Norden wurde 1293 erstmals schriftlich erwähnt. Ein Gedenkstein im Durchgang soll an den Mitkämpfer Schills erinnern, Gustav von Peterson, der hier von Napoleons Soldaten erschossen wurde. Am nördlichen Ausgang des Stadttors steht am Olof-Palme-Platz das 1916 eröffnete Stadttheater (➤ 158). Das gut erhaltene **Kütertor** aus dem 15. Jh. bildet das Ende der Heilgeiststraße.

190 A/B 3–4

56 Johanniskloster
Nur noch eine bewachsene Ruine ist übrig geblieben von der Kirche des Franziskanerklosters aus dem 13. Jahrhundert. Hier finden im Sommer häufig Freilichtkonzerte statt. Die Nachbildung einer Pietà des Bildhauers Ernst Barlach und ein hübscher Rosengarten gehören zur Anlage. Im Klausurgebäude ist das Stralsunder Stadtarchiv

Das Kütertor im Westen der Altstadt

Stralsunds drittes großes Gotteshaus: St. Jakobi

(derzeit geschl.) untergebracht. Es verfügt über eine fast lückenlose Dokumentation der Stadtgeschichte und der Hanse seit dem 13. Jahrhundert. Die kleinen restaurierten Fachwerkhäuschen, einst Wohn- und Wirtschaftsgebäude der Mönche, werden heute privat genutzt. Unbedingt anschauen sollten Sie sich die prachtvolle Barockbibliothek des Klosters im Klausurgebäude, in deren Besitz sich rund 1 Mio. Bände befinden! Bemerkenswert ist der sogenannte Räucherboden. Hier endeten die Schornsteine aus den Räumen darunter und verräucherten den Dachstuhl, der auf diese Weise konserviert wurde; er kann besichtigt werden.

Stadtarchiv Stralsund
190 B5 Am Johanniskloster 35
03831 25 36 40; http://stadtarchiv.stralsund.de, geschl. bis Ende 2017

57 St. Jakobi

Die jüngste der drei großen Pfarrkirchen Stralsunds entstand zu Beginn des 14. Jhs. zwischen Alt- und Neustadt. Ein Blitzschlag 1662 und der Zweite Weltkrieg hinterließen starke Beschädigungen. Derzeit wird das Gotteshaus umfassend restauriert und dient als Kulturkirche; es finden regelmäßig Konzerte, Lesungen und Theater statt, aber kaum Gottesdienste. Ungewöhnlich im Emporenbereich einen Saal, der für Veranstaltungen genutzt werden kann.

190 B3 Jacobiturmstr. 28 a
03831 30 96 96 Termine der Veranstaltungen unter http://kdw-hst.de
frei

ABSEITS DER TOURISTENWEGE

Gehen Sie westlich vom Kniepertor die Schillstraße entlang bis zur Hausnummer 35. Dort, am Ende einer kleinen Passage, können Sie einen Blick auf die Stadtmauer werfen (190 A4). Hier liegt die Stadt rund 5 m höher, weshalb die Bebauung in der Schillstraße mit der Mauerkrone eine Ebene bildet: Darauf stehen sogar Häuser und wachsen Bäume.

58 Heilgeistkloster

Ein so schön restaurierter Spitalkomplex ist selten: Kleine, ein- und zweistöckige Reihenhäuschen vermitteln ein dörfliches Idyll, in dem sich heute unter Stralsundern begehrte Wohnungen befinden. Besonders der Kirchgang, der die Anlage mit der Heilgeistkirche verbindet, ist ein exotischer Wohnort. Ein Kloster gab es hier noch nie, stattdessen diente die Anlage, erstmals erwähnt im 13. Jh., als Hospital. Interessant ist, dass die Heilgeistkirche aus dem 15. Jh. auf der Ostseite in Höhe der Empore Türen zum Kirchgang hat. Hier wurden früher die unheilbar Kranken, die im Spital gepflegt wurden, in die Kirche gebracht.

Das Kulturhistorische Museum hat im Katharinenkloster eine Bleibe gefunden

190 D3 Wasserstr. 03831 29 04 46 die Anlage ist jederzeit zugänglich, die Kirche nur im Juli u. Aug. Mo–Sa 10–12 u. 15–17 Uhr, sonst nach tel. Vereinbarung frei

59 Schiffer-Compagnie

Die Schiffer-Compagnie ist seit 1488 ein Traditionsverein für Seefahrer. Sie wurde von den Seeleuten einst gegründet, um der Allmacht der Kaufleute etwas entgegenzusetzen, und ist seit 1635 in der Frankenstraße beheimatet. Hier treffen sich Stralsunds »Schiffsbrüder«, so die offizielle Bezeichnung der Mitglieder, auch heute noch. Sie tauschen nicht nur Neuigkeiten aus, sondern zeigen auch die Mitbringsel aus aller Welt her, die zum Teil von Besuchern besichtigt werden können. Staunen Sie über alte Seekarten, Schiffsglocken und -modelle im großen Saal. Der ganze Stolz der Compagnie ist das 3 m lange und 2 m hohe Modellschiff *Prinz Carl*. Die Bruderschaftsmitglieder legen Wert darauf, kein Museum zu sein, sondern ein aktiver Verein, der seine historischen Schätze auf Anfrage der Öffentlichkeit präsentiert. Wenn draußen über dem Eingang die Compagnie-Flagge weht, tagen die Brüder.

190 B2/3 Frankenstr. 9 03831 29 85 10; www.schiffer-compagnie.de, Mo–Fr 10–17 Uhr frei, Spenden erwünscht

60 Kulturhistorisches Museum

Direkt neben dem Meeresmuseum (► 145) ist im Katharinenkloster eine Ausstellung zur Geschichte Stralsunds sowie eine der interessantesten Sammlungen zur Ur- und Frühgeschichte Stralsunds und Vorpommerns zu sehen. Hier wird u. a. der berühmte **Hiddenseer Goldschmuck** (► 27) aufbewahrt – gezeigt wird er aber nur als Replik, das kostbare Original liegt im Tresor. Präsentiert werden auch Grabbeigaben aus steinzeitlichen Großsteingräbern, z. B. dem Herzogsgrab (► 85) bei Baabe auf Rügen, mittelalterliche Sakralkunst und Stralsunder Fayencen und Gemälde Alter Meister. Beeindruckend ist der ehemalige Speisesaal der Mönche, eine wunderschöne gotische Säulenhalle mit Kronleuchtern, die u. a. für Konzerte genutzt wird. Zum Museum gehören auch das **Museumshaus** mit bürgerlicher Wohnkultur aus drei Jahrhunderten (Mönchstr. 38) und das **Marinemuseum** auf dem Dänholm.

190 A3 Mönchstr. 25–28 03831 25 36 17; www.stralsund-museum.de Di–So 10–17 Uhr, Führungen nach tel. Vereinbarung 6 €, Verbundkarte 10 €

61 Tierpark

Vor den Toren der Stadt bieten 16 ha Land rund 900 Tieren ein Zuhause. 150 verschiedene Arten und rund 80 Haustierrassen teilen sich das Gelände. Neben Löwen,

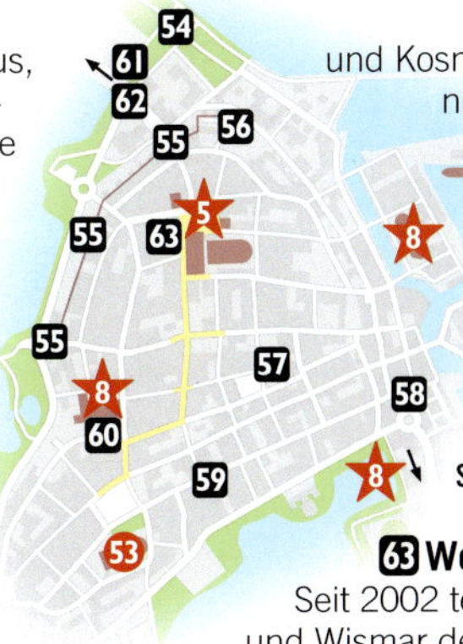

Schimpansen, Kängurus, Braunbären und Papageien gibt es eine ganze Menge Tiere zu sehen, die vom Aussterben bedroht sind, z. B. das Kaukasische Zwergzebu-Rind und das rauwollige Pommersche Landschaf. Auch das Weißbüscheläffchen und eine Herde europäischer Weißer Esel warten auf Besuch. Nach dem Besuch im Tierpark lockt ein Spaziergang im benachbarten **Stadtwald**.

186 B3 Barther Str. 03831 25 34 80 März–Okt. 9–18.30, Nov.–Feb. 10–16 Uhr Bus 3, 4, 6 Haltestelle Strelapark 7 €

62 Hansedom

Eine 2000 m² große, orientalisch anmutende Saunenwelt und die palmenbewachsene Seestern-Therme sind Publikumsmagneten. Besonders an regnerischen Tagen planschen hier ganze Familien in der Wellenlagune, dem Wasserrutschenpark und dem Wildwasserbach. Ruhesuchende zieht es hingegen eher in die zehn verschiedenen Saunen und Dampfbäder oder in die Wellnessoase mit Massageangebot, Aromatherapie und Kosmetikstudio. Entspannung findet hier jeder.

186 B2 Grünhufer Bogen 18–20 03831 3 73 30; www.hansedom.de So–Do 9.30–21, Fr, Sa 9.30–23 Uhr Bus 6 bis Haltestelle Hanse Dom, Bus 3 u. 4 bis Strelapark/Zoo ab 12 €

63 Welterbe-Ausstellung

Seit 2002 teilen sich Stralsund und Wismar den Titel »Weltkulturerbe« für ihr mittelalterliche Stadtensemble. Eine moderne Ausstellung im sanierten **Olthofschen Palais** am Alten Markt informiert in fünf Kabinetten über die beiden Welterbestädte und über das Welterbeprogramm der UNESCO. Besucher können sich auf großen Karten über Welterbestätten in Deutschland und der Welt informieren. Mehrere Filme veranschaulichen die Stadtentstehung und die Bedeutung der historischen Anlage. Und schließlich wird der Frage nachgegangen, wie man heute im Welterbe lebt, wohnt und arbeitet.

190 B4 Ossenreyerstraße 1, 18439 Stralsund 03831 25 23 15; www.stralsund-wismar.de tägl. 10–17 Uhr frei

Ein Hauch Orient in der Saunalandschaft des Erlebnisbads Hansedom

Wohin zum … Übernachten?

Preise
für ein Doppelzimmer pro Nacht Frühstück (in der Hauptsaison deutlich höher):
€ unter 60 € **€€** 60–130 € **€€€** über 130 €

Arcona Hotel Baltic €€–€€€
Vier-Sterne-Haus ganz in der Nähe des Hafens und der historischen Altstadt. Das komplett modernisierte Haus verfügt über 133 Zimmer und fünf Apartments, teilweise mit Blick auf die St.-Marien-Kirche und über den Strelasund auf Rügen. Ein Restaurant sowie eine Lobbybar und ein Freizeitbereich mit Sauna sorgen für das leibliche Wohl. Fahrräder können ausgeliehen werden.
186 C2 Frankendamm 22, 18439 Stralsund 03831 20 40; www.baltic.arcona.de

Hotel am Jungfernstieg €€
36 komfortable Zimmer und drei Suiten (einige mit Blick über den Knieperteich auf die Altstadt) bietet dieses wenige Gehminuten von der Altstadt entfernte Drei-Sterne-Hotel. Für Radtouristen gibt es eine Selbsthilfe-Reparaturwerkstatt, einen Fahrradverleih und einen Fahrradkeller. Radler können sich auch geführten Rundtouren anschließen. Der denkmalgeschützte Jungfernstieg gehört zu den schönsten Straßen Stralsunds.
186 B2 Jungfernstieg 1b, 18437 Stralsund 03831 4 43 80; www.hotel-am-jungfernstieg.de

Hotel An den Bleichen €€
In nächster Nähe zum Stralsunder Stadtwald und nur zehn bis fünfzehn Gehminuten von der Altstadt entfernt gelegen, finden Sie hier nach einem Stadtausflug Ruhe und Entspannung. Neben 24 behaglichen Zimmern mit Dusche und WC gibt es auch eine Sauna und ein Solarium. Von den Zimmern haben Sie einen tollen Blick auf einen schönen Garten mit Obstbäumen und eine weit ausladende Weide. Fahrradverleih.
186 B3 An den Bleichen 45, 18435 Stralsund 03831 39 06 75; www.hotelandenbleichen.de

Kontorhaus €€
Modernes Haus direkt am Hafen. Wer maritimes Flair schätzt, ist hier genau richtig. Von den Zimmern haben Sie einen schönen Blick auf den Sund und die Hafenanlagen. Die Fähre nach Hiddensee legt nicht weit entfernt ab. Viele Schiffe liegen in direkter Sichtweite – sollten Sie also mit dem Schiff anreisen, können Sie Ihre Yacht vom Zimmer aus überwachen. 18 gepflegte Zimmer, darunter 2 stilvoll eingerichtete Panoramasuiten, lassen keine Wünsche offen.
190 bei C3 Am Querkanal 1, 18439 Stralsund 03831 28 98 00; www.kontorhaus-stralsund.de

Pension Zum Brauhaus €
Historisches Fachwerkhaus, das liebevoll restauriert wurde und im Landhausstil gehalten ist. Die Zimmer sind ruhig und gemütlich. Teilweise blicken Sie auf die schön renovierte Brauerei gegenüber, die sich als Kulturbrauerei etabliert hat. Dort wird das selbst gemachte Bier im Braugasthaus Zum Alten Fritz (► 155) angeboten. Die Altstadt ist ca. 2 km entfernt, ein Bus fährt regelmäßig ganz in der Nähe ab.
186 B2 Greifswalder Chaussee 45, 18439 Stralsund 03831 4 59 34 51; www.pension-zum-brauhaus.de

Wohin zum ...
Essen und Trinken?

Preise
für ein Hauptgericht (ohne Getränke):
€ unter 10 € **€€** 10–20 € **€€€** über 20 €

Braugasthaus Zum Alten Fritz €–€€
Verschiedene Biersorten aus eigener Brauerei werden zu deftigen regionalen Speisen gereicht. Der Fisch kommt in Form von Matjes, gebratenem Dorsch und Brathering auf den Tisch. Haxen im Biersud oder Bierkutschersteak vom Schweinenacken sind weitere Spezialitäten. Das Rindfleisch stammt von den ökologisch gehaltenen Tieren des Betreibers. Beheimatet ist das urige Gasthaus in einem hübsch restaurierten Gebäude auf dem Gelände der Stralsunder Brauerei. Schöner Biergarten.
186 B2 Greifswalder Chaussee 84–85, 18439 Stralsund 03831 25 55 00; www.alter-fritz.de tägl. ab 11 Uhr

Café Kelm €
Kleines, gemütliches Café in der Altstadt mit täglich frischen Kuchen und Torten. Auch die Eisbecher sind eine Sünde wert! Spezialität ist der Wallenstein-Eisbecher mit Heidelbeeren und Eierlikör. Vormittags können Sie hier frühstücken, ab mittags gibt es Deftiges wie Ofenkartoffeln oder Omeletts.
190 B3 Böttcherstr. 31, 18439 Stralsund 03831 66 77 90 Mo–Fr 10–19 Uhr, Sa, So 11–18 Uhr

Coffifee Stralsund €
Ausgebildete Baristi hinter dem Tresen dieses Cafés nahe am Alten Markt. Den Kaffee liefert eine kleine Rösterei, die Sorte »Kraftstoff« wird exklusiv für Coffifee hergestellt. In der Buchhandlung »+Buch« (www.plus-buch.de) nebenan findet man Literatur, die man gemütlich beim Kaffee lesen kann.
190 B4 Fährstr. 26, 18439 Stralsund 03831 9 43 60 22; www.coffifee.de Di–Sa 8.30–18, So 13–18 Uhr

Fischbistro Nur Fisch €–€€
Fischbrötchen, Bismarckhering oder gebratenen Dorsch mit Petersilienkartoffeln kommen hier schnell und unkompliziert auf den Tisch. Bestellt wird am Tresen oder am Tisch, der Service ist flink und freundlich und erklärt dem Gast nebenbei, wie der Bismarckhering zu seinem Namen kam: Er ist eine Stralsunder Erfindung und wurde 1871 zu Ehren Bismarcks so benannt, nachdem dieser sein Einverständnis gegeben hatte.
190 A3 Heilgeiststr. 92, 18439 Stralsund 03831 30 66 09 Juni–Sept. Mo–Fr 10–18, Sa 11–16, Okt.–Mai Mo–Fr 10–16, Sa 11–16 Uhr

Fischhalle am Hafen €
Frischer geht's kaum: Wer hier eine gebratene Scholle mit Bratkartoffeln genießt, kann sicher sein, dass der Fisch noch vor Kurzem durch die Ostsee geschwommen ist. Die Karpfen werden natürlich lebend verkauft, auch alle anderen Fische gibt es zum Mitnehmen. Täglich wechselnde Fischgerichte, u. a. auch Austern, werden im Stehen an kleinen Tischchen oder in einer Ecke auf Holzbänken verzehrt. Ein authentischer Ort für Nordlichter und solche, die es gerne wären.
190 D4 Neue Badenstr. 2, 18439 Stralsund 03831 27 83 66 Mai–Okt. Mo–Sa 9–20, So 10–20, Nov.–April. 9–18 Uhr

Hansekeller im Haus des Handwerks €–€€

Im historischen Backsteingewölbe aus dem 16. Jh. geht es recht zünftig und meeresnah zu. Es gibt Matjesvarianten, frisch gebackenen Hering, gebratenen Dorsch und Wildschweingulasch. Da der riesige Keller ganz in der Nähe des Meeresmuseums liegt, kehren hier viele Touristen ein. Aber auch Einheimische lassen es sich gerne schmecken.

190 A3 Mönchstr. 48, 18439 Stralsund 03831 70 38 40; www.hansekeller-stralsund.de tägl. 11–24 Uhr

Kurhaus Devin €

Ein wunderschöner Speisesaal von der vorletzten Jahrhundertwende und ein großer Biergarten machen das Restaurant zum schönen Ausflugsziel im Süden Stralsunds. Das Kurhaus Devin ist in der Nähe des Boddenstrands gelegen – so können Sie eine Einkehr mit einem Bad im Strelasund verbinden. Die Küche orientiert sich regional, das bedeutet, es kommen vor allem gutbürgerliche Fisch- und Fleischgerichte auf den Tisch.

186 C1 Deviner Park 1, 18439 Stralsund 03831 6 67 63; www.kurhaus-devin.de tägl. ab 11.30–ca. 22 Uhr

Speicher 8 €€–€€€

Im denkmalgeschützten Türmchenspeicher im speichertypischen Backsteingewand sitzen Sie mit gutem Blick auf den Großsegler Gorch Fock 1 am Strelasund und genießen moderne internationale Gerichte aus der offenen Küche. Küchenchef Peter Fleisch arbeitet mit einer Mischung aus regionalen und mediterranen Zutaten, auf der Karte stehen Filet vom Adlerfisch, gebratener Lammlachs und Carpaccio von Rind oder Reh. Jeden Dienstag ist Sushi-Abend (ab 17 Uhr).

190 D4 Hafenstr. 8, 18439 Stralsund 03831 2 88 28 98; www.speicher8.de tägl. 10–23.30 Uhr

Wirtshaus Wallensteinkeller €–€€

Uriges Restaurant mit üppigen Portionen: Die Wallensteinplatte u. a. mit Haxe, einem halben Hähnchen, Kassler, Pellkartoffeln, Bratkartoffeln, Sauerkraut und Rotkohl macht locker zwei bis drei Personen satt.

190 A4 Mühlenstr. 22, 18439 Stralsund 03831 66 79 22; www.wallensteinkeller-stralsund.de tägl. 17–22 Uhr

Wulflamstuben €–€€

Direkt am Alten Markt lädt Sie im Wulflam-Haus (► 144) dieses Traditionsrestaurant dazu ein, alte pommersche Gerichte zu probieren. Neben Fisch stehen auch deftige Fleischgerichte wie Steaks oder Lammkoteletts auf der Karte sowie Salate. Im Sommer kann man das historische Ambiente im Freien genießen.

190 B4 Alter Markt 5, 18439 Stralsund 03831 29 15 33; www.wulflamstuben.de tägl. ab 11.30 Uhr

Zum Scheele €€–€€€

Inmitten des historischen Gebäudeensembles des Hotels Scheelehof liegt dieses Restaurant mit seinen Backsteinwänden und alter Holzdecke. Im Sommer kann man auf der Terrasse im Innenhof speisen. Die Küche bietet Regionales und Internationales, der Kaffee danach kommt aus eigener Röstung.

190 C4 Fährstr. 23–25, 18439 Stralsund 03831 2 83 31 12; www.scheelehof.de tägl. 12–23 Uhr

Zur Fähre €

Eine der ältesten Hafenkneipen Europas ist in Stralsund beheimatet. Bis ins Jahr 1332 reichen die Wurzeln dieser altehrwürdigen Schänke zurück. Urige Atmosphäre mit Holzbalken und unverputzten Wänden. Verkauf von regionalen Produkten, z. B. speziellen Bieren und Schnäpsen.

190 C4 Fährstr. 17, 18439 Stralsund 03831 29 71 96; www.zurfaehre-kneipe.de tägl. ab 18 Uhr

Wohin zum ... Einkaufen?

DIES UND DAS

Haupteinkaufsstraßen in der Altstadt sind die Fußgängerzonen Apollonienmarkt und Ossenreyerstraße. Hier finden Sie die bekannten Ketten, aber auch verschiedene Einzelhandelsgeschäfte. Direkt am Neuen Markt befindet sich eine **Postfiliale** (Mo–Fr 9–18, Sa 9–12 Uhr).

Jeden Dienstag und Freitag von 7.30 bis 15 Uhr gibt es auf dem Neuen Markt vor St. Marien einen **Wochenmarkt**. Bauern aus der Region verkaufen frisches Obst und Gemüse; im Sommer kann man auch Kunsthandwerk direkt von den Produzenten erwerben.

Schiffszubehör verkauft der **Hafenshop Yacht- und Schiffsausrüster** (Badenstr. 36, Tel. 03831 29 27 63, Mo–Fr 10–18, Sa 10–16 Uhr). Neben Seekarten, Hafenbüchern, Schwimmwesten und Segelschuhen bekommen Sie hier auch alles andere, was der Hobbyseefahrer zum Leben braucht.

SOUVENIRS

Typische Mitbringsel aus Stralsund wie eine Ratsherrenkette oder ein Skatblatt mit Stralsunder Persönlichkeiten, Schlüsselanhänger u. a. bekommen Sie im Shop der **Stralsund-Touristinformation** (Alter Markt 9, 18439 Stralsund, Tel. 03831 24 69-0, www.stralsund tourismus. de, Nov.–April Mo–Fr 10–17, Sa 10–14, Mai–Okt. Mo–Fr 10–18, Sa 10–16, So 10–14 Uhr).

Ungewöhnliche Keramik wird in der Fährstr. 27 angeboten. Der hübsche Laden (Tel. 03831 28 17 16, Mo–Fr 9–18, Sa bis 12 Uhr) ist in einem denkmalgeschützten Haus untergebracht. Hier können Sie sich beim Stöbern Zeit lassen und mit der freundlichen Besitzerin einen kleinen Schwatz halten. Sie erzählt gerne manche Neuigkeit aus der Stadt.

Beim **Marinemaler Frank Möller** (Carl-Ludwig-Schleich-Str. 16., Tel. 03831 94 71 38, Mo–Fr 10–12 u. 14–17 Uhr oder nach tel. Vereinbarung, www.marinemaler-moeller.de) können Sie Bilder auf Bestellung malen lassen. Gern lässt sich der Künstler in seinem galerieartigen Atelier bei der Arbeit zuschauen. Meistens bekommt er Aufträge von großen Reedereien, um neue Containerschiffe auf Seelandschaften zu verewigen. Auftragswerke kosten je nach Aufwand ab 50 €.

Modernen Schmuck, Keramik und Bilder bekommen Sie in der **HanseGalerie** (Alter Markt, im Rathaus, Tel. 03831 29 28 89, Mo–Fr 11–18, Sa bis 14 Uhr, www.hanse-galerie-stralsund.de).

Sogenannte Kranichkeramik stellt die **Werkstatt Weber** (Knieperwall 1 c, Tel. 03831 39 14 55, Mo–Fr 10–13 u. 14–18, Sa 10–13 Uhr, www.werkstattgalerie-weber. de) nahe dem Kütertor her. Auf fast allen Töpferwaren finden sich die Silhouetten der Vögel, die 15 km nördlich von Stralsund in Groß Mohrdorf (► 158) ihr großes Rastgebiet haben. Individuelle Töpferwaren werden auf Bestellung angefertigt und zu Ihnen nach Hause geschickt. Außerdem gibt es im Werkstattladen auch originelle Stralsund-Souvenirs, etwa Teelichter mit den Giebeln der Hansestadt.

Die mehr als 800 Jahre alte Brautradition der Stadt ist in der **Brauerei Störtebeker** (Greifswalder Chaussee 84-85, Tel. 03831 25 50, Führungen tägl. 14 Uhr, Sommer häufiger, www.stoertebeker.com, Führung 11,50 €) lebendig, wo man nicht nur bei der Produktion zuschauen, sondern auch diverse Spezialitäten wie Whisky-Bier oder Atlantik-Ale mitnehmen kann.

Wohin zum ... Ausgehen?

IN DER UMGEBUNG

Beobachten Sie die **Kranichrast in Groß Mohrdorf**, 15 km nördlich von Stralsund. Rund 40 000 Vögel pausieren dort alljährlich im Frühjahr und Herbst, um sich für den Weiterflug gen Norden oder Süden zu wappnen. Es ist ein Erlebnis, wenn die Kraniche gegen Abend zu ihren Schlafplätzen einfliegen. Verschiedene Beobachtungstürme ermöglichen den Blick auf die Tiere aus nächster Nähe. Ein **Kranich-Informationszentrum** (Lindenstr. 27, 18445 Groß Mohrdorf, Tel. 038323 8 05 40, www.kraniche.de, Juni, Juli u. Nov. Mo–Fr 10–16, Aug. tägl. 10–16.30, Sept. u. Okt. tägl. 9.30–17.30, März–Mai tägl. 10–16 Uhr, Eintritt frei) informiert über Lebensgewohnheiten, Überwinterung und Brut.

SCHIFFSAUSFLÜGE

Bis zu viermal täglich legen Schiffe zu **Hafenrundfahrten** ab. Die Tour von **Fahrgastschifffahrt Hübner** (An de Bäk 33, 18375 Born, Tel. 0173 6 11 20 90, www.hafenrundfahrten-stralsund.de, ab Mitte Mai–Mitte Okt. 11, 13, 15 und 16.30, sonst 12 u. 14 Uhr, Nov-April geschl., Ticket 9 €) führt u. a. am Segelschiff Gorch Fock 1 und dem Kanonenbootschuppen der preußischen Marine vorbei. Immer wieder bieten sich schöne Blicke auf die Hansestadt. Direkt neben dem Anleger für Hafenrundfahrten legt auch das **Schiff nach Hiddensee** (Reederei Hiddensee, ➤ 33) ab, während der Sommersaison täglich; zudem können Sie dort auch die teureren Wassertaxis nach Hiddensee buchen.

STADTFÜHRUNGEN

Führungen organisiert die **Tourismusinformation Stralsund** (Alter Markt 9, Tel. 03831 24 69-0, www.stralsundtourismus.de) während der Sommersaison in vielfältiger Form. Es gibt u. a. Mittelalterführungen mit einem als Torwächter verkleideten Guide, Erkundungstouren zur Hanse- und Schwedenzeit sowie Führungen mit einer »Kaufmannsfrau«, die aus dem Nähkästchen plaudert; die Themen variieren täglich (ab 8 €). Auch ein Audio-Guide zu 25 der wichtigsten Sehenswürdigkeiten kann ausgeliehen werden (Ausweis nötig, 7 €).

Sollten Sie nicht so gut zu Fuß sein, bietet sich eine Rundfahrt mit der **Hanse-Bahn** an (Tel. 03831 49 03 72, März–Nov. Mo–Do 11–16.30, Fr, Sa 11–14.30 Uhr). Während der 45-minütigen Tour erklärt der Fahrer die wichtigsten Gebäude der Altstadt. Abfahrt ist am Neuen Markt bei St. Marien.

NACHTLEBEN

Leckere Cocktails zu angesagter Musik können Sie im **Studentenkeller 8cht Vorne** im Keller des Restaurant Fisherman's (An der Fährbrücke 3, Tel. 03831 28 18 88, Sa, So ab 20 Uhr) am Hafen genießen. In Sichtweite liegt die beliebte Hafenkneipe **Klabautermann** (Querkanal 2, Tel. 03831 29 36 28, Mai–Okt. Di–So 12–23 Uhr).

Oper, Ballett und Theater werden im **Theater Vorpommern** (Olof-Palme-Platz 6, Tel. 03831 26 40, www.theater-vorpommern.de) aufgeführt. Unter einem Dach gelegen, bilden die beiden Veranstaltungsorte **Werkstatt Stralsund und Zum Goldenen Anker** einen wilden Mix aus Bar, Club, Rock- und Elektroschuppen und Biergarten (An der Fährbrücke 5, Werkstatt Fr/Sa ab 22, Anker Mi–Sa ab 18 Uhr, Tel. 03831 28 05 45, www.anker-werkstatt.de).

Spaziergänge & Touren

1 VON BINZ NACH SELLIN UND ZURÜCK

Wanderung und Bahnfahrt

LÄNGE: 14 km
DAUER: 5–8 Stunden, je nach Dauer der Pausen zwischendurch
START/ZIEL: Seebrücke an der Binzer Strandpromenade 189 D4

Prachtvolle Bäderarchitektur in Sellin

Diese Wanderung führt durch einen der schönsten Wälder Rügens. Entlang der Steilküste gehen Sie durch dichten Buchen- und Nadelwald, entdecken Moore und einen verwunschenen See. Vom Selliner Strand geht es mit dem *Rasenden Roland* weiter zum Schloss Granitz.

1–2

Schauen Sie an der Binzer Seebrücke gen Süden. Dort sehen Sie schon, rund 600 m entfernt, das baumbestandende Hochufer des **Naturschutzgebiets Granitz**, durch das Ihr Weg nach Sellin führt. Folgen Sie der Strandpromenade immer in diese Richtung. Schauen Sie sich unterwegs das hübsche **Strandwärterhäuschen** des DDR-Architekten Ulrich Müther an. Ein paar Meter weiter können Sie in der **Fischräucherei** Proviant für ein Picknick unterwegs einkaufen. Am Ende der Promenade beginnt das Steilufer. Eine recht steile **Holztreppe** führt hinauf zum Wanderweg nach Sellin (► 75).

2–3

An der Wegkreuzung folgen Sie links dem Wanderweg. Hier sind im Sommer auch zahlreiche Fahrradfahrer unterwegs – erschrecken Sie also nicht, wenn es hinter Ihnen plötzlich klingelt. Der gelb markierte Wanderweg führt durch dichten Buchenwald und geht hügelig bergauf und bergab bis zur **Kreuzeiche**, einem Wahrzeichen der Granitz.

An der Kreuzeiche führt der Weg schräg links weiter. Folgen Sie nun dem Wanderweg Richtung **Schwarzer See**, einem wunderschönen idyllischen Ort. Ein Abzweig auf der rechten Seite führt Sie zum rund 100 m entfernten See. Wenn die Insekten Sie nicht zu sehr piesacken, können Sie hier ein schönes Picknick machen.

3–4

Gehen Sie den Weg am See vorbei immer weiter geradeaus. Der Weg wird jetzt etwas lichter und führt an Brachen vorbei, auf denen Sie mit ein bisschen Glück Rehe beobachten können. Bald gelangen Sie wieder zum Hauptweg nach Sellin. Folgen Sie der gelben Wegmarkierung bis zur **Gnadenkirche** von

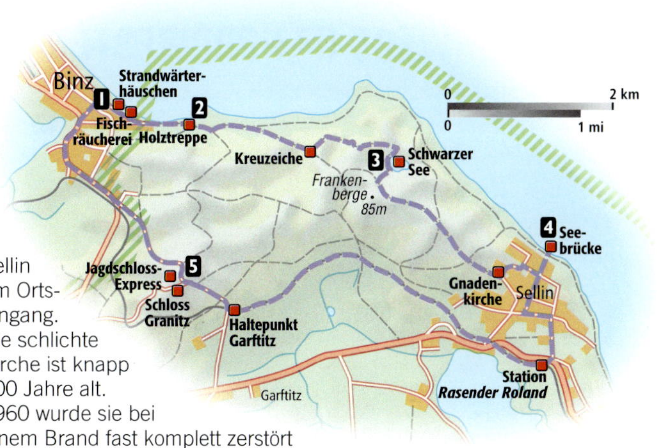

Sellin am Ortseingang. Die schlichte Kirche ist knapp 100 Jahre alt. 1960 wurde sie bei einem Brand fast komplett zerstört und 1965 wieder neu geweiht.

Wenn Sie hinter der Kirche an der nächsten Straßenkreuzung links gehen, kommen Sie zum Parkplatz an der Selliner Kurverwaltung (► 77). Dort geht es rechts weiter die Warmbadstraße entlang bis zur Wilhelmstraße, dem Prachtboulevard Sellins mit vielen Villen im Stil der traditionellen Bäderarchitektur. Folgen Sie der Wilhelmstraße linkerhand – nach rund 300 m stehen Sie am Steilufer und sehen die **Seebrücke** vor sich. Genießen Sie eine Rast am Strand, bevor Sie den Weg zur Station des *Rasenden Rolands* antreten.

4–5

Gehen Sie die Wilhelmstraße immer geradeaus bis zu deren Ende. Dort biegen Sie links in die Granitzer Straße ein. An der Ostbahnstraße geht es rechts. Nach rund 300 m sehen Sie schon die Kleinbahnstation auf der rechten Seite. Kaufen Sie sich ein Ticket und fahren Sie mit dem ***Rasenden Roland*** (Fahrplan-Info: Tel. 038301 88 40 12) Richtung Putbus eine Station bis Garftitz. Gehen Sie über den Bahnübergang und folgen Sie dem ausgeschilderten Weg zum **Schloss Granitz** (► 78). Der Aufstieg ist steil, wird aber mit einem herrlichen Ausblick vom Schlossturm belohnt.

5–1

Für den Rückweg bietet sich eine Tour mit dem ***Jagdschloss-Express*** an. Er fährt Sie in rund 40 Minuten vom Schloss direkt bis zur Binzer Strandpromenade zurück.

Die Schmalspurbahn *Rasender Roland* bringt Sie zum Schloss Granitz

KLEINE PAUSE

Im Restaurant **Kleinbahnhof** (Sellin an der B 196, Nr. 3, tägl. ab 12 Uhr), das im Stil historischer Züge eingerichtet ist, haben die Gäste die Qual der Wahl zwischen einem Tisch mit hölzernen Sitzbänken und einer eleganten Sitzgruppe wie in einem Salonwagen. Die Gerichte mit regionalem Schwerpunkt sind gut und preisgünstig. Ideal mit Kindern.

2 UNTERWEGS IM NORDWESTEN

Rundfahrt mit Spaziergängen

LÄNGE: ca. 70 km
DAUER: 4–5 Stunden
START/ZIEL: Bergen 188 B5

Rügens nördliche Boddenküste hat ihren ganz eigenen Reiz: kleine Dörfer, Hügelgräber und endlose Weiden am schilfbewachsenen Ufer. Von Bergen über Ralswiek führt der Weg zum Liddower Haken, nach Lebbin und weiter zum Stolper Haken – unterwegs gibt es immer wieder wunderbare Aussichten.

1–2

Von Bergen (➤ 101) geht es auf der B 96 gen Norden. Nach rund 6 km kommt links der Abzweig nach **Ralswiek** (➤ 110). Schauen Sie sich den Ort mit dem Schloss, der Schwedenkirche und der berühmten Freilichtbühne an.

2–3

Fahren Sie weiter auf der Landstraße Richtung **Patzig**. Dort steht rechter Hand kurz vor dem Ortsausgang ein interessantes **Mühlenmuseum** (➤ 120), das Sie besichtigen können. Noch bis 1992 wurde hier Mehl für die Bäckereien der Umgebung gemahlen – mit einer Motormühle, erwarten Sie also keine Windmühlenflügel an dem Gebäude. Wenn Sie von der Mühle kommen, fahren Sie wieder ein Stück in den Ort hinein und biegen dann die zweite Querstraße links ab. Folgen Sie dem Plattenweg bis ins 1 km entfernte Woorke. Rechts sehen Sie dann schon die Grabhügel der **Woorker Berge** (➤ 115). Fahren Sie im Ort rechts und parken Sie vor den Hügeln. Je nach Lust und Laune können Sie nun ein Picknick machen, Tisch und Bänke sind vorhanden. Genießen Sie den weiten Blick über die Felder!

3–4

Westwärts führt Sie der Plattenweg zur Landstraße Richtung Rappin. Fahren Sie rechts weiter Richtung Rappin. Nach rund 3 km kommt

KLEINE PAUSE

Getränke, frische Brötchen und kleine Snacks bekommen Sie bei **Zum Kuckuck** auf dem **Campingplatz Banzelvitzer Berge** (März–Okt. tägl. 9–12 u. 14–17 Uhr, www.ferienhaus-ruegen-ostsee.net), wo Sie auch Ruderboote und Tretboote mieten können.

Im Garten des **Wirtshauses Neuenkirchen** (Dorfstr. 12, 18569 Neuenkirchen, Tel. 038309 7 03 60, www.wirtshausneuenkirchen.com) können Sie eine Pause einlegen und sich im feinen Restaurant stärken.

Im Gasthaus **Fähreck** (➤ 118) in Trent gibt es großartiges Eis.

ein Abzweig mit einem Wegweiser zur Freilichtbühne Ralswiek. Folgen Sie dem Schild. Nach rund 300 m sehen Sie links das wunderschön restaurierte **Gut Kartzitz** (➤ 115) aus dem 18. Jahrhundert. Machen Sie einen Spaziergang durch den schönen Gutspark.

4–5

Fahren Sie zurück zur Landstraße nach Rappin und biegen Sie rechts ab. Hinter Rappin gelangen Sie nach **Groß Banzelvitz**. Parken Sie am Campingplatz und machen Sie eine Pause am schönen Strand des Großen Jasmunder Bodden. Hier haben Sie Gelegenheit zu einem Bad oder einem Spaziergang durch den idyllischen Wald nach **Liddow** (➤ 115). Dort gibt es im Gutshaus mitunter Ausstellungen. Der 5 km lange Wanderweg ist ausgeschildert; Hin und zurück benötigen Sie gut zwei Stunden.

5–6

Auf derselben Landstraße, auf der Sie gekommen sind, geht es zurück. Ca. 1 km hinter Rappin biegt eine kleine Straße rechts Richtung Helle ab, einem Dorf, das komplett verlassen ist. Fahren Sie entlang der Viehweiden und Felder durch die idyllische Ortschaft immer weiter bis zum **Gut Tribbevitz**, einem Reitgestüt mit elegantem Hotel. Schauen Sie sich unbedingt die hier gezüchteten edlen Trakehner auf den umliegenden Weiden an.

6–7
Von Tribbevitz geht es nordwärts weiter Richtung Neuenkirchen. Fahren Sie durch den kleinen Ort Richtung Vieregge. Hinter der Ortschaft Moor taucht auf der rechten Seite **Hoch Hilgor** auf (➤ 115). Auf diesem Hügel steht inmitten einer idyllischen Insellandschaft der Grümbke-Turm: Je nach Jahreszeit reichen grüne oder goldgelbe Weiden bis zum Ufer des Boddengewässers, dazwischen liegen eine Handvoll Häuser und kleine Dörfer – die Szenerie erinnert stark an eine typisch skandinavische Seenlandschaft. Der alte Aussichtsturm wurde jüngst wegen Baufälligkeit gesperrt und saniert.

GUTSPARK PANSEVITZ
So viele seltene Pflanzen sehen Sie selten: Kaukasische Flügelnuss, Kornelkirsche, Schneebeere, Pimpernuss, Hartriegel und Blasenspiere wachsen und gedeihen auf einer Fläche von 14 ha. Vom ehemaligen Gutshaus ist nur noch eine Ruine übrig. Die Stiftung Schlosspark Pansevitz hat es sich zur Aufgabe gemacht, den Park nach und nach zu restaurieren (Tel. 03838 31 33 13, www.stiftung-schlosspark-pansevitz.de, jederzeit zugänglich, Eintritt: frei).

Ein Schaproder Fischer bei der Arbeit

7–8
Fahren Sie zurück durch Neuenkirchen Richtung Neuendorf. Rund 5 km hinter Neuendorf biegen Sie an der Landstraße von Trent nach Bergen rechts ab und fahren über **Trent** mit einer Dorfkirche aus dem 15. Jh. nach **Schaprode** (➤ 114). Parken Sie auf dem ausgeschilderten Parkplatz, im Ort gibt es keine Parkmöglichkeiten. Machen Sie einen Rundgang durch den Ort mit den rohrgedeckten Fischerhäusern, der hübschen Kirche und dem geschäftigen Fähranleger mit Linienverkehr nach Hiddensee. Fahren Sie in nördlicher Richtung weiter auf der ausgeschilderten Straße Richtung Poggenhof und weiter bis zum **Stolper Haken**, wo sich Ihnen ein wunderschöner Ausblick auf Hiddensee bietet.

8–9
Zurück führt der Weg auf derselben Landstraße über Schaprode und Trent Richtung Bergen. Ca. 500 m hinter der Ortschaft Kluis biegt ein Weg rechts zum **Park Pansevitz** (➤ Kasten oben) ab. Machen Sie einen kleinen Spaziergang durch die idyllische Gutsanlage.

9–1
Fahren Sie auf die Landstraße nach Bergen zurück und biegen Sie rechts ab. Nach gut 15 Minuten Fahrt auf einer viel befahrenen Allee sind Sie wieder in Bergen.

3 AM UFER DES GROSSEN JASMUNDER BODDEN

Rad- und Schiffstour

LÄNGE: 28 km
DAUER: 4–5 Stunden, möglich während der Störtebeker-Festspiele (Mitte Juni bis Anfang Sept.)
START/ZIEL: Ralswiek (kein Fahrradverleih) 184 B1

Diese Tour entlang des Großen Jasmunder Bodden führt Sie durch Wälder und Felder. Schloss Spyker lädt zur Rast ein, die Schaabe bietet Badespaß am Ostseestrand. Zurück geht es per Schiff über den Bodden.

1–2

Zu Beginn kommt gleich Ihr Puls auf Trab. Steil bergauf geht es am Ortsausgang von **Ralswiek** (➤ 110), vorbei an der Schwedenkirche, Richtung B 96. Zum Glück gibt es einen Fahrradweg, weshalb es auch kein Problem ist, unterwegs abzusteigen und zu verschnaufen. An der Bundesstraße biegen Sie links ab und folgen dem am Waldrand verlaufenden Fahrradweg. Nach ca. 400 m wechselt dieser die Seite – Vorsicht beim Überqueren der viel befahrenen Straße! Weiter fahren Sie entlang der B 96 über den Damm, der den Großen und Kleinen Jasmunder Bodden trennt, bis Lietzow.

2–3

Halten Sie sich links auf dem Radweg neben der Bundesstraße und fahren Sie in Lietzow vorbei am Lietzower Strand. An der B 96 immer bergauf, führt nach ca. 200 m links ein schmaler, ausgeschilderter Weg in den Wald hinein zum **Herrenhaus Semper** (➤ Kasten). Am Herrenhaus und einer Wasserturmruine vorbei, führt der Weg an der nächsten Weggabelung links weiter bis zur nächsten Kreuzung. Dort wieder links und dann immer geradeaus geht es auf einem Feldweg Richtung **Martinshafen**; der Weg ist mit einem blauem Zeichen als Wanderweg markiert. Bis

SCHIFF

Das Schiff zwischen Breege und Ralswiek verkehrt nur während der Störtebeker-Festspiele und bringt Besucher hin und zurück (Mo–Sa 18.30 Uhr ab Breege, ca. 1 Stunde). Unbedingt vorher Plätze reservieren (Tel. 038391 1 23 06, www.reederei-kipp.de).

Den Abschluss der Tour bildet eine idyllische Fahrt über den Bodden

Typisch Rügen: weite Felder und viel Wind

Martinshafen sind es 4 km. Eine Weile fahren Sie noch durch Wald mit relativ sandigem Boden, dann haben Sie einen schönen Blick auf den Großen Jasmunder Bodden. Kurz vor Martinshafen gelangen Sie auf eine kleine Landstraße. Dieser folgen Sie geradeaus bis zum Yachthafen. Früher wurde hier Kreide abtransportiert. Machen Sie eine kleine Pause und genießen Sie den Blick auf den Bodden.

3–4

Durch die Feriensiedlung Neuhof nördlich der Marina radeln Sie auf einem Feldweg immer nordwärts am Ufer des Boddens entlang über Felder und Wiesen. Nach 2 km gelangen Sie in den kleinen Weiler Rachenberg. Dort kommt nach einer Rechtskurve links ein Kopfsteinpflasterweg, der durch die Kleingartenanlage Polchow führt

HERRENHAUS SEMPER
Erstmals wurde das Gut Semper 1318 schriftlich erwähnt. Das neobarocke Herrenhaus ist aber erst knapp 90 Jahre alt. Der dazugehörige Waldpark Semper wurde als Außenstandort der Internationalen Gartenbauausstellung 2003 nach historischem Vorbild restauriert. Zur Anlage gehören u. a. eine Wasserturmruine, ein Kaskadenteich und eine Rhododendron-Allee (184 C2).

und sich als Feldweg immer am Schilfgürtel des Boddens entlang fortsetzt. Kurz vor der Brücke über den Spykerschen See fahren Sie rechts zum 100 m entfernten **Schloss Spyker** (► 54), einem Hotel mit Gastronomie. Das Schloss mit seinen knallroten Ecktürmen ist schon von Weitem zu sehen.

4–5

Radeln Sie zurück zur Abzweigung, die Sie zum Schloss geführt hat, und fahren Sie rechts weiter über die Brücke Richtung Weddeort. Viel Schilf und Wasser zeigt sich jetzt zu beiden Seiten. 20 m nach der Brücke führt der Weg scharf links durch buschige Sträucher bis zu einer Asphaltstraße. Diese überqueren Sie und fahren auf dem ausgeschilderten Feldweg ca. 1 km bis Glowe (► 54). Bald gelangen Sie an der kleinen evangelischen Kirche vorbei zur Hauptstraße und biegen links ab. Sie befinden sich jetzt auf geradem Wege zum herrlichen Strandrevier **Schaabe** (► 54). Fahren Sie aus Glowe heraus und nutzen Sie den Rad-

Im Hafen von Breege legt das Schiff nach Ralswiek, dem Startpunkt der Tour, ab

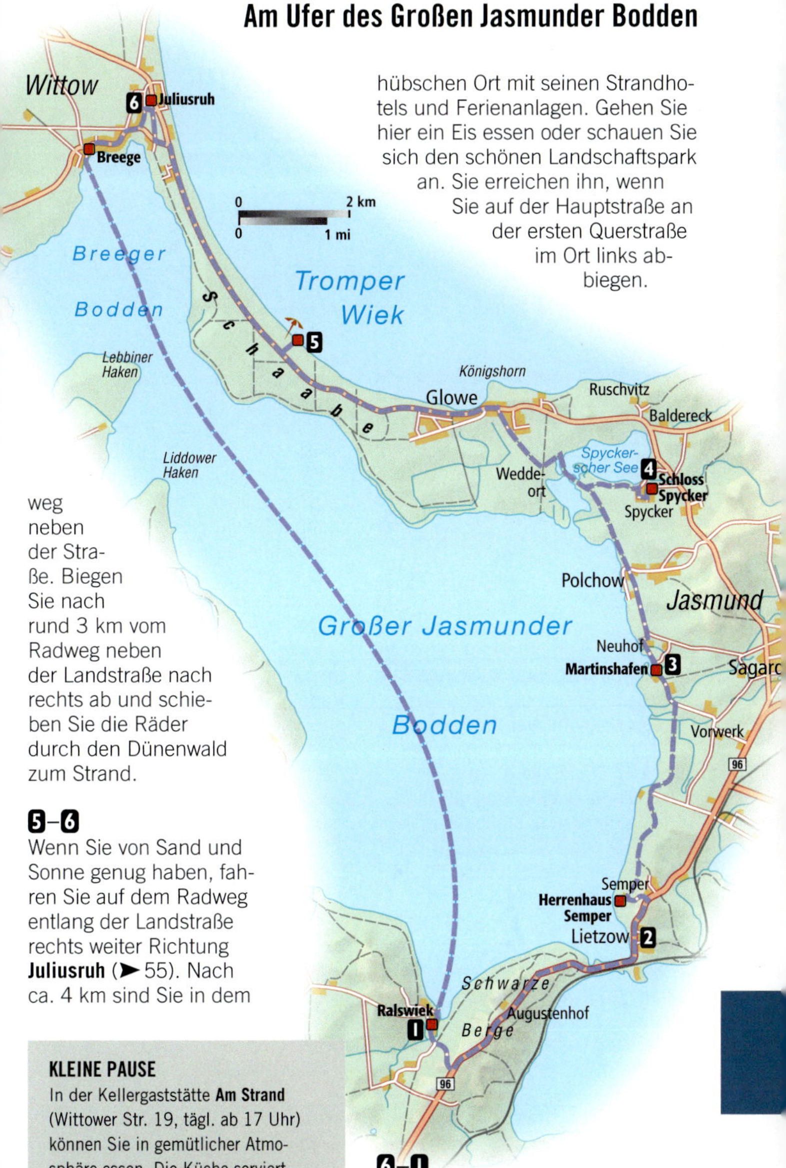

weg neben der Straße. Biegen Sie nach rund 3 km vom Radweg neben der Landstraße nach rechts ab und schieben Sie die Räder durch den Dünenwald zum Strand.

5–6
Wenn Sie von Sand und Sonne genug haben, fahren Sie auf dem Radweg entlang der Landstraße rechts weiter Richtung **Juliusruh** (➤ 55). Nach ca. 4 km sind Sie in dem hübschen Ort mit seinen Strandhotels und Ferienanlagen. Gehen Sie hier ein Eis essen oder schauen Sie sich den schönen Landschaftspark an. Sie erreichen ihn, wenn Sie auf der Hauptstraße an der ersten Querstraße im Ort links abbiegen.

KLEINE PAUSE
In der Kellergaststätte **Am Strand** (Wittower Str. 19, tägl. ab 17 Uhr) können Sie in gemütlicher Atmosphäre essen. Die Küche serviert überwiegend Regionales. Beliebt sind die Garnelenpfanne und der Wittower Fischtopf. Bei Wanderwetter macht das Restaurant schon ab 14 Uhr auf.

In Spyker können Sie im Gewölberestaurant des **Schlosshotels Spyker** (tägl. 12–21 Uhr) eine Rast einlegen.

6–1
Links am Landschaftspark vorbei führt die Straße nach **Breege** (➤ 55) mit hübschen Rohrdachhäusern. In Breege befindet sich der Hafen, von dem Sie am Abend ein Schiff wieder nach Ralswiek zurückbringt. Genießen Sie die rund einstündige Schiffstour über den Bodden im Abendlicht!

4 DURCH DIE DÜNENHEIDE AUF HIDDENSEE

Wanderung

LÄNGE: 10 km
DAUER: 2–3 Stunden
START/ZIEL: Vitte 182 B3

In Neuendorf führen alle Wege ans Wasser

Bei dieser leichten Wanderung durch eines der letzten ursprünglichen Heidegebiete in Norddeutschland können Sie viele seltene Pflanzen in blühender Farbenpracht entdecken. Und auf dem Rückweg am Strand entlang finden Sie mit ein bisschen Glück sogar Bernstein.

1–2
Auf einer der Hauptstraßen in Vitte (➤ 132), dem Süderende, gehen Sie bis zum Ortsausgang Richtung Neuendorf (ausgeschildert). Bald kommen Sie zu einem Damm; überqueren Sie ihn und marschieren Sie den Feldweg zwischen zwei Kuhweiden entlang. Immer weiter geradeaus führt der Weg direkt in die **Dünenheide** (➤ 132). Der Weg ist nicht zu verfehlen; bis Neuendorf sind es jetzt noch rund 4 km.

Unterwegs erleben Sie die Schönheit der Heide in ihrer ganzen Vielfalt. Vielleicht entdecken Sie fleischfressende Sonnentaugewächse oder eine der seltenen Kreuzottern? Doch Vorsicht: Lassen Sie diese geschützte und giftige Schlange in Ruhe und beobachten Sie sie aus sicherer Entfernung. Während der Wanderung durch die Dünenheide werden Sie immer wieder Thymian riechen, der hier in großen Mengen wächst; auch die hübschen Heidenelken sind allgegenwärtig. Heidekraut dürfen Sie übrigens pflücken, alle anderen Gewächse nicht, da sie unter Naturschutz stehen.

2–3
Der Sandweg durch die Dünenheide endet an der kleinen Landstraße nach **Neuendorf** (➤ 130). Sie sehen jetzt schon die ersten Häuser des Orts und nach ca. 300 m sind Sie da. Schlendern Sie nach Lust und Laune hindurch und decken Sie sich am Hafen mit Fischbrötchen ein, die Sie sich am Strand schmecken lassen. Zum **Hafen** gelangen

KLEINE PAUSE

Im kleinen Imbiss-Café **Zum Süder** (Am Bollwerk 3, tägl. 10–18 Uhr) am Neuendorfer Hafen können Sie leckere Fischbrötchen kaufen oder auch Räucherfisch und Heringsspezialitäten vor Ort essen. Schneller und freundlicher Service.

Im Gasthaus **Rosi** (➤ 131) in Neuendorf gibt's leckeren Fisch sowie Kaffee und Kuchen (Tel. 038300 5 01 68, www.cafe-rosi.de, April–Okt. Di–So ab 11 Uhr).

BERNSTEIN FINDEN

Die größten Chancen, diese Millionen Jahre alten versteinerten Harze zu finden, haben Sie auf Hiddensee nach Weststürmen. Besonders während der Wintermonate werden öfter auch mal größere Steine angeschwemmt. Wenn Sie sicher gehen wollen, dass Sie echten Bernstein gefunden haben, machen Sie einfach die Wasserprobe: Füllen Sie ein Glas Wasser und legen Sie den Stein hinein. Schwimmt er oben, ist es mit ziemlich großer Sicherheit Bernstein. Außerdem ist Bernstein leicht und weich. Wenn Sie also hineinbeißen, können Bissspuren zurückbleiben – aber Vorsicht mit den Zähnen!

Einmalig: die Natur in der Dünenheide

Sie, wenn Sie im Ort immer der Landstraße folgen. An einer Abzweigung mit Infotafel halten Sie sich links. Der Weg, der zum Hafen führt, heißt hier Königsbarg. Zum Gasthaus Rosi (Kasten ➤ 168) gehen Sie an der beschriebenen Abzweigung den rechten Weg weiter.

3–4

Vom Hafen führt ein Damm südwärts um das Dorf herum. Nach ca. 500 m sehen Sie auf der rechten Seite die Häuser des Ortsteils **Plogshagen** (➤ 131). Dahinter führt ein weiterer Damm südwärts zum **Süder-Leuchtturm** (➤ 133). Wem der ca. 2 km lange Abstecher (einfacher Weg) dorthin zu weit ist, der kann auch ein bisschen am **Strand** relaxen. Gehen Sie in diesem Fall geradeaus weiter: Nach ca. 50 m sind Sie am schönen Neuendorfer Strand.

4–1

Genug des Sonnenbads? Dann gehen Sie einfach nordwärts am Strand zurück nach Vitte. Bis zur Ortsmitte sind es ca. 5 km. Unterwegs sollten Sie auf Bernstein achten, hier findet man immer wieder ein paar Brocken (Kasten ➤ oben).

5 HAFENSTADT STRALSUND

Spaziergang

LÄNGE: ca. 6 km
DAUER: 1–2 Stunden, mit Besichtigungen 1–2 Stunden länger
START/ZIEL: Heilgeistkirche 190 D3

Eines von zwei ehemaligen Stadttoren: das Kniepertor

Stralsunds Speicher und Hafenanlagen haben ihren ganz besonderen Reiz. Entdecken Sie auf dieser Tour die Gastronomie, die sich in den ehemaligen Lagerhallen etabliert hat, und staunen Sie über den Dreimaster Gorch Fock 1, den Sie besichtigen können. Am Hiddenseeanleger geht es im Sommer sehr betriebsam zu und an der Nordmole legen Freizeitkapitäne aus aller Welt mit ihren Hochseeyachten an.

❶–❷

Spazieren Sie hinter der Heilgeistkirche durch die Gassen der ehemaligen Spitalanlage **Heilgeistkloster** (➤ 151) und schauen Sie sich die kleinen Häuschen an. Wenn Sie links aus dem Kirchgang hinausgehen, kommen Sie auf die Straße Am Langenwall. Laufen Sie bis zur nächsten Kreuzung und überqueren Sie den Langen Kanal – und schon stehen Sie auf dem **Hafengelände**. Schauen Sie sich die schönen Speicher- und Hafenbauten an, die heute zum großen Teil Gastronomie und Verwaltungsbüros beherbergen. Gehen Sie hinter der Brücke schräg links weiter bis zur Klappbrücke. Überqueren Sie diese und gehen Sie immer geradeaus, vorbei am hübschen Gebäude des Hafenamts, einem ehemaligen Lotsenhaus. Jetzt sehen Sie schon die Masten des alten Segelschulschiffs **Gorch Fock 1** (➤ 147). Gehen Sie an Bord und sehen Sie, wie Matrosen auf See früher untergebracht waren.

❷–❸

Schräg gegenüber der *Gorch Fock 1* befindet sich das **Ozeaneum** (➤ 146). Für einen Besuch des auch architektonisch interessanten Baus sollten Sie mindestens zwei Stunden einplanen. Staunen Sie über Schwarmfisch- und Gezeiten-

Hafenfeste locken im Sommer viele Besucher an

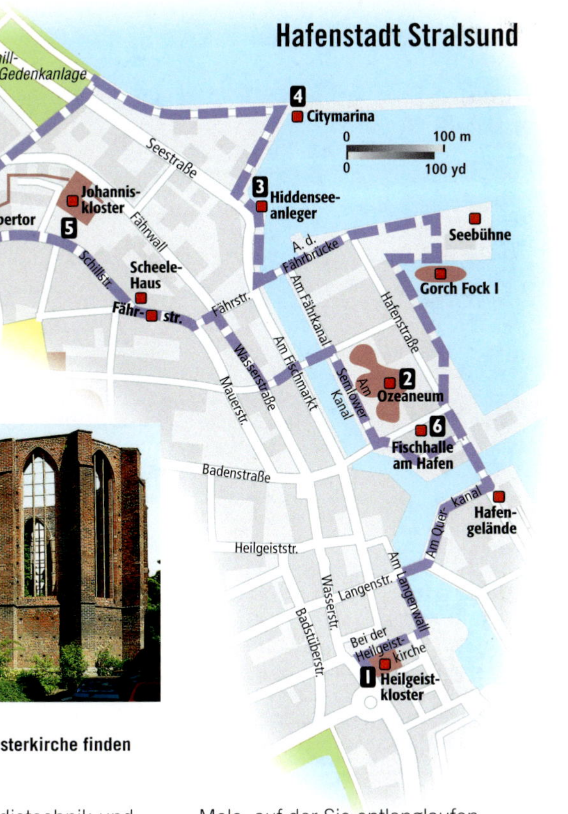

In der Ruine der Klosterkirche finden Konzerte statt

becken, Multimediatechnik und die simulierte Natur unter Wasser der Nord- und Ostsee sowie des Polarmeers. Wenn Sie am Kai wieder stadtwärts gehen, kommen Sie am alten Speicher mit dem Restaurant Fischermann's vorbei zur Fährbrücke. Überqueren Sie diese und gehen Sie rechts an der Promenade entlang zum **Hiddenseeanleger**. Hier legen im Sommer täglich die Schiffe zur Insel Hiddensee (➤ 121) ab. Viermal täglich während der Saison starten auch Schiffe zur rund einstündigen Hafenrundfahrt bzw. nach Altefähr (➤ 158).

3–4

Vom Hiddenseeanleger nordwärts am Ufer entlang, kommen Sie nach fünf Minuten zur **Citymarina Stralsund**, dem großen Yachthafen mit 300 Gast- und Dauerliegeplätzen. Sie liegt hinter einer 450 m langen Mole, auf der Sie entlanglaufen können. Werfen Sie dabei einen Blick auf die Yachten aus aller Welt, die hier vor Anker liegen.

4–5

Immer am Ufer des Strelasunds entlang gehen Sie bis zur Grünanlage vor dem Gymnasium. Folgen Sie der Seestraße und dem Fährwall bis zum **Kniepertor** (➤ 150) auf der linken Seite. Durch das Tor hindurch gehen Sie die nächste

KLEINE PAUSE

Einen schönen Blick auf den Hafen haben Sie vom Speicherrestaurant **Fischermann's** aus (www.fischermanns-restaurant.de, tägl. ab 11.30, Winter Di–So 12–22 Uhr, Jan. geschl.): Sie können in einem großen hellen Wintergarten oder draußen direkt am Kai Platz nehmen.

Querstraße links bis zum **Johanniskloster** (➤ 150) auf der linken Seite. Machen Sie einen Rundgang durch diese sehr interessante Anlage.

5–6

Am Ausgang des Johannisklosters biegen Sie links in die Schillstraße ab. Nach ca. 200 m sehen Sie links das **Scheele-Haus** (➤ Kasten unten), eines der ältesten Häuser der Stadt. Dort mündet die Schillstraße in die **Fährstraße**. Sie gilt als älteste Straße Stralsunds. In den teilweise denkmalgeschützten Häusern der Straße gibt es u. a. kleine Läden (➤ 157), in denen Kunsthandwerker arbeiten. Wenn Sie von der Schill- in die Fährstraße links abbiegen, gelangen Sie nach 100 m zur Wasserstraße.

Gehen Sie die Straße rechts entlang bis zur nächsten Querstraße. Dort biegen Sie links ab, um nach ca. fünf Minuten wieder zum Hafengelände zu gelangen. Biegen Sie gleich nach der Brücke rechts in die Straße Am Semlower Kanal ein. Nach rund 100 m geht es links in die Neue Badenstraße. Dort befindet sich die **Fischhalle am Hafen** (➤ 155), ein stadtbekanntes Fischgeschäft mit leckeren Snacks. Schauen Sie in die Auslagen und staunen Sie über die Vielfalt an Ostseefischen und internationalem Meeresgetier. Auch Austern sind hier erhältlich!

Wunderschöne Giebel lenken in Stralsund den Blick nach oben

6–I

Von der Fischhalle geht es links die Neue Badenstraße weiter bis zur nächsten Häuserecke, dort links weiter vorbei an der Wasserschutzpolizei und der Fischmeisterei. Hier gehen Sie wieder links und dann rechts, um auf der Klappbrücke den Querkanal zu überqueren. Hinter der Brücke rechts gelangen Sie wieder zur Heilgeistkirche, indem Sie über eine weitere Brücke rechts in die Altstadt zurückkehren. Hinter der Brücke führt die Straße Am Langen Wall direkt zur Spitalanlage.

SCHEELE-HAUS

Das Geburtshaus des Apothekers und Entdeckers des Sauerstoffs Carl Wilhelm Scheele in der Schillstraße 23 wurde ursprünglich als Dielenhaus errichtet und im 17. Jh. umgestaltet. Auch das Nachbarhaus ist eine Augenweide. Interessant ist, dass bei den Rekonstruktionsarbeiten in den 1980er-Jahren der untere Teil dieses Hauses nach Vorlagen aus dem Mittelalter gestaltet wurde, während der Giebel dem einstigen Aussehen im 17. und 19. Jh. entspricht (✚ 190 B4).

Praktisches

REISEVORBEREITUNGEN

ANREISE

Mit dem Auto: Rügen ist bequem von Lübeck aus über die Ostseeautobahn A 20 und von Berlin kommend über die A 11 und wiederum die A 20 zu erreichen. Bei der Überquerung des Strelasunds haben Reisende die Wahl zwischen der 2007 fertiggestellten **Rügenbrücke** und dem historischen **Rügendamm**. Geplant ist auf der Insel der Ausbau der B 96 zu einer vierspurigen Bundesstraße. Der erste Abschnitt zwischen Altefähr und Samtens wurde 2015 freigegeben.
Mit der Bahn: Fernbahnhöfe gibt es in Stralsund, Bergen und Binz. Von dort fahren täglich ICs bzw. ICEs in alle Richtungen Deutschlands. In Samtens, Rambin und Sassnitz halten Nahverkehrszüge.
Mit dem Flugzeug: Ein kleiner Flugplatz für Sportflugzeuge befindet sich südlich von Bergen in Güttin (➤ 32). Dort verkehren Charterflugzeuge u. a. nach Berlin und Hamburg. Es gibt allerdings keinen Linienflugverkehr. Der nächste größere Flughafen liegt in **Rostock-Laage** (114 km von Stralsund entfernt).

REISEZEIT

Hauptsaison | Nebensaison

JAN	FEB	MÄRZ	APRIL	MAI	JUNI	JULI	AUG	SEPT	OKT	NOV	DEZ
Nebensaison	Nebensaison	Nebensaison	Hauptsaison	Hauptsaison	Hauptsaison	Hauptsaison	Hauptsaison	Hauptsaison	Nebensaison	Nebensaison	Nebensaison
2°C	2°C	4°C	8°C	13°C	17°C	19°C	19°C	17°C	12°C	7°C	4°C
regnerisch	regnerisch	wechselhaft	wechselhaft	sonnig	sonnig	wechselhaft	wechselhaft	sonnig	wechselhaft	regnerisch	regnerisch

sonnig | wechselhaft | regnerisch | bewölkt

Die angegebenen Temperaturen entsprechen den **durchschnittlichen Tagestemperaturen** des jeweiligen Monats. Rügen ist trotz seines feuchten Klimas einer der Orte mit den **meisten Sonnenstunden in ganz Deutschland**. Im Durchschnitt scheint an rund 65 Tagen im Jahr die Sonne mehr als jeweils zehn Stunden – am wenigsten im Dezember, im Juni am meisten. Stürmisch ist es besonders im Frühjahr und Herbst. Im Mai und September ist das Wetter häufig beständig schön, während es selbst im Hochsommer schnell umschlagen und recht unvermittelt ein Schauer niedergehen kann. Dafür können Sie sich im Sommer bis spät im Freien aufhalten. Im Winter fällt vor allem im Januar und Februar Schnee. Die Ostsee friert nur in besonders kalten Wintern zu.

INFORMATION VORAB

- **www.rügen.de**
- **www.wirsindinsel.de**
- **www.hiddensee.de**
- **www.stralsundtourismus.de**
- **www.germany.travel**
  Reiseportal der Deutschen Zentrale für Tourismus e. V.

DAS WICHTIGSTE VOR ORT

AUSKUNFT

Bäderverband Mecklenburg-Vorpommern e. V.
Rostocker Str. 3
18181 Graal-Müritz
Tel. 038206 7 88 50
www.mv-baederverband.de

Tourismusverband Mecklenburg-Vorpommern e. V.
Platz der Freundschaft 1
18059 Rostock
Tel. 0381 4 03 05 50
www.auf-nach-mv.de

Tourismuszentrale Rügen
Markt 23
18528 Bergen auf Rügen
Tel. 03883 80 77 80
www.ruegen.de
Mo–Fr 10–18 Uhr

Amt für das Biosphärenreservat Südost-Rügen
Circus 1
18581 Putbus
Tel. 038301 8 82 90
www.biosphaerenreservat-suedostruegen.de

Nationalpark-Zentrum Königsstuhl
Stubbenkammer 2
18546 Sassnitz
Tel. 038392 66 17 66
www.koenigsstuhl.com
Ostern–Okt. tägl. 9–19,
Nov.–Ostern 10–17 Uhr

www.genussreich-mv.de
Kulinarische Spezialitäten und Rezepte aus Mecklenburg-Vorpommern, ergänzt um Urlaubs- und Veranstaltungstipps

www.kreidefelsen.de
Rügen-, Hiddensee- und Stralsund-Infos mit aktuellem Veranstaltungskalender

www.mv-tourist.tv
Das Videoportal des Tourismusverbands Mecklenburg-Vorpommern vergrößert mit seinen informativen und stimmungsvollen Filmen die Vorfreude auf einen Rügen-Urlaub.

www.seebad-hiddensee.de
Offizielle, übersichtlich gestaltete Website mit zahlreichen Informationen und Tipps zu Rügens »kleiner Schwester«

FEIERTAGE

- 1. Januar: Neujahr
- März/April: Karfreitag
- März/April: Ostermontag
- 1. Mai: Tag der Arbeit
- Mai/Juni: Christi Himmelfahrt
- Mai/Juni: Pfingstmontag
- 3. Oktober: Tag der Deutschen Einheit
- 31. Oktober: Reformationstag
- 25./26. Dezember: Weihnachten

FUNDSACHEN

Haben Sie etwas am Strand verloren? Fragen Sie am besten bei den Bademeistern nach. In der Regel fungieren die jeweiligen Tourismusinformationen als Fundämter.

NOTRUFE

Polizei
Tel. 110 und Tel. 112

Feuerwehr, Rettungsdienst
Tel. 112

ADAC-Straßenwacht und Pannenhilfe
Pannenhilfe: Tel. 01802 22 22 22

DLRG
Bergen: Tel. 03838 31 35 27
Binz: Tel. 03839 3 26 68
Hiddensee/Vitte: Tel. 038300 4 32
Stralsund: Tel. 03831 27 84 70

Wasserschutzpolizei
Lauterbach: Tel. 038301 6 09 60
Sassnitz: Tel. 038392 30 80
Schaprode: Tel. 038309 14 17
Stralsund: Tel. 03831 2 61 40

Sperrnummern:
Unter Tel. 11 61 16 kann man für **Deutschland** elektronische Berechtigungen wie Bank- und Kreditkarten, Handykarten und die Identitätsfunktion des neuen Personalausweises bei Verlust sperren lassen.
Für **Österreich** gilt die Telefonnummer: 0043 1 204 88 00.
Die wichtigsten Notfallnummern in der **Schweiz** sind: 0041 44 6 59 69 00 (Swisscard), 0041 8 48 88 86 01 (UBS Card Center), 0041 58 9 58 83 83 (VISECA), 0041 44 8 28 32 81 (Postfinance)

ÖFFNUNGSZEITEN

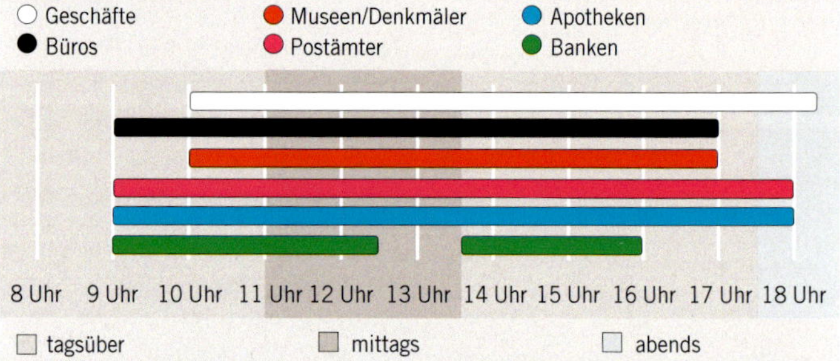

Geschäfte: Die Geschäfte auf Rügen sind in der Regel Mo–Fr 10–19 Uhr geöffnet, Sa bis 14 Uhr. In den Seebädern haben die meisten Geschäfte auch am Wochenende geöffnet, d.h. Sa bis 20 Uhr und So 12–18.30 Uhr. In Stralsund haben größere Läden in der Altstadt Mo–Sa bis 20 Uhr geöffnet. Die meisten Supermärkte haben Mo–Sa 8–20, teilweise auch bis 21 Uhr geöffnet. In Binz öffnen viele Supermärkte So 13–18 Uhr.
Banken: Banken und Sparkassen sind meist Mo–Fr ab 8.30/9 Uhr geöffnet. Eine etwa einstündige Mittagspause ist üblich (häufig zwischen 12.30 und 13.30 Uhr), die Türen schließen nachmittags um 16 Uhr, manchmal auch erst um 18 Uhr.
Museen: Fast alle Museen haben während der Sommersaison täglich geöffnet. Im Winter schließen etliche bzw. haben dann verkürzte Öffnungszeiten.

ZEITUNTERSCHIED

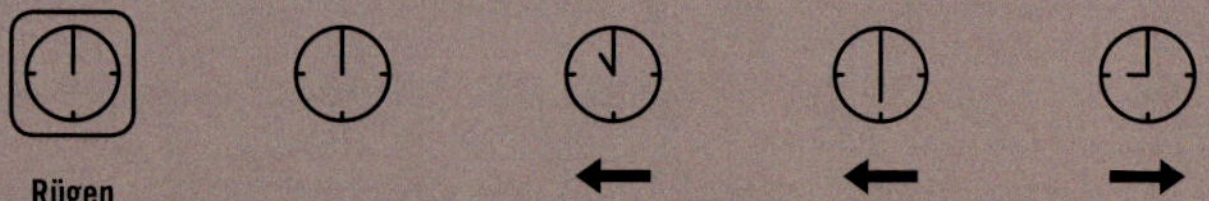

Rügen
12 Uhr

Berlin (MEZ)
12 Uhr

London (GMT)
11 Uhr

New York (EST)
6 Uhr

Sydney (AEST)
21 Uhr

IN KONTAKT BLEIBEN

Post: Postämter mit Geldautomaten gibt es in Bergen und Stralsund. Sie sind Mo–Fr 9–12 u. 14–18 Uhr, samstags bis 12 Uhr geöffnet. Außerdem gibt es in mehreren Seebädern Postfilialen in herkömmlichen Ladengeschäften, u. a. in Gingst, Binz und Sassnitz. Dort werden auch Briefe, Päckchen und Pakete angenommen. Postlagernde Sendungen können Sie allerdings nur an einem der Postämter abholen.

Telefonieren: Viele Ortschaften auf Rügen verfügen noch über einen öffentlichen Fernsprecher, die Zahl geht jedoch zurück. In der Regel ist zur Benutzung eine Telefonkarte notwendig.

Mit dem Handy kommen Sie fast überall klar. Nur im Südwesten der Insel hat man mitunter keinen Empfang.

Internationale Vorwahlen:

Österreich	**0043**
Schweiz	**0041**

Mobilfunkanbieter und -dienste: Aufgrund des europäischen Roaming-Tarifs ist Telefonieren auch ins europäische Ausland nicht mehr sehr teuer. Informieren Sie sich am besten vorab bei Ihrem Mobilfunkvertragspartner über Kosten und Bedingungen. Mobilfunkanbieter in Deutschland sind u. a. E-Plus, O_2, Vodafone und T-Mobile.

WLAN und Internet: Hotels und Pensionen bieten Gästen zunehmend WLAN an, auch in manchen Cafés und Restaurants kann man im Internet surfen. Zudem besteht die Möglichkeit, in Kurverwaltungen wie Binz, Sellin oder Göhren online zu gehen.

SICHERHEIT

- Kleinkriminalität ist in Rügen und Stralsund kein großes Problem, die Anzahl von Auto- und Taschendiebstählen ist vergleichsweise niedrig. Am Strand sollten Sie dennoch immer Ihre Wertsachen im Auge behalten. Nehmen Sie am besten nicht mehr Bargeld mit, als Sie unbedingt brauchen!
- Am sichersten ist ein **Bad** an von der DLRG bewachten Strandabschnitten und in seichten Ostseegewässern. Besonders Kinder sollten sich hingegen **nicht in unmittelbarer Nähe bzw. Nachbarschaft zu Seebrücken** im Wasser aufhalten, da sich an den Pfählen durch Ausspülungen eine Unterwasser-Sogwirkung bildet.
- An den **Kreidefelsen** gilt es unbedingt die Warnschilder zu beachten. Besondere Vorsicht ist an schmalen Strandabschnitten unter steilen und überhängenden Kliffs geboten: Halten Sie immer einen ausreichenden Abstand zur Wand, bei schlechtem Wetter sollte man die Gegend komplett meiden! Oberhalb der Abbruchkante dürfen nur die gekennzeichneten Wege benutzt werden.

Praktisches

GESUNDHEIT

Rugard Apotheke Bergen
Markt 26
18528 Bergen
Tel. 03838 80 34 0

Sana-Krankenhaus Rügen
Calandstraße 7/8
18528 Bergen
Tel. 03838 3 90

Markt-Apotheke Stralsund
Neuer Markt 18
18439 Stralsund
Tel. 03831 2 64 70

HELIOS Hanseklinikum Stralsund
Große Parower Straße 47–53
18435 Stralsund
Tel. 03831 3 50

EINRICHTUNGEN FÜR BEHINDERTE

Rügen hat sich erfolgreich als »Gesundheitsinsel« etabliert. Dies betrifft auch die erfolgreiche Realisierung des Urlaubs trotz persönlichen Handicaps, Familienurlaube mit pflegebedürftigen Kindern oder Hilfe und Betreuung im Urlaub.

Die Kurverwaltung Binz gibt die Broschüre **»Urlaub mit Handicap«** heraus, die viele praktische Tipps und Adressen für Rügen-Reisende mit Behinderung enthält. Den Euro-WC-Schlüssel für **behindertengerechte Strandtoiletten** verkauft die Kurverwaltung. Der Verein »Rügen tut gut« gibt zahlreiche Hinweise für Behinderte im barrierefreie Rügen (www.ruegen-tut-gut.de) und die DRK-Sozialstation Bergen verleiht **Baderollstühle** (Tel. 03838 2 30 04).

TOILETTEN

Eine Besonderheit entlang der Ostseeküste sind **Strandtoiletten**. Besonders Rügens Seebäder verweisen aufgrund ihrer langen Badetradition auf eine gute sanitäre Infrastruktur: Dort gibt es entlang der Seepromenaden saubere, kostenfrei nutzbare Sanitäranlagen. Einige Hygienezellen sind zudem behindertengerecht und/oder mit Babywickeltisch ausgestattet.

KINDER

Mit dem **Entdeckerpass MV** können Kinder bis 14 Jahre mehr als 30 Freizeitangebote bei Partnern in Mecklenburg-Vorpommern für zwei Jahre kostenlos besuchen. Partner sind u. a. das Naturerbe-Zentrum Rügen, das Ozeaneum in Stralsund und der Campingplatz Banzelvitzer Berge (www.entdeckerpass-mv.de). Rügen Tourismus gab 2016 eine neue Broschüre über Urlaub mit Kindern heraus.

Hiddensee veröffentlicht jedes Jahr ein Heft für junge Gäste mit Schlechtwettertipps, Bastelanleitungen und Strandspielen (www.seebad-hiddensee.de). Besondere Attraktionen für Kinder sind durch oben stehendes Logo gekennzeichnet.

ERMÄSSIGUNGEN

Zahlreiche Orte auf Rügen und Hiddensee erheben eine **Kurtaxe**. Sie beträgt in der Hauptsaison zwischen 1 und 2,80 € pro Tag und Person. Im Gegenzug erhalten die Gäste eine Kurkarte, die kostenlose Leistungen beinhaltet, z. B. Fahrten mit der Bäderbahn oder ermäßigte Eintritte zu Ausstellungen und in Museen.

BOTSCHAFTEN UND KONSULATE

Österreichisches Honorarkonsulat
Am Campus 1–11
18182 Rostock-Bentwisch
☎ 0381 64 91 22; www.honorarkonsul.at

Schweizer Botschaft
Otto-von-Bismarck-Allee 4A
10557 Berlin
☎ 030 3 90 40 00; www.eda.admin.ch/berlin

JANUAR

Neujahrskonzert: Ein festliches Konzert mit klassischer Musik gibt es am Abend des 1. Januars im Haus des Gastes in Binz.
In Göhren findet alljährlich eine **Neujahrswanderung** statt, Treffpunkt an der Kurverwaltung um 13.30 Uhr.

FEBRUAR

Fasching: Die Faschingsparty auf der Selliner Seebrücke bringt nicht nur Einheimische in Schwung.
Hochzeitstreffen am Kap Arkona: Jährlich treffen sich Paare, die sich hier haben trauen lassen, um gemeinsam zu feiern.

MÄRZ/APRIL

Festspielfrühling: Das Fauré-Quartett versammelt Musiker aus aller Welt zu rund 15 Konzerten, die einem bestimmten Thema gewidmet sind.
Osterfeuer: In mehreren Orten auf Rügen wird am Ostersamstag ein Feuer entzündet, u. a. an der Selliner Seebrücke, am Baaber Strand, in Binz und am Nordstrand in Göhren.
Ostermärkte: Auf Ummanz wird Ostern groß gefeiert, u. a. mit einem Ostermarkt und Tanz in der Pfarrscheune in Waase. Auch auf der Stralsunder Festwiese gibt es einen Ostermarkt mit Rummel.
Maibaumsetzen: Am letzten Tag im April wird in Binz, Sellin und Göhren traditionell der Maibaum aufgestellt.
Ummanzer Ostermarkt: mit Osterfeuer und Tanz in der Scheune auf dem Bauernhof Kliewe (➤36)
Thiessower Deichlauf an Ostern, Start ist am Weststrand
Bernsteinfest in Göhren: mit Wahl der Deutschen Bernsteinkönigin und Tanz im Hotel Hanseatic (➤86)

MAI

Anbaden in Binz am 1. Mai: Alljährlich stürzen sich rund 80 Mutige in die eiskalten Fluten. Der Event ist ein Höhepunkt der Binzer Sommerfrische.
Herings- und Hornfischfest: Ein Heringsfest gibt es am 1. Mai in Altefähr und am ersten Maiwochenende in Göhren.
Feste: Ein Frühlingsfest wird in Göhren rund um das Rookhus gefeiert. In Putbus finden die zehntägigen Putbus-Festspiele mit klassischen Konzerten statt. Baabe feiert das Reusenfest mit Livemusik, Tanz und einer traditionellen Reusenweihe.
Rennen: Der Binzer Halbmarathon sowie der Binzer Promenaden- und Crosslauf zieht Sportler von nah und fern an. Bei der Oldtimer-Rallye **Rügenclassics** in Binz glänzen historische Kühlerhauben zuhauf.
Wanderfrühling: Zehn Tage mit rund 80 kostenlosen Wanderungen und Aktivangeboten zwischen Jasmund und Granitz

JUNI

Sonnenwendfeste: Tag- und Nachtgleiche werden auf Rügen an mehreren Orten gefeiert, u. a. im Kurpark Juliusruh, in Glowe und in Binz. Dort gibt es ein Mittsommerfest und ein Höhenfeuerwerk. Das Blue Wave Festival

in Binz und Göhren ist das größte und älteste Bluesfestival im Osten Deutschlands.
Feste: In Klein Zicker findet Ende Juni ein Dorffest statt. Im Ostseebad Göhren steigt das Bernsteinpromenadenfest Anfang Juni.
Festspiele Mecklenburg-Vorpommern: Musikalische Landpartien mit Klassikstars und Nachwuchskünstlern erwarten die Besucher an Spielorten wie der Seebrücke Sellin oder dem Jagdschloss Granitz.
Tanz: Auf Hiddensee gibt es Ende Juli täglich Veranstaltungen im Rahmen der Palucca-Tanzwoche.

JULI

Feste: Hafenfeste werden u. a. in Glowe, Lohme und Thießow gefeiert, ebenso das Selliner Seebrückenfest. Die Wallensteintage (► 12) mit viel Kulturprogramm halten Stralsund Mitte Juli in Atem. Das Binzer Sommerfest ebenfalls Ende Juli freut Einwohner und Besucher. Das Binzer Schlossfest findet auf Schloss Granitz statt.

AUGUST

Kunsthandwerk: In Gingst findet Mitte August ein beliebter Kunsthandwerkermarkt statt.
Feste: Ein Seebrückenfest wird in Göhren Anfang August gefeiert, Mitte des Monats ddas Seebrückenfest in Binz. In Lauterbach wird das Internationale Vilm-Schwimmen veranstaltet, eine Badewannen-Regatta alljährlich im Rahmen des Baaber Bollwerksfests.
Kultursommer: Am Kap Arkona wird einen Monat lang der Kultursommer mit Musik und Theater begangen.

SEPTEMBER

Lange Nacht des offenen Denkmals: In Stralsund wird die lange Nacht des offenen Denkmals von vielen Veranstaltungen begleitet.
Ironman 70.3 Rügen: Schwimmende, radelnde und laufende Profisportler

OKTOBER

Feste: Tour d'Allee, das Radrennen mit Start und Ziel in Binz, findet Mitte Oktober statt. Es ist Teil des Binzer Herbstfestes, das u. a. auch ein Pferderennen am Strand bietet. Das Rügener Sanddornfest im Rügenhof Arkona läutet die Sanddornernte auf Rügen ein.

NOVEMBER

Märkte: Ende November beginnen Weihnachtsmärkte in Stralsund.

DEZEMBER

Märkte: Weihnachtsmärkte finden an den Wochenenden u. a. in Sassnitz, Göhren, Binz und Bergen statt.
Silvester: Feuerwerk zum Jahreswechsel gibt es u. a. in Binz, Baabe, Sellin, Göhren und am Burgwall Arkona.

Reiseatlas

Kapiteleinteilung siehe vordere Umschlaginnenseite

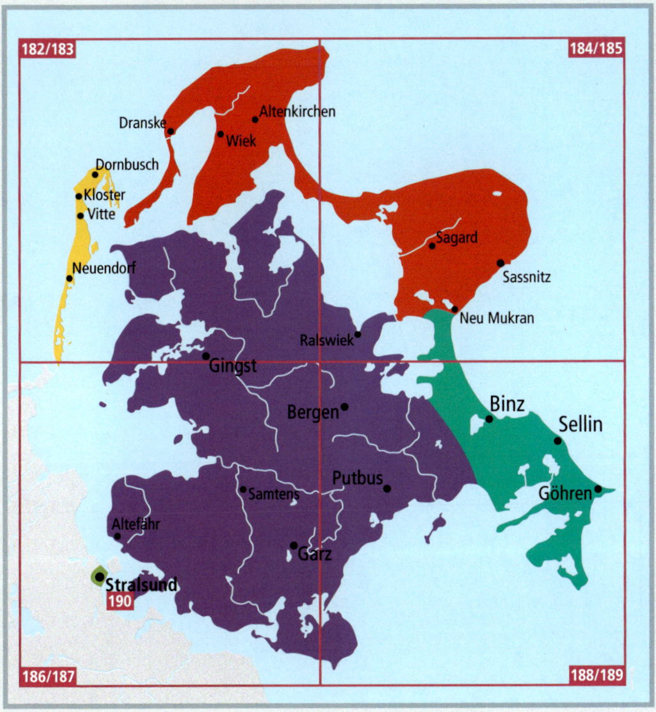

Legende

1 : 135 000

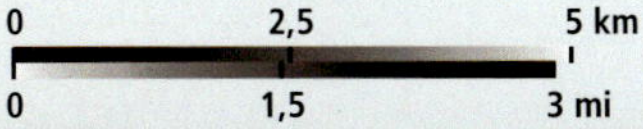

A
B
C
5
4
3
2
1
Ostsee
Toter Kerl
65m
Enddorn
Dornbusch
Tiefenufer
Grieben
Hucke
51m
Kloster
48
Gerhart-Hauptmann-Haus
Schafort
Altbessin
Neubessin
Libben
Harter Ort
Möwenort
Langer Ort
Vitter
Bucht
Vitte
50
Bessinsche Schaar
Fischerhaken
Buger Haken
Hiddensee
5m
Dünenheide
Fähr-insel
Steinort
Seehof
Rassower Bucht
Nationalpark
51
Hassenort
Stolper Haken
Roter Ort
Soltenorts Haken
Neuholstein
Poggenhof
49
Neuendorf
Vaschenort
Gröthagen
Retelitz
Charlottendorf
Lehsten
Vorpommersche
Schaproder
Ruge Barg
Mönchstein
Plogshagen
Schaprode
44
Fischerhaken
Steinort
Streu
Udars
Öhe
Süder-Leuchtturm
52
Bodden
Boddenlandschaft
Udarser
Gellenstrom
Fauler Haken
Salitzer Moor
Gellen
Naturpark Rügen
Haide
Ummanz
35
Markow
Geller
Waase
Schafort
Suhrendorf
Dorfkirche
Liebes
Pahler Haken
4m
Ratte
Haken
186
Mursewiek
Wusse
2m
Freesenort
Bock
Kleiner
(Nicht betre
Rehbe
Nordw
und K

D
E
F
Gell
NSG
Varnkevitz
Putgarten
25m
Schwarbe
Siedlung Schwarbe
Bakenberg
22
Fernlüttkevitz
5
Nonnevitz
Mattchow
Kreptitz
Goorer Berg
Riesenberg
36m
Naturschutzgebiet Nordwestufer Wittow und Kreptitzer Heide
Gramtitz
Nobbin
Lancken
Starrvitz
Axels Höhe
Kuhle
Banz
11m
Lüttkevitz
Gudderitz
Presenske
Dranske Hof
Wittow
Reidervitz
Rehbergort
Altenkirchen
Dorfkirche
Grüner Grund
Lankensburg
Dranske
Lankensburger Katen
Drewoldke
Wieker
Juliusruh
19
Kreidebrücke
21
5m
Wiek
10m
Breege
4
Zürkvitz
Neu Lobkevitz
Bodden
cht betretbares Gebiet)
Bohlendorf
Lobkevitz
Breeger
Blevser Haken
Steinkoppel
Bodden
Schaabe
Eckort
Parchow
Schmantevitz
Buger Bodden
Bischofsdorf
Gelmer Ort
Finkenhaken
Kammin
2m
Woldenitz
Kamminer Fähre
Lebbiner Haken
NSG
Fischerhaken
Fährhof
Großer Ort
Lebbin
Vieregge
Lebbiner Bodden
3
Kontoper Haken
Wittower Fähre
Breetzer
Liddower Haken
184
Grubnow
43m
46
Vaschvitz
20
Libnitzer Ort
Bodden
Breetz
Moor
Klein Grubnow
Liddow
Liddow
NSG
Dwarsdorf
Fischersiedlung
Sylvin
Kuschwitzer Hake
Mövenort
Moritzhagen
Laase
Naturschutzgebiet Beuchel
Reetz
Neuenkirchen
Reddelin
olstein
Beuchel
Tetzitzer See
Holstenhagen
Banzelvitzer
Libnitz
Berge
Granskevitz
Tribkevitz
Jabelitz
Zessin
Lehsten
Renz
Trent
Neuendorfer Wiek
Tribbevitz
Groß Banzel
Barg
Zubzow
Tetzitz
Zaase
Neuendorf
2
Udars
Ganschvitz
Helle
Garditz
Rappin
Haidemühl
Zirmoisel
Bubkevitz
Freesen
14m
Kuckelvitz
Gutshaus- und Park Kartzitz
Mo
darser Wiek
Venz
Venz Hof
Kartzitz
Lüssmi
Gahlitzer Strom
Gahlitz
Silenz
Schweikvitz
Neu Kartzitz
Grosow
8m
Tankow
Koselower See
Woorker Berge
Böschow
Kluis
Woorke
47
Presnitz
Gagern
Teschvitz
Veikvitz
Ürkevitz
Patzig
chafort
Wittenberger Strom
Rügenpark Kapelle
Gingst
Patzig Hof
56m
34
Malkvitz
Liebes
Lipsitz
Varbelvitzer Bodden
Klein Kapelle
Duwenbeek
Friedwald
Historische Handwerkerstuben
Rattelvitz
Volsvitz
Pansevitz
Ramitz
183
Dran
187
Duwenbeek
Thesenvitz
Varbelvitz
D
Haidhof
Güstin
E
F
Boldevitz
Ramitz Siedlung
Parchtitz
Ummanz
Dubkevitz

A
B
C
Gellort
NSG
Arkona
3
Kap Arkona
Jaromarsburg
Varnkevitz
Putgarten
25m
Schwarbe
Siedlung Schwarbe
Fernlüttkevitz
5
Vitt
Mattchow
Goorer Berg
Goor
36m
Riesenberg
Nobbin
Wittow
Gudderitz
Presenske
Reidervitz
11
Altenkirchen
Dorfkirche
Lankensburger Katen
Drewoldke
Juliusruh
19
10m
4
Breege
Neu Lobkevitz
Breeger Bodden
Lobkevitz
Steinkoppel
Tromper Wiek
Schaabe
Schmantevitz
183
Kammin
Kamminer Fähre
Finken-haken
Gelmer Ort
Lebbiner Haken
2m
NSG
Großer Ort
Lebbin
45
Lebbiner Bodden
Liddower Haken
46
Königshorn
Glowe
18
Ruschvitz
21m
NSG
Spyckerscher See
Schloss Spycker
16
Spycker
17
Waller Ort
3
Grubnow
43m
Moor
Klein Grubnow
Sylvin
Liddow
NSG
Kuschwitzer Haken
Laase
Polchow
Rachenberg
Reetz
Neuenkirchen
Reddelin
Tetzitzer See
Neuhof
Banzelvitzer Berge
Groß Banzelvitz
Großer Jasmunder Bodden
Tribbevitz
Tetzitz
Neuendorf
2
Helle
Rappin
Zirmoisel
Bubkevitz
Gutshaus und Park Kartzitz
Moisselbritz
Venz Hof
Kartzitz
Lüssmitz
Semper
12
Lietzow
Schweikvitz
Neu Kartzitz
8m
Woorker Berge
Gnies
Schwarze Berge
58m
36
Gagern
Woorke
47
Ralswiek
Augustenhof
Spitzer Ort
Veikvitz
Patzig
Jarnitz
Patzig Hof
56m
Kleiner Jasmu
1
Lipsitz
Friedwald
Dramvitz
184
Pansevitz
Ramitz
Duwenbeek
Thesenvitz
64m
188
Ossen
A
B
C
Boldevitz
Ramitz
Parchtitz
Strüssendorf
Stedar
Pulitz
Thiessower Ort

D
E
F
5
4
3
2
1
Ostsee
Nationalpark Jasmund
Lohme
Hankenufer
Salsitz
14
Ranzow
Stubbenhörn
Rugeshus
Blandow
Große Stubbenkammer
Königsstuhl
Stubbenkammer
Nardevitz
Nipmerow
Herthaburg
Bisdamitz
Kleine Stubbenkammer
Baldereck
Kampe
Hagen
Kollicker Ort
104m
153m
Dinosaurierland Rügen
16
15
Kieler Ufer
Fahrnitzer Ufer
Piekberg
Gummanz
Bobbin
161m
Polkvitz
Neddesitz
Stubnitz
65m
Jasmund
Tipper Ort
Rusewase
Bussinische Berge
Promoisel
Boner Berg 147m
Marlow
Werder
Wissower Klinken
Quatzendorf
Mönkendorf
Dargast
Sagard
Buddenhagen
96
Klementelvitz
Lancken
Wissower Ufer
Dobberworth
E 22
E 251
13
Vorwerk
Blieschow
SASSNITZ
63m
Fischerei- und Hafenmuseum
Drosevitz
Wostevitz
96b
Mukran
Klocker Ufer
Borchtitz
36m
Großer Wostevitzer Teich
Dubnitz
Saiser
Rügen
Staphel
Fährhafen Sassnitz/Mukran
Neu Mukran
Spitzer Ort
Naturschutzgebiet Feuersteinfelder
Schmale
Thiessower Ort
Thiessow
Koloss von Prora
Eisenbahn & Technik Museum Rügen
189
Naturschutzgebiet
Naturerbe
Prora

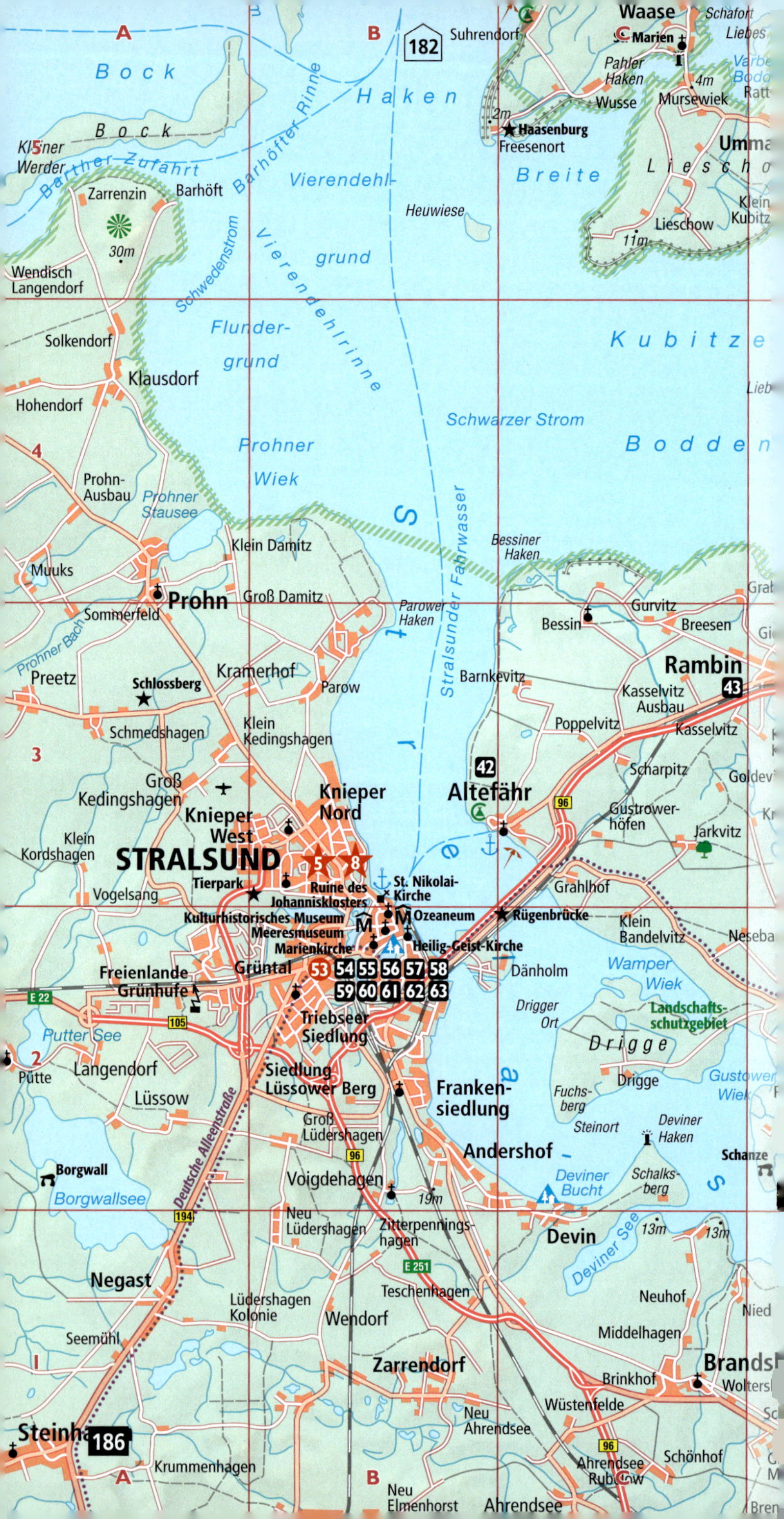
A
B
182
Suhrendorf
Waase
Schafort
St. Marien
Bock
Bock
Kleiner Werder
Barther Zufahrt
Barhöfter Rinne
Haken
Pahler Haken
Wusse
Mursewiek
Haasenburg
Freesenort
Ummanz
Lieschow
Zarrenzin
Barhöft
Vierendehl-
Heuwiese
Breite
Kubitz
Lieschow
30m
11m
Wendisch Langendorf
Schwedenstrom
Vierendehlrinne
grund
Flunder-
grund
Kubitzer
Solkendorf
Klausdorf
Hohendorf
Schwarzer Strom
Bodden
Prohner
Wiek
4
Prohn-
Ausbau
Prohner Stausee
Klein Damitz
Bessiner Haken
Muuks
Prohn
Groß Damitz
Parower Haken
Stralsunder Fahrwasser
Gurvitz
Bessin
Breesen
Sommerfeld
Prohner Bach
Preetz
Schlossberg
Kramerhof
Parow
Barnkevitz
Rambin
43
Kasselvitz Ausbau
Poppelvitz
Kasselvitz
Schmedshagen
Klein Kedingshagen
3
Groß Kedingshagen
Knieper Nord
42
Altefähr
Scharpitz
96
Gustrower-
höfen
Jarkvitz
Knieper West
Klein Kordshagen
STRALSUND
5
8
Tierpark
Ruine des Johannisklosters
St. Nikolai-Kirche
Grahlhof
Vogelsang
Kulturhistorisches Museum
Meeresmuseum
Ozeaneum
Rügenbrücke
Klein Bandelvitz
Marienkirche
Heilig-Geist-Kirche
Freienlande
Grüntal
53
54
55
56
57
58
Dänholm
Wamper Wiek
Grünhufe
59
60
61
62
63
E 22
Landschafts-
schutzgebiet
Drigger Ort
Triebseer Siedlung
105
Putter See
Drigge
2
Pütte
Langendorf
Siedlung Lüssower Berg
Franken-
siedlung
Drigge
Gustower Wiek
Lüssow
Fuchs-
berg
Steinort
Deviner Haken
Groß Lüdershagen
96
Andershof
Schanze
Borgwall
Deutsche Alleenstraße
Voigdehagen
Deviner Bucht
Schalks-
berg
Borgwallsee
19m
194
Neu Lüdershagen
Zitterpennings-
hagen
Devin
Deviner See
13m
13m
E 251
Negast
Lüdershagen Kolonie
Teschenhagen
Neuhof
Wendorf
Seemühl
Middelhagen
Zarrendorf
Brinkhof
Wüstenfelde
Neu Ahrendsee
186
Krummenhagen
Ahrendsee
Rubkow
96
Schönhof
A
B
Neu Elmenhorst
Ahrendsee

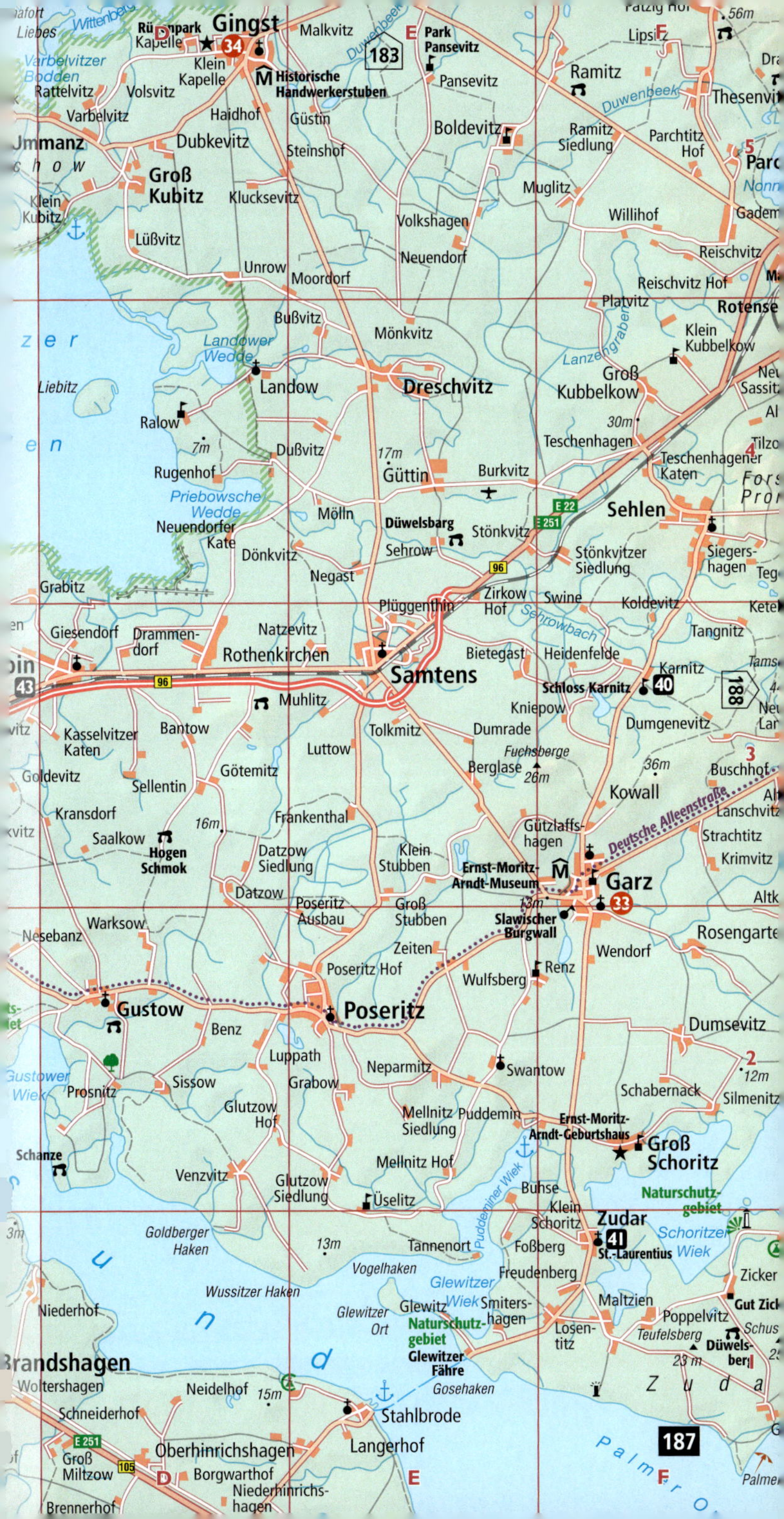
Gingst
34
Rügenpark
Kapelle
Klein Kapelle
Historische Handwerkerstuben
Malkvitz
183
Park Pansevitz
Pansevitz
Duwenbeek
Ramitz
Lipsitz
56m
Thesenvitz
Varbelvitzer Bodden
Rattelvitz
Volsvitz
Varbelvitz
Haidhof
Güstin
Boldevitz
Ramitz Siedlung
Parchtitz Hof
Ummanz
Dubkevitz
Steinshof
Groß Kubitz
Klein Kubitz
Kluckseviz
Muglitz
Volkshagen
Willihof
Lüßvitz
Neuendorf
Reischvitz
Unrow
Moordorf
Reischvitz Hof
Platvitz
Rotensee
Bußvitz
Mönkvitz
Klein Kubbelkow
Landower Wedde
Landow
Dreschvitz
Lanzengraben
Groß Kubbelkow
Liebitz
Ralow
30m
Teschenhagen
7m
Dußvitz
17m
Teschenhagener Katen
Rugenhof
Güttin
Burkvitz
Priebowsche Wedde
Möllen
E 22
Sehlen
Neuendorfer Kate
Düwelsbarg
Stönkvitz
E 251
Sehrow
Stönkvitzer Siedlung
Siegershagen
Dönkvitz
Negast
96
Grabitz
Pluggenthin
Zirkow Hof
Swine
Koldevitz
Schrowbach
Giesendorf
Drammendorf
Natzevitz
Tangnitz
Rothenkirchen
Bietegast
Heidenfelde
Samtens
Karnitz
43
96
Schloss Karnitz
40
188
Muhlitz
Kniepow
Dumgenevitz
Kasselvitzer Katen
Bantow
Tolkmitz
Dumrade
Luttow
Fuchsberge
Goldevitz
Götemitz
Berglase
26m
36m
Buschhof
Sellentin
Kowall
Kransdorf
Frankenthal
Deutsche Alleenstraße
Lanschvitz
Gützlaffshagen
Strachtitz
Saalkow
16m
Hogen Schmok
Datzow Siedlung
Klein Stubben
Krimvitz
Ernst-Moritz-Arndt-Museum
Garz
Datzow
Poseritz Ausbau
Groß Stubben
13m
23
Warksow
Slawischer Burgwall
Nesebanz
Zeiten
Wendorf
Poseritz Hof
Renz
Wulfsberg
Gustow
Poseritz
Benz
Dumsevitz
Luppath
Neparmitz
Swantow
12m
Gustower Wiek
Prosnitz
Sissow
Grabow
Schabernack
Silmenitz
Glutzow Hof
Mellnitz Siedlung
Puddemin
Ernst-Moritz-Arndt-Geburtshaus
Groß Schoritz
Schanze
Venzvitz
Mellnitz Hof
Glutzow Siedlung
Üselitz
Buhse
Naturschutzgebiet
Puddeminer Wiek
Klein Schoritz
Zudar
Goldberger Haken
13m
Tannenort
Schoritzer Wiek
41
St.-Laurentius
Foßberg
Vogelhaken
Freudenberg
Zicker
Wussitzer Haken
Glewitzer Wiek
Smitershagen
Maltzien
Gut Zicker
Niederhof
Glewitzer Ort
Glewitz
Naturschutzgebiet
Glewitzer Fähre
Losentitz
Poppelvitz
Teufelsberg
Düwelsberg
23 m
Brandshagen
Woltershagen
Neidelhof
15m
Gosehaken
Z u d a r
Schneiderhof
Stahlbrode
187
E 251
Langerhof
Groß Miltzow
105
Oberhinrichshagen
Borgwarthof
Niederhinrichshagen
Brennerhof
Palmer Ort

A
B
C
184
Kleiner Jasmunder
Lipsitz
56m
Dramvitz
Thesenvitz
64m
Duwenbeek
Parchtitz Hof
Parchtitz
Nonnensee
Strüssendorf
Prisvitz
Ossen
Stedar
Pulitz
53m
Thiessower Ort
Thiessow
Naturschutz-gebiet
Naturerbe Zentrum RÜGEN
Sonnen-haken
Buhlitz
Schanzenberg 60m
Buschvitz
Bodden
Willihof
Gademow
Reischvitz
Reischvitz Hof
32
Rugard
Zittvitz
Marienkirche
BERGEN
Zirsevitz
Trips
Streu
Lubkow
Kiekut
Platvitz
Rotensee
Stadtmuseum
Tetel
Dum-sevitz
Bergen Süd
Rotbuchen-allee
Klein Kubbelkow
Groß
Kaiseritz
Kluptow
Karow
50m
Neu Sassitz
Alt Sassitz
Siggermow
Silvitz
Dalkvitz
29m
Darz
196
30m
Zirkow
37
Tilzow
Krakow
Neklade
Schmacht
Teschenhagener Katen
Forst Prora
Dolgemost
Viervitz
Zargelitz
Sehlen
Mölln-Medow
Alt Pastitz
Forst Werder
Pastitz
Siegers-hagen
Tegelhof
51m
19m
Posewald
Koldevitz
Ketelshagen
Neu Güstelitz
Darsband
Beuchow
187
Tangnitz
Alt Güstelitz
Güstelitz
Vilmnitz
Lonvitz
Nadelitz
Karnitz
40
Tamsenberg
44m
Kransevitz
PUTBUS
Schlosspark
9
Lauterbach
Wobbanz
Freetz
Neu Lanschvitz
38
Dumgenevitz
Kasnevitz
Neuen-dorf
Mittel-schaar
Muglitzer Ort
Muglitz
3
36m
Buschhof
Wreechen
Kowall
Großer Haken
Wreechen-see
Alt Lanschvitz
Neuhof
Deutsche Alleenstraße
39
38m
Glowitz
Strachtitz
Krakvitz
Neukamp
Vilm
Krimvitz
Teetsbusch
Garz
33
Altkamp
Reiterhof
Kleiner Haken
Rosengarten
Litzenhagen
Wendorf
Rügischer Bo
Dumsevitz
2
12m
Schabernack
Silmenitz
Groß Schoritz
Naturschutz-gebiet
Zudar
41
Schoritzer Wiek
Pritzwald
Greifs
Zicker
19m
Maltzien
Poppelvitz
Düwelsberg
Schusterberg
25m
Gelbes Ufer
Zudar
Bod
Konower Ort
Grabow
188
Palmer Ort

185

D
E
F
5
4
3
2
1
Koloss von Prora
Eisenbahn & Technik Museum Rügen
Prora
Museumsmeile
Prorer
Wiek
Heide
Sieben Brüder
Ostseebad Binz
Silvitzer Ort
Granitzer Ort
Falkenberg
Schanzenort
Frankenberge
50m
Hagener Berge
Schmachter See
71m
Granitz
85m
Max-Dreyer-Buche
Schmacht
Jagdschloss Granitz
Rasender Roland
Ostseebad Sellin
Quitzlaser Ort
Pantow
Serams
103m
Blieschow
Alt Süllitz
Altensien
Garftitz
Selliner See
Ostseebad Baabe
Nistelitz
Lancken-Granitz
Neuensiener See
Neuensien
Zarnekow
Burtevitz
Moritzburg
Preetz
Seedorf
Moritzdorf
Baaber Heide
Ostseebad Göhren
Buskam
Dummertevitz
Groß-Stresow
Gobbin
Herzogsgrab
Museumshof
Stresower Bucht
Muglitz
Neu Reddevitz
30m
Having
Schulmuseum
Mönchgut
Speckbusch
Nordperd
Philippshagen
12m
Gobbiner Höft
22m
Mariendorf
Alt Reddevitz
Middelhagen
Kleinhagen
Biosphärenreservat
2m
Lobber Ort
Lobbe
Reddevitzer Höft
Hagensche Wiek
Gager
Südost-Rügen
Bodden
Zicker Berge
Bakenberg
Groß Zicker
Großer Strand
51m
Zickersee
Saalsufer
38m
Klein Zicker
Thiessow
Südperd
Thiessower Haken
196
2
4
7
10
23
24
25
26
27
28
29
30
31
swalder
dden
Groß
Stubber

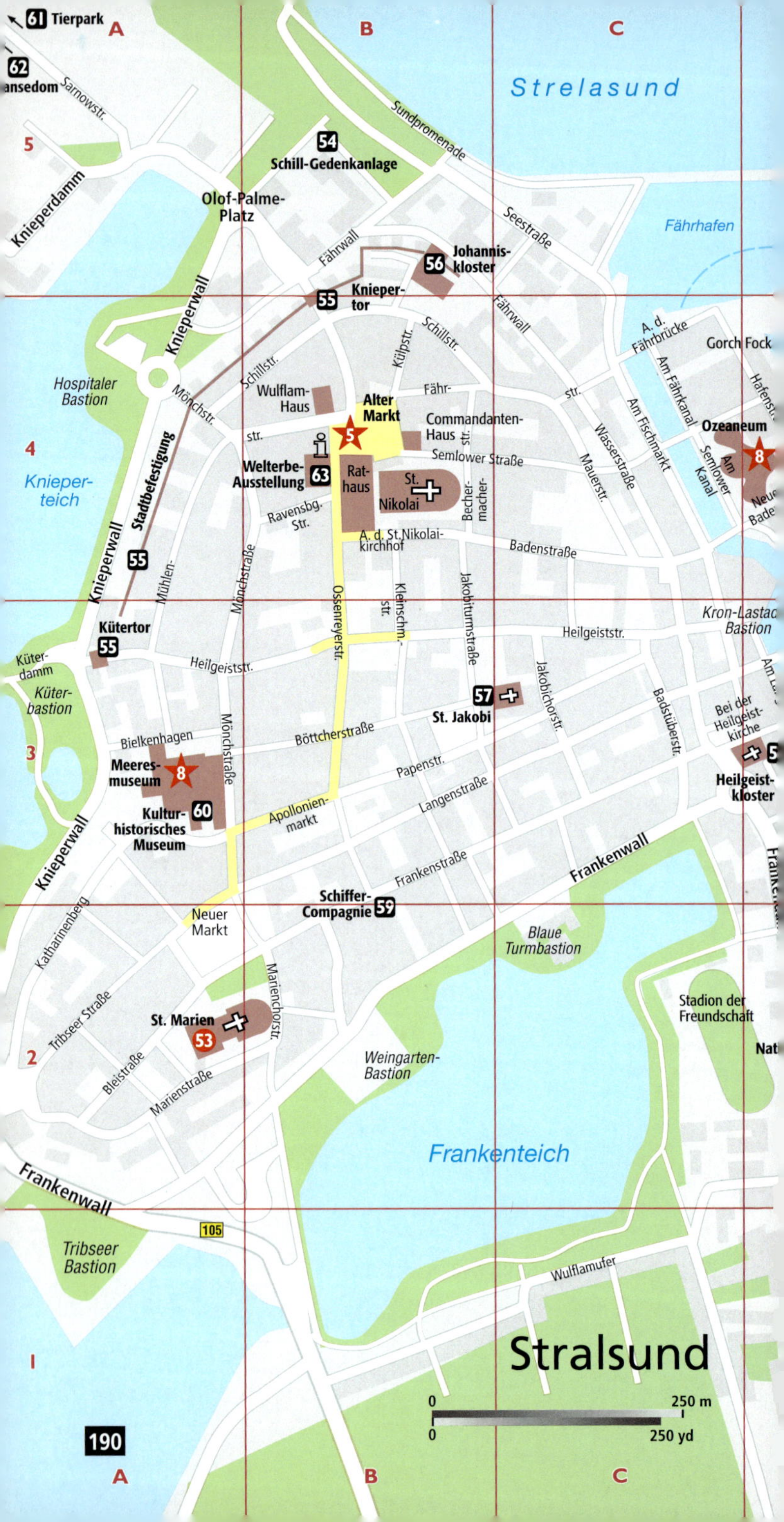

61 Tierpark
62
ansedom
A
B
C
Strelasund
Sarnowstr.
Sundpromenade
54
Schill-Gedenkanlage
Knieperdamm
Olof-Palme-Platz
Seestraße
Fährhafen
Fährwall
56 Johannis-kloster
55 Knieper-tor
Knieperwall
Schillstr.
Külpstr.
Fährwall
A. d. Fährbrücke
Gorch Fock
Hafenstr.
Hospitaler Bastion
Mönchstr.
Wulflam-Haus
Alter Markt
Fähr-str.
Commandanten-Haus
Am Fährkanal
Am Fischmarkt
Ozeaneum
str.
Welterbe-Ausstellung
63
Rat-haus
St. Nikolai
Semlower Straße
Becher-macher-str.
Mauerstr.
Wasserstraße
Semlower Kanal
Am
Neue Bade
Knieper-teich
Stadtbefestigung
Ravensbg. Str.
A. d. St.Nikolai-kirchhof
Badenstraße
Knieperwall
55
Mühlen-
Mönchstraße
Ossenreyerstr.
Kleinschm.-str.
Jakobiturmstraße
Kron-Lastad Bastion
Kütertor
55
Heilgeiststr.
Heilgeiststr.
Küter-damm
Küter-bastion
57
St. Jakobi
Jakobichorstr.
Badstüberstr.
Bei der Heilgeist-kirche
Bielkenhagen
Böttcherstraße
Mönchstraße
Meeres-museum
8
Papenstr.
Heilgeist-kloster
Kultur-historisches Museum
60
Apollonien-markt
Langenstraße
Knieperwall
Frankenstraße
Frankenwall
Schiffer-Compagnie 59
Neuer Markt
Katharinenberg
Blaue Turmbastion
Marienchorstr.
Stadion der Freundschaft
Tribseer Straße
St. Marien
53
Weingarten-Bastion
Bleistraße
Marienstraße
Frankenteich
Frankenwall
105
Tribseer Bastion
Wulflamufer
Stralsund
0
250 m
0
250 yd
5
4
3
2
1

Register

Abbildungsnachweis

akg-images: 17–19, 76 (oben), 104 (unten)

Bildagentur Huber: C. Dörr 7

Deutsche Telekom: 177 (unten)

W. Dieterich, Stuttgart: 51 (unten), 68, 152, 168

DuMont Bildarchiv/Roland E. Jung: 28, 102 (unten)

DuMont Bildarchiv/Martin Kirchner: 12, 15, 22 (links), 26 (unten), 27 (rechts), 29, 41, 42, 46 (oben), 47, 49 (unten), 55, 56 (oben), 64, 69, 70 (unten), 75, 76 (unten), 79, 82, 83 (unten), 85, 100 (links), 102 (oben), 105 (unten), 107 (unten), 111 (oben), 113, 114, 123, 129 (oben), 131, 160, 164 (unten), 169

DuMont Bildarchiv/Gebhard Krewitt: 14, 23 (rechts), 54, 94, 108, 145

DuMont Bildarchiv/Sabine Lubenow: 127, 143

DuMont Bildarchiv/Johann Scheibner: 4, 25, 65, 98, 124, 125, 141, 147

R. Freyer, Freiburg: 49 (oben rechts), 51 (oben), 77, 112, 128, 129 (unten), 140, 144, 172 (oben)

Roger M. Gill, Tübingen: 177 (oben)

Ottmar Heinze, Hamburg: 27 (links), 45, 95, 97 (oben), 101, 103, 105 (oben), 106 (unten), 122, 130, 146, 149, 166 (oben)

F. Ihlow, Potsdam: 26 (oben), 50, 106 (oben), 133, 148, 150, 151, 171, 172 (unten)

Gerold Jung, Ottobrunn: 26 (Mitte), 96, 138 (unten), 142

Torsten Krüger, Bremen: 11 (rechts), 43, 44/45, 49 (oben links), 52, 83 (oben), 84, 99, 100 (rechts), 104 (oben), 109 (oben), 115, 164 (oben), 165, 166 (unten), 170 (oben)

LOOK-foto: Tilman Schuppius 8

mauritius images: ib/Giesbert Kühnle 16, ib/Eisele-Hein 20, ib/Hans Blossey 24, Alamy 73 (oben), ib/Sabine Lubenow 153

picture-alliance: dpa 71, ZB 73 (unten), dpa 111 (unten)

Schapowalow: Koserowsky 11 (links), Mader 10, 30, de Vrée 56 (unten)

transit-Archiv/Berthold: 46 (unten)

transit-Archiv/Härtrich: 28, 132, 138 (oben), 170 (unten)

transit-Archiv/Legrand: 13, 22 (rechts), 23 (links), 48, 70 (oben), 78, 80, 109 (unten), 126, 161

transit-Archiv/Schulze: 97 (unten), 110

White Star: Pasdzior 66, 67

Titelbild: Plainpicture/Mia Takahara

©MAIRDUMONT GmbH & Co. KG
VERLAG KARL BAEDEKER

2. Aufl. 2017

Text: Christine Berger, Oliver Gerhard
Aktualisierung: Oliver Gerhard
Redaktion: Isolde Bacher, text_dienst
Projektleitung: Dieter Luippold
Programmleitung: Birgit Borowski
Chefredaktion: Rainer Eisenschmid

Kartografie: ©MAIRDUMONT GmbH & Co. KG, Ostfildern
3D-Illustration: jangled nerves, Stuttgart

Anzeigenvermarktung:
MAIRDUMONT MEDIA
Tel. 0711/45020
media@mairdumont.com
media.mairdumont.com

Der Name Baedeker ist als Warenzeichen geschützt.
Alle Rechte im In- und Ausland sind vorbehalten.
Jegliche – auch auszugsweise – Verwertung, Wiedergabe, Vervielfältigung, Übersetzung, Adaption, Mikroverfilmung, Einspeicherung oder Verarbeitung in EDV-Systemen ausnahmslos aller Teile des Werkes bedarf der ausdrücklichen Genehmigung durch den Verlag.

Printed in China

Trotz aller Sorgfalt von Autoren und Redaktion sind Fehler und Änderungen nach Drucklegung leider nicht auszuschließen. Dafür kann der Verlag keine Haftung übernehmen. Berichtigungen, Kritik und Verbesserungsvorschläge sind uns jederzeit willkommen, bitte informieren Sie uns unter:

Verlag Karl Baedeker/Redaktion
Postfach 3162
D-73751 Ostfildern
Tel. 0711 4502 262
smart@baedeker.com
www.baedeker.com

FSC
www.fsc.org
MIX
Papier aus verantwortungsvollen Quellen
FSC® C124385

10 GRÜNDE WIEDERZUKOMMEN

1. Die **Sonne scheint** hier auch, wenn in Berlin und München der Regen prasselt.
2. Rügens **Kreide** und Stralsunds **Backstein** bilden einen spannenden Kontrast.
3. Die **mondänen Seebäder** erinnern an die Sommerfrische vergangener Zeiten.
4. Bei einem leckeren **Fischbrötchen** am Strand wird der Geschmack der Ostsee lebendig.
5. Außerhalb der Hochsaison logiert man hier zu echten **Schnäppchenpreisen**.
6. Die **Rügener** sind zwar Dickschädel, aber auch die treuesten Menschen der Welt.
7. Kinder entdecken hier immer wieder **begehrte Schätze**: Muscheln, Donnerkeile, Hühnergötter.
8. Die Fans einsamer Strände finden sicher auch beim nächsten Mal ein **Eckchen zum Alleinsein**.
9. An den Fischschwärmen im **Ozeaneum** kann man sich niemals sattsehen.
10. Die **Buchenwälder** in der Stubnitz sind wie grüne Kathedralen.